数字治理：

中 国 城 市 视 角

冯奎　唐鹏　郭巍　著

電子工業出版社
Publishing House of Electronics Industry
北京 • BEIJING

图书在版编目（CIP）数据

数字治理：中国城市视角 / 冯奎，唐鹏，郭巍著. —北京：电子工业出版社，2021.10

ISBN 978-7-121-42100-6

Ⅰ. ①数… Ⅱ. ①冯… ②唐… ③郭… Ⅲ. ①公共管理－数字化－研究 Ⅳ. ①D035-0

中国版本图书馆 CIP 数据核字（2021）第 195316 号

责任编辑：邓茗幻
印　　刷：天津千鹤文化传播有限公司
装　　订：天津千鹤文化传播有限公司
出版发行：电子工业出版社
　　　　　北京市海淀区万寿路 173 信箱　邮编 100036
开　　本：720×1 000　1/16　印张：18　字数：285 千字
版　　次：2021 年 10 月第 1 版
印　　次：2021 年 10 月第 1 次印刷
定　　价：96.00 元

凡所购买电子工业出版社图书有缺损问题，请向购买书店调换。若书店售缺，请与本社发行部联系，联系及邮购电话：（010）88254888，88258888。

质量投诉请发邮件至 zlts@phei.com.cn，盗版侵权举报请发邮件至 dbqq@phei.com.cn。

本书咨询联系方式：（010）88254614。

【前言】
FORWARD

挑战、变革与数字化城市治理

应对挑战

城市面临的挑战，有时会激发出城市规划、建设与治理上的进步。19世纪中叶，英国城市公共卫生事件的冲击推动了现代城市的公共卫生基础设施建设与管理体系的逐步建立，是一个经典案例。开始于21世纪20年代末的新冠肺炎疫情的冲击，至今还没有停止，它是否会引出城市治理的巨大变革与进步？

英国是历史上最早开始工业化的国家，也是最早城市化的国家。工业化集聚的城市人口众多，以至于住房、基本公共卫生完全满足不了需要。1845年，一份大城市和人口稠密区情况报告提到，1843—1844年，在曼彻斯特的一个地方，7 000个居民共有33个厕所，也就是说，大约每212人只有一个厕所。为了应对住房、基本卫生状况恶劣带来的挑战，1848年，全球第一部公共卫生法案出台；1885年，工人阶级住房建设法案出台。这些发生在英国，但是影响波及几乎所有处于工业化和城市化进程中的国家：地方政府在供水排水、清洁环卫服务等方面，展开了一系列行动。

2020年年初，突如其来的新冠肺炎疫情袭击了中国城市武汉。截至2021年9月，全球新冠肺炎累计确诊病例超2亿例。然而，新冠病毒仍处于变异与蔓延中，没有放缓的迹象。新冠肺炎疫情对全球经济与全球化进程形成冲击，对城市化、城市发展构成威胁，成为影响21世纪发展最重大的历史事件之一。

在新冠肺炎疫情的冲击下，中国的数字化治理开始受到广泛关注，为中国的城市化治理贡献了巨大的力量。在这个人口达14.117 8亿的国家[1]，网民规模达10.11亿，其中手机网民规模达10.07亿，互联网普及率达71.6%[2]。除了婴幼儿和部分老人，几乎所有人都在利用各类终端和网络技术参与到城市治理的过程中，他们是治理者也是被治理者。数字化治理助力中国的生产、生活最大限度地保持了活力。

需要特别是指出的是，数字化治理的执行主体是作为行政单元的城市政府。从这个意义上讲，中国的城市在应对新冠肺炎疫情的挑战中，在数字化治理方面，创造了令人信服的成绩。这些成绩让我们有信心编著《数字治理：中国城市视角》，并在其中载入中国城市应对新冠肺炎疫情的案例。然而，这些成绩远远未能转换成为城市治理方面的制度性成果，没有能够转换成为在全球范围内可复制、可传播、可推广的经验。这其中有多种原因，首先，各国有自己的抗疫模式；其次，数字化抗疫涉及的数字技术应用的制度条件、社会环境等存在较多差异性；最后，在城市治理的成果生产、输出方面，很多城市刚刚开始，尚须持久努力。

全面变革

数字化治理为中国城市的提升与发展贡献了有效的路径，在这个意义上，数字化治理超越了抗击疫情这个场景，它是一场深刻的全面的变革，这才是更加广阔的历史图景。

在中国的城市中，数字化治理推动全面变革的条件已经完全具备，包括以下4点：①数字基建的迅速发展为数字化治理提供了条件；②疫情防控的数字化创新完成了数字化治理的社会性启蒙；③多年来，数字政府改革创新为数字化治理注入了第一推动力；④企业、社会等参与主体增多、

1 数据来源：第七次全国人口普查数据。
2 数据来源：第48次《中国互联网络发展状况统计报告》。

积极性提升，埋伏着数字化治理强大的动能。

城市数字化治理，推动了城市需要层次的不断上升。马斯洛提出了个体的需要层次论，而城市是有机体，我们也该赋予其需要层次。在笔者看来，城市的需要层次从低到高，依次可为：①安全 / 应急；②提高城市运行的效率效能；③提升实力并据以建立竞争力；④增强并确立创新引领的发展系统；⑤领导都市圈与城市群，以协同的方式在城市体系中获得高阶地位。

数字化治理如何满足城市升级与转型发展的需要？《数字治理：中国城市视角》针对以上5种需要层次的实现，提供了诸多的案例。以书中重点描述的上海市为例，上海市提出了全面实施数字化转型战略，其中，数字化治理坚持系统集成、坚持对标国际、坚持创新引领、坚持安全可控四大主要原则，明确目标方向，试图构建国际化、市场化、法治化的城市数字化转型治理体系，构建多维度、全覆盖、全流程的城市数字化转型治理机制，构建政社互动、多元参与、合作协同的城市数字化转型治理模式。

新冠肺炎疫情之后的全面变革，充满了挑战，也存在不确定性。但从上海等城市的具体实践来看，城市数字化转型已经开始，其中数字化城市治理兼顾了城市需要的各个维度与层次。目前，中国的城市化尚未完成，仍处于大规模的城市化进程之中。数字化与城市化的交织、促进对于中国和其他国家都具有重大的意义。

本书内容及特色

《数字化治理：中国城市视角》从中国城市视角出发，分为4个部分：第一部分为“数字治理的新时代”，包含“国际探索”“数字中国：政府与城市”“城市的数字化生存”3个章节。第二部分为“城市治理的系统再造”，包含“治理理念创新”“数字技术创新”“政务流程创新”“体制机制创新”4个章节。第三部分为“城市治理的多元化参与”，包含“数字治理的投资”“数字治理的角色与内容”“数字治理的标准与评价”3个章节。第四部分为“超越城市治理：新的城市竞争力重塑”，包含“城市群的治理”“城市治理现代化之路”2个章节。

本书的特色主要反映在以下3个视角上。

第一个特色是比较的视角。例如，本书从中国、美国、欧洲等国家和地区的主要城市的数字治理发展背景、现状与态势出发，广泛进行了比较，剖析和探索了城市数字治理在顶层设计、政策法规、技术伦理、创新应用，以及对城市社会发展方面的影响。

第二个特色是讲故事的叙述方式。在政务流程创新中，围绕“最多跑一次”“一网通办”“不见面审批”等，都有许多案例。中国的体制机制创新、内在机理往往比较抽象。本书介绍了行政审批局、大数据局、城市运行管理中心、城市政务服务中心等产生发展的故事，打开了数字化治理的“黑匣子”，使一切变得具体和直观。

第三个特色是讨论的姿态。数字化治理带来的答案远比它提出的问题要多。城市的数字化治理当中，有最佳实践吗？有标准答案吗？答案应是没有。本书的作者无力且无意给出明确的答案，而是试图确立讨论的议程、议题，归拢现有的解题方向等，有时还会提出问题，并探讨我们共同面临的困惑。

进一步努力的方向

联合国住房和城市可持续发展大会于2016年10月20日通过的《新城市议程》，富有洞察力地指出：

“到2050年，世界城市人口预计将增加近一倍，使城市化成为21世纪最具变革性的趋势之一。人口、经济活动、社会和文化互动以及环境和人道主义影响越来越集中在城市，这对住房、基础设施、基本服务、粮食安全、卫生、教育、体面工作、安全和自然资源等方面的可持续性构成重大挑战。”

这份《新城市议程》列举了一系列挑战。在今天看来，科技，特别是数字化技术将帮助我们部分有效地应对上述挑战。但《新城市议程》没有指出的一点是：数字化本身也可能成为重大挑战。从中国的实践来看，如何防止数字化治理中的垄断？如何有效地保护隐私权力？如何防止显性或隐性的数字鸿沟，以实现治理基本条件上的相对平等？还有许多诸如此类的问题，这些都是隐藏极深、影响极大的问题。未来，需要中国的城市在正确的方向上进行实践，而我们则需要去进一步总结模式，并展开更全面、更深入的思考。

冯奎

2021年9月 北京

CONTENT

目录//

案例导航

B：

C：

D：

F：

G：

H：

J：

L：

M：

N：

O：

R：

S：

第一部分

PART 1

数字治理的新时代

【第 1 章】
国际探索

1.1 美国

美国的数字治理实践路径可追溯至1999年，美国时任副总统戈尔首次提出“IT2”计划——《21世纪的信息技术：对美国未来的一项大胆投资》（*Information Technology for the Twenty-First Century: A Bold Investment in America's Future*）。“IT2”计划的主要内容包括信息技术基础性研究、科学与工程先进计算，以及社会经济和人才培养，其中，在社会经济和人才培养方面，该计划着重提到要研究如何让信息技术发挥更大的作用（促进信息技术在社会经济生活中的应用），以及如何避免滥用信息技术（如数据安全保密技术）、知识、价值及社会系统对信息传播产生影响等内容。由此可知，美国其实在20年前就已前瞻性地预见到了信息技术对社会、组织及个人产生的影响与价值，并极富远见地对未来的风险与陷阱进行了预警。戈尔不仅首倡了美国未来的信息技术战略，同时也是“数字地球”的提出者，数字治理领域的“数字国家”“数字政府”均来自“数字地球”。在“IT2”计划发布的20年后，美国特朗普政府在奥巴马政府的基础上发布了《国家人工智能研发战略计划：2019年更新版》（*The National AI R&D Strategic Plan: 2019 Update*），特别提出开发能够补充和增强人类能力的人工智能系统，并日益关注未来的工作；处理人工智能的伦理、法律和社会影响；建立健康的、可信任的人工智能系统；支持人工智能技术标准和相关工具的开发等战略方向。因此，如果说20年前的“IT2”计划是美国政府面向互联网时代的战略准备，那么《国家人工智能研发战略计划：2019年更新版》则是美国政府面向智能时代的治理纲领。

除了从顶层设计入手捕捉、规范和矫正数字治理的目标与方向，美国各州、各城市也在不断利用司法手段保护和维系被数字技术不断突破与撕裂的社会共识和公共价值，不断面向突出的社会问题进行城市数字治理的创新尝试，并在更大范围内邀请私营企业、社会组织积极参与城市数字治理的生态建设。

1.1.1 城市法律与数字治理的边界

在信息时代曙光初露的时候，个人信息保护就作为一项短时期无法判断价值，但长期来看却“至关重要”的工作出现在美国政府部门的治理视野当中。自20世纪六七十年代以来，美国就在积极推进个人信息保护相关法规的制定，如1966年通过的《信息自由法》、1970年通过的《公平信用报告法》、1974年通过的《隐私权法》、1988年通过的《录像带隐私保护法案》和1998年通过的《儿童网上隐私保护法》。这些法规的影响随着信息时代的不断发展而逐步扩散到美国数字经济竞争与国家治理选择中。一方面，在白热化的全球互联网竞争当中，严格的个人信息保护制度的执行在某种程度上限制了美国企业对创新商业模式的想象力；另一方面，信息技术的发展日新月异，立法的滞后使数字平台在创新裂变过程中出现了法律盲点，有些问题无法得到及时的解决，比如剑桥分析公司在特朗普竞选总统期间通过脸书获取用户数据。

由于美国政府与各州及各城市政府并不是隶属关系，虽然美国政府在立法方面保持谨慎态度，但各州及各城市政府面对数字治理的新动向已跃跃欲试。2019年，旧金山政府通过了对《停止秘密监视条例》（*Stop Secret Surveillance Ordinance*）的部分修订，成为美国第一个禁止政府机构使用人脸识别技术的城市。2019年6月27日，萨默维尔市议会以11票赞成、0票反对的结果，通过了《人脸监控全面禁止条例》（*Face Surveillance Full Ban Ordinance*），萨默维尔市成为美国第二个禁止市政机构使用人脸识别技术的城市。2019年7月16日，奥克兰市通过了禁止市政机构使用人脸识别技术的法令，成为美国第三个禁止市政机构使用人脸识别技术的城市。旧金山政府在修订后的《停止秘密监视条例》中强调："人脸识别技术侵害公民权利和公民自由的可能性大大超过了其声称的好处；这项技术将加剧种族不公正，并且威胁到我们的生活不受政府持续监视的权利。"美国城市在数字治理过程中的表现，究其原因，一是公民社会的成熟使市民意见在城市运行过程中享有极高的地位，而当数字技术与个人权利发生冲突时，这种意见更为鲜明；二是城市治理涉及的种族问题一直是美国城市公共服务无法绕过的问题，进而产生"形式公正"高于"事实安全"的城市治理幻象。

对于商业网络平台而言，个人信息是一种盈利模式；对于城市公共部门而言，个人信息是一种治理资源；对于公众和企业而言，个人信息是一种权利；而对于不法分子而言，个人信息则是一种武器。由于数据流动的范围、速度逐步扩展、提升，数据采集和应用的手段与方式也在不断优化，对于个人信息的定义也处于动态变化中，这为城市治理带来了更为严峻的挑战。事实上，2017年，纽约市议会就一致通过了一项算法问责法案以解决算法歧视问题，这是美国首次对算法制定措施。纽约市围绕这项法案成立了一个专门工作组，研究市政机构如何使用算法做出影响纽约人生活的决策，以及这些算法是否对人有年龄、种族、宗教、性别、性取向或国籍方面的歧视。专门工作组的报告也探讨了如何使这些决策的制定过程变得易于被公众理解。在数据与算法驱动城市发展的当下，如何围绕城市数字治理构建一个更为开放、透明的协作机制，或许是所有城市都需要考虑的焦点问题。

1.1.2 城市技术的价值及其角色演化

LinkNYC是纽约市于2014年启动的免费高速无线网络计划，该计划将街边的旧电话亭改造成能够将整座城市与免费高速无线网络服务连接起来的通信枢纽，为市民提供免费无线网络、手机充电和应急电话等服务（见图1-1）。2016年，LinkNYC布局了世界上规模最大和速度最快的城市无线网络。从城市治理层面看，LinkNYC曾引发了两件值得关注的事件：一是由于太多无家可归者利用LinkNYC的电话亭中的平板电脑浏览网站，有的甚至浏览色情、凶杀等非法网站，LinkNYC最终于2016年下半年关闭了互联网访问权限；二是在“乔治·弗洛伊德事件”[1]后，LinkNYC在2020年6月2日开始显示因警察暴行丧生的人的名字，其中包括乔治·弗洛伊德、布雷娜·泰勒等近30人的名字。由此可见，LinkNYC不再只是一种数字基础设施，它开始在公共领域扮演一种唤醒城市精神与社会良知的数字媒介。数字基础设施在推动实现城市数字公平的同时，也可能因为“使用行为”的不可控而走向相反的方向。

图1-1 改造后的LinkNYC电话亭

1 2020年5月25日，以德雷克·肖万为首的四名美国警察暴力执法致乔治·弗洛伊德死亡的事件。

纽约市城市服务统一热线NYC311创立于2003年，在纽约的城市治理过程中扮演着举足轻重的角色，其初衷是在大城市打造小城镇的人情味。与中国的12345热线不同的是，NYC311将热线服务与在线服务结合得异常紧密。NYC311为纽约市民提供反映街灯故障、涂鸦或超时施工等问题的途径，帮助他们参与改善切身生活的过程。在2020年新冠肺炎疫情期间，NYC311的在线平台收到了十万余条有关新冠病毒的查询信息。NYC311官网首页（见图1-2）不仅提供涉及市民生活、出行、工作、健康等的信息咨询服务，还通过对在线搜索量、电话咨询量进行分析，筛选出热门问题和咨询内容提供给用户。

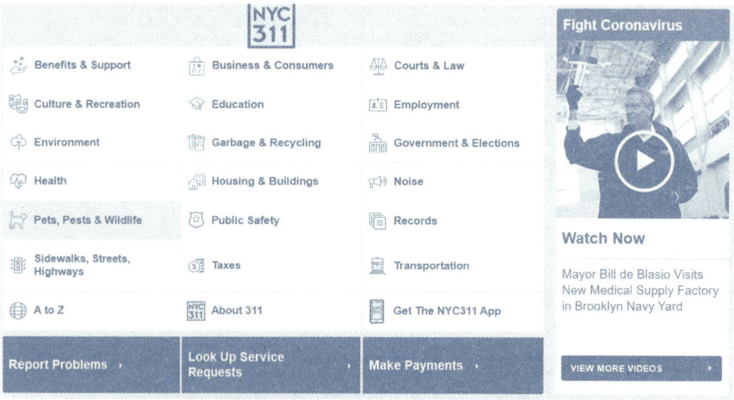

图1-2 NYC311官网首页

2012年2月29日，纽约市正式通过《开放数据法案》，美国历史上首次将政府数据大规模开放并纳入立法；2013年，纽约市提出数据驱动的城市服务目标。纽约市建立了城市级数据开放平台，该平台可提供数以千计的可公开下载的数据类型。为鼓励市民查看和使用政府数据，纽约市政府还专门在政府官网设立了“OPEN FOIL NY”的申请入口，市民和企业可针对自身生活和发展的数据需求，通过该入口向50多个纽约市的城市政府部门与公共服务机构提出数据开放请求。纽约市的政府公共数据开放不仅为普通公民带来了数字福利，也由此产生了大量的数据分析和应用开发的网站和创新团队，大量高科技人才和企业对政府公开的数据进行利用和研发，创新前沿科技应用，创造出巨大的商业价值，充分展现了海量政府公共数据的服务能力。目前，纽约通过政府公共数据设计和开发的城市服务App已达21款，涉及交通、犯罪、健康、应急等领域。

政策与实践专栏1–1

纽约市《自动化决策特别工作组法》

纽约市是全球率先推进算法赋能城市社会治理的城市，其实施路径、经验及遭遇的问题正成为人工智能时代全球城市发展的实验与样板。在公共校车的路线规划、房屋质量检测、再犯罪风险预估、儿童福利制度、预测性警务等诸多领域，政府部门逐渐采用并依赖算法的自动化决策。算法成为公共资源分配与社会治理的主角，切实影响着近900万名纽约市民的日常生活。

2017年12月11日，纽约市议会通过一部关于政府机构使用自动化决策系统的当地法，监管的矛头直指法院、警方等政府机构使用的自动化决策系统。有研究表明，算法在这些活动中的使用存在严重的歧视问题，尤其是对黑色人种的歧视。因此，对政府机构使用的算法进行监管和规制的呼声日渐增多。该立法明确要求纽约市成立一个自动化决策工作组，以实现一系列规制目的，其中包括明确界定需要受到规制的政府机构自动化决策系统、制定判断是否存在算法歧视的程序等。2018年1月17日，纽约市的“1696提案”——《自动化决策特别工作组法》（*Auto Decision System Task Force Law*）正式出台。随后，纽约市市长组建算法特别工作组，展开了算法监管行动，监管目标为政府使用的各种算法。2019年11月，纽约市政府发布了《纽约市自动决策系统特别工作组报告》，该报告回避了对“算法歧视”的相关回应与评价，提出了“要求政府制定公开披露部分信息的协议”“呼吁开展更多以基于算法的系统为内容的公众教育”等建议。

截至2020年1月，算法特别工作组尚无法获取纽约市政府使用的算法自动化决策系统的基本信息。由于缺乏获得基本信息的途径，对于没有法律授权的算法特别工作组而言，获取采购花费、共享数据量等相关信息只能依靠机构和开发商的自愿披露，其监督职能难以实现。

除纽约市外，波士顿、芝加哥等城市也通过数字技术提高了城市治理的体验与效率。冬天，波士顿的街道经常被厚厚的积雪覆盖。2013年1月，波士顿新城区办公室发布了一款名为“领养消防栓”的应用，该应用在地图上标注了全市13 000个消防栓的位置，市民可以申请“领养”一个或多个消防栓，并承诺在大雪天将自己“领养”的消防栓从积雪中挖出来。完成“领养”手续后，市民会在消防栓被积雪覆盖时收到通知。当消防栓附近社区发生火灾时，城市消防部门可以减少寻找消防栓的时间，就近取水，及时扑灭大火。芝加哥则推出了“领养人行道”的应用，市民可以在大雪天为自己“领养”的人行道清除积雪，以提升城市交通的通行效率，减少交通事故的发生。以游戏化的“领养”场景入手，波士顿与芝加哥通过线上线下结合的方式，以“开放数据+移动平台”为途径，推动市民主动介入城市治理的具体事务。

在敏感而棘手的城市社会事件中，数字技术将扮演怎样的角色？美国不仅允许公民合法持枪，还允许警察在遇到危险时自主判断是否要开枪，这也是警察执法过当或故意杀人引发城市骚乱的重要原因。如何规避历史惨案发生并进一步推动警察执法透明化是城市治理对策中的一项重要任务，美国科技媒体Ars Technica 报道，Yardarm是加利福尼亚州一家研发武器技术的创业公司，该公司研发了一套面向军队、警察、安保及私营军事公司的智能枪支“云”管理系统。Yardarm的研发团队在手枪的握把内部、弹匣后方的空间里加入了一块包含电池、GPS、击发传感器等多种元件的芯片，该芯片通过蓝牙与持枪者的智能手机连接在一起，从而使手机成为数据上传的中继器。手枪的实时信息会出现在Yardarm开发的Real-Time Crime Centers（RTCC）云管理系统中。通过RTCC，监控者可以查看手枪的位置、手枪内是否有弹匣、手枪是否和警员分开，以及大致的射击方向，如图1-3所示。也就是说，通过“枪联网”与“枪支云”，Yardarm研发的“云”管理系统取代了执法记录仪等传统系统和设备，更为精准、透明、实时地记录执法现场的每个细节。当警察的执法过程出现争议时，人们可以从云端调取实时数据以回放现场，为社会争议提供证据素材。

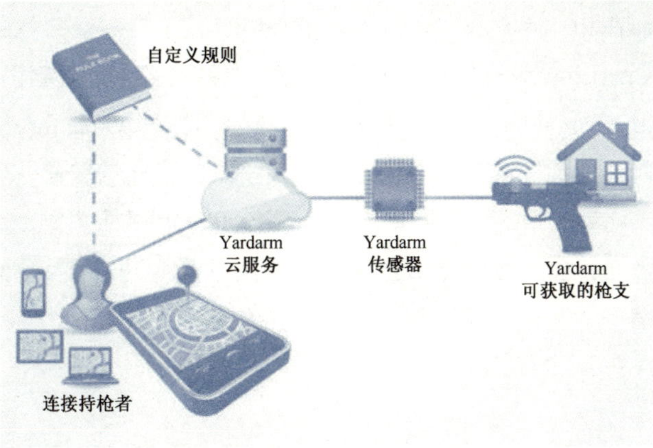

图1-3 Yardarm智能枪示意图

数字技术与数据要素不仅在城市治理过程中扮演着辅助工具与干预手段的角色，同时也在一些极具争议的领域充当着创新驱动的引领者，通过全新的解决思路介入城市治理的具体场景，并围绕市民需求与城市利益，构建轻盈而高效的城市治理新模式，“领养消防栓”“枪联网”等都是极佳的案例。

“清除我的记录”（Clear My Record）是一个人工智能自动程序，主要用于清除曾经非法但现已合法化的个人犯罪记录。2016年，美国公民技术非营利组织Code for America推出了这个项目，为寻求记录清除的个人提供服务。此前，由于旧程序的复杂、昂贵和耗时，在数千万名美国人中，只有一小部分人有资格清除他们的犯罪记录。2016—2018年，想要在旧金山清除犯罪记录的人，无须亲自前往公设辩护律师的办公室，只需要在手机上花8分钟填写一份在线表格，就可以开始犯罪记录的清除过程。“清除我的记录”自推出以来，已使成千上万的人员受益，为他们重新参与社会和经济活动打开了大门，这些活动都是此前有刑事记录的人难以接触到的，如找工作或获得助学金。

2018年，Code for America认为，尽管有这项服务，但消除大规模记录的负担仍落在了个人身上，而不是政府身上。即使个人提交了申请，地方政府也没有能力及时处理这些申请。为了实现大规模的记录清除，Code for America在2018年5月开发了Clear My Record（自动清除我的记录）。Code for America与加利福尼亚州几家县地方检察官办公室合作，后者批准Code for America访问有犯罪记录的个人数据。因此，Code for America能够区分适用自动规则的条件和需要进行个人审查的合规性因素，生成一份符合清除犯罪记录资格的个人名单。Clear My Record基于数据、算法与人工智能技术，在社会治理过程中充当了一种新型角色——从社会问题的纠正与规范工具转变为社会裂痕的弥合和抚慰工具。

1.1.3 数字平台赋能及其异质性

数字平台正在成为城市运行发展中不可忽视的力量，不仅影响着城市的政治秩序（如来自社交平台的竞选广告），显示着城市经济与商业消费的偏好和质量（如本地生活服务平台的信息），还影响着城市安全、人们的劳动权利与社区风俗。例如，优步司机除了获得乘客的打车费用，还要求优步平台支付自身贡献数据的费用；爱彼迎在社区大量上线个人房屋，外来租户对社区的管理秩序与安全产生了影响，社区居民开始要求将爱彼迎赶出社区。在这里，数字平台扮演了一个打破既有城市运行秩序与治理秩序的“侵入者”。但是，更复杂与多元的局面正在出现。

Citizen、Nextdoor与Ring是以城市社区为核心的数字平台，分别如图1-4、图1-5、图1-6所示。其中，Citizen是一个连接市民与志愿者的城市移动安全App，实现了市民发布报警信息、志愿者确认信息、警察接警执法的全流程操作。为了用户的安全，该应用还特别设置了保护措施，如不显示用户报警的准确地址，只显示离报警地址最近的十字路口。Citizen

图1-4 Citizen界面

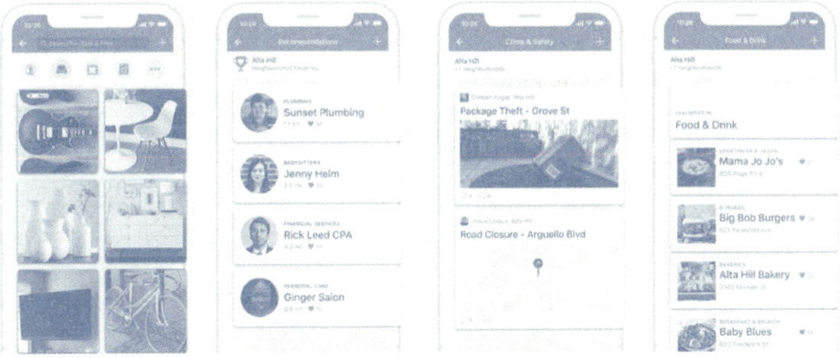

图1-5 Nextdoor的主要功能

图1-6 Ring的代表产品——配备摄像头的智能门铃

看上去是一个近乎完美亦符合个人隐私保护价值的应用，但其同样衍生出了其他问题。在Citizen中，只有某社区出现了新的报警信息，原有报警信息才会消除。由于数据的叠加与积累，一个新社区居民或投资者在了解社区信息时，会看到满屏的红色报警信息，他们的第一反应或许就是迅速逃离该危险社区，这将导致部分社区被“数字抛弃”。在为市民带来安全感的同时，Citizen也带来了数据衍生的潜在风险。Nextdoor是于2010年开发的美国最大的邻里社交App，用户需要提供准确的家庭住址才可以注册。Nextdoor通过用户的地址划定社区范围，并为社区用户提供邻里问答、二手市场、本地服务搜索等服务。在为用户提供便利的同时，Nextdoor也承担了两种功能，一是充当了社区志愿者的平台，及时发现和公布社区的可疑人物与事件；二是进一步推动邻里相互监督与信息共享。Nextdoor是私营数字平台，可以直接获取用户的家庭地址，其接受监管的强度很高，与当地警务部门的合作越来越密切。Ring是一家创立于2012年的智能门铃公司，互联网科技巨头亚马逊于2018年斥资10亿美元对其进行了收购，Ring的代表产品是配备摄像头的智能门铃。智能门铃检测到有人在门口，就会通过应用程序在用户的平板电脑或智能手机上做出响应，让用户无论身处何处都可以听到音频、看到视频，并与站在门前的人进行交谈。Ring在一份声明中表示，Ring致力于通过为社区提供有效、价格合理的家庭安全工具来减少社区犯罪，对家园、社区乃至世界都会产生积极的影响。

从Citizen、Nextdoor到Ring，数字技术对社区治理、城市治理产生的影响已不是“凌空蹈虚”。从城市、社区，甚至到家庭，数字平台对城市治理的驱动已不止于宏观调节或辅助决策，而是直接作用到每座城市或社区的个体。此外，Ring的出现也表明，打破时空、软硬结合、远程协同的方式正成为未来城市治理需要关注的主流模式。

科技公司与数字平台的爆发力与创新力将是数字时代城市治理的重要变量。从美国城市的数字治理实践可以看出，科技企业在当前的法律框架下依然是城市发展的重要引擎。无论从成本效率、驱动要素，还是从创新机制来考虑，城市公共部门与科技企业在解决城市问题方面的合作与协同，已成为城市治理的常态。

1.2 欧洲

为了打破欧盟境内的数字市场壁垒，欧盟委员会于2015年5月6日公布了《数字单一市场战略》（*Digital Single Market*），详细规划了数字单一市场的“三大支柱”[1]。第一大支柱是为个人和企业提供更好的数字产品和服务，包括出台相关措施促进跨境电子商务发展；保障消费者权益；提供速度更快、价格更实惠的包裹递送服务；打破地域界限，改变同种商品不同成员国不同价的现状；改革版权保护法；推动提供跨境电视服务。第二大支柱是创造有利于数字网络和服务繁荣发展的环境，包括全面改革欧盟在电信领域的规章制度；重新审查视听媒体组织框架以适应时代需求；全方位分析评估搜索引擎、社交媒体、应用商店等在线平台的作用；加强数字化服务领域的安全管理。第三大支柱是最大化激发数字经济的增长潜力，包括提出《欧洲数据自由流动计划》，推动在欧盟范围内的数据资源自由流动；在电子医疗、交通规划等对数字单一市场发展至关重要的领域，推动建立统一标准和互通功能；建成一个包容的数字化社会，使民众能抓住互联网发展带来的机遇和就业机会。《数字单一市场战略》对数字时代的个人与企业服务、数字空间的环境营造与监管，以及数字经济增长等进行了全面设计与规划，为抵御全球化数字治理环境演化的侵蚀，保护和提振欧盟经济提供了一个整体的数字增长动力。

2018年5月25日出台的《通用数据保护条例》（*General Data Protection Regulation*，以下简称《条例》）被称为欧盟“史上最严”的条例，其前

1 资料来源：董一凡、李超，欧盟《数字单一市场战略》解读，《国际研究参考》，2016年03期。

身是欧盟在1995年制定的《计算机数据保护法》。在《条例》生效当日，谷歌、脸书就分别收到了欧盟39亿欧元、37亿欧元罚款的诉讼。《条例》生效后，《芝加哥时报》《洛杉矶时报》等多家美国媒体的网站在欧洲的服务器陆续关停。微信海外版、新浪微博国际版等多家互联网企业针对欧洲地区用户更新隐私政策，请求重新授权。《条例》可能是互联网发展史上面向个人隐私数据的一项分水岭式的条例，不仅是数字空间层面面向个人和企业的数据规制，其对城市、国家、产业的影响也不可估量。《条例》将个人数据指向的自然人设定为数据主体，并明确数据主体享有许可权、访问权、纠正权、限制处理权、反对权、可携带权、被遗忘权和告知权八大权利。《条例》发布后，在全球的政经界、学界、产业界引起广泛讨论，主要观点分为两方：一方认为，过于严苛的《条例》将重塑数字经济的发展秩序与商业模式，对部分全球化发展迅速的平台企业将是一次制约和打击；另一方认为，在泛滥于网络空间的灰产、黑产肆虐的形势下，通过严格的个人隐私数据保护限制一些灰色商业模式对个人权利的侵蚀，有利于全球数字化转型的长期健康发展。

政策与实践专栏1–2

欧盟《通用数据保护条例》

2016年4月14日，欧洲议会投票通过了商讨四年之久的《通用数据保护条例》（以下简称《条例》），《条例》共204页，包括91项条文，于2018年5月25日正式生效。《条例》的通过意味着欧盟对个人信息的保护及监管达到了前所未有的高度。

《条例》规定违法企业最高可面临2 000万欧元或其全球营业额4%的罚款，以高者为准。网站经营者必须事先向用户说明会自动记录用户的搜索和购物信息，并获得用户的同意，否则欧盟将按“未告知记录用户行为”对网站经营者进行违法处理。企业不能使用模糊、难以理解的语言或冗长的隐私政策从用户处获取数据使用许可。另外，《条例》明文规定了用户的“被遗忘权”

(Right to Be Forgotten)，即用户个人可以要求责任方删除关于自己的数据记录。

《条例》明确规定了受保护的隐私数据类型，包括：基本的身份信息，如姓名、地址和身份证号等；网络数据，如位置、IP地址、Cookie 数据和 RFID 标签等；医疗保健和遗传数据；生物识别数据，如指纹、虹膜等；种族或民族数据；政治观点；性取向。

《条例》的实施使欧盟境内的企业受到空前影响，其中包括在欧盟境内拥有业务或在欧盟境内没有业务，但是存储或处理过欧盟公民个人信息的企业；员工超过250名或员工少于250名，但是其数据处理方式影响数据主体的权利和隐私的企业；拥有某些敏感类型的个人数据的企业；等等。苹果、谷歌、脸书等全球互联网巨头在《条例》实施后，先后因为反垄断、数据隐私及广告纠纷等问题而面临巨额罚款。

欧盟委员会发布的《欧盟数字经济和社会指数报告（2020）》（*DESI 2020*）显示，2019年，在欧盟成员国中，有67%的国家需要向政府提交表格的欧盟公民在线上完成表格提交；相比2018年的64%有所增长。而2013年以来，数字政务用户数量从41%增加到67%，上升了26个百分点。过去3年，市民在网上获得公共服务的得分上升了4.2分，达到88.5分，网上公共服务范围扩大。此外，可用性提高了3分，达到91.4分。欧盟国家公共部门的服务在移动友好性上正变得更好，允许用户随时随地查找信息并获得服务。2017年以来，其手机友好度显著进步，提高了15.5分。该报告将证照和材料的电子化视为公民接受在线服务的“关键促成因素”，在电子证照使用方面，2019年欧盟的电子身份认证指数为61（总数为100），电子文件指数为71，真实的资料来源指数为59.4，电子邮件指数为72.6。因此，证照的电子化已经取得了显著进展，尤其是在数字邮政的普及方面。自2017年以来，关键促成因素的使用指数累计增长了10.4。在此期间，电子

身份认证指数增加了8.5，电子文件指数增加了7.9，真实资料来源指数增加了5.9。自2017年以来，电子邮件指数的增幅最大（19.3）。

1.2.1 共创智慧城市实验

伦敦市政府于2018年6月提出《共创智慧伦敦路线图》，设计了五大发展使命：一是开发更多用户导向型的服务，以数字包容、公民创新、公民平台等促进用户成为智慧伦敦建设的主体；二是针对城市数据使用达成新的协议，通过设立伦敦数据分析办公室推动数据开放共享，加强数据权利保护与问责制，以提高公共数据使用的公众信任；三是打造世界一流的连接性和更智能的街道，启动伦敦互联计划，确保光纤到位、无线网络覆盖及5G集成开发；四是增强公众的数字技能和领导力，从早期教育开始就对人们的数据分析能力和实际操作能力进行培养，建立数字化人才管道；五是促进全市范围内的合作，在伦敦技术与创新办公室的领导下推进跨领域、跨部门、跨城市的合作。为推进《共创智慧伦敦路线图》的顺利发展，伦敦市政厅还通过一个名为“Trello”的协作平台，如图1-7所示，以信息报告卡的方式，实时通报和展示《共创智慧伦敦路线图》涉及的各项任务、工程的进展情况，对每个时间节点、任务细节、工作内容、未完成的原因等进行全面展示。这不仅可以通过开放透明形成对执行部门的督促与监管，同时也便于公众进行查阅和参与。由此可见，智慧伦敦的建设与发展始终将市民参与的“共创”作为非常重要的因素。

不仅如此，在智慧城市的组织建设方面，2019年，大伦敦政府（行政上包含伦敦金融城与32个伦敦自治市）与伦敦市议会成立了作为33个地方政府之间的协作平台与工具的伦敦技术与创新办公室（LOTI），LOTI最初的扶持项目包括4类：一是数字学徒，即以数字学徒模式提升伦敦的数字技能基础，确保所有伦敦市民都能从技术就业的增长中受益；二是修复管道，即通过LocalGov数字平台，为所有项目提供单一的在线资源，打造开放的协作共享平台；三是信息共享框架，即建立自治市之间安全的数

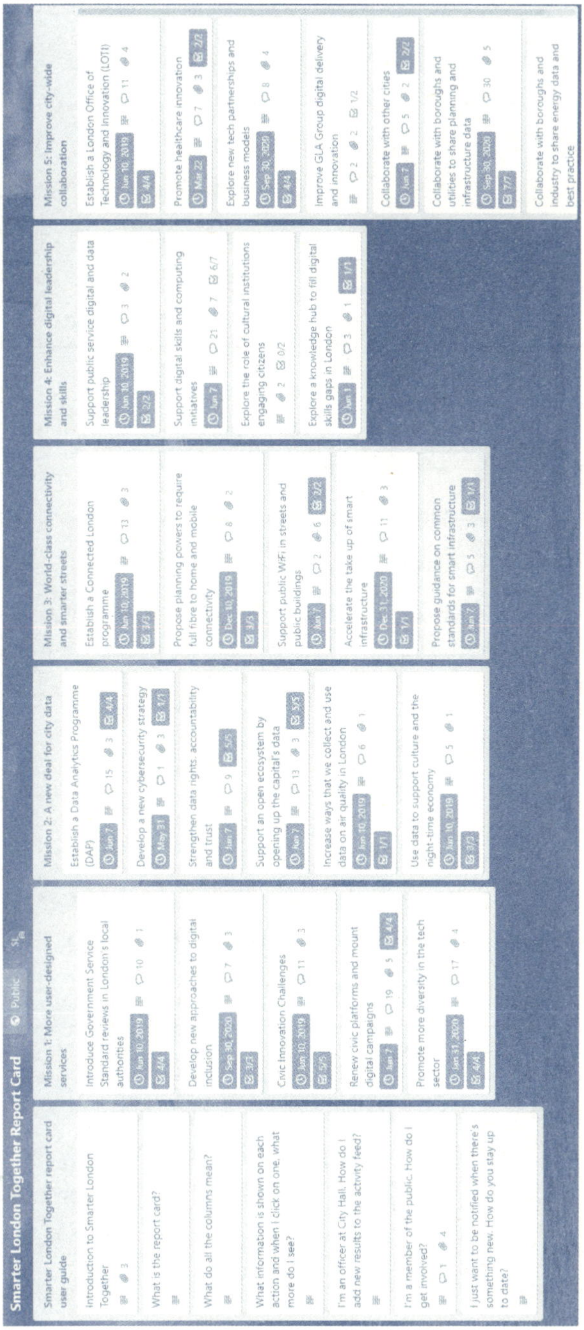

图1-7《共创智慧伦敦路线图》信息报告卡

据共享框架，允许创新项目使用数据应对社会和公共服务挑战；四是开发伦敦数据存储资源，以提高公民、公共机构和私营部门的信任度、透明度，并加强协作。此外，伦敦市还把Talk London平台打造成伦敦市民参与智慧伦敦建设的重要界面。Talk London是一个在线社区，口号为“Your city，Your say”，目前已经吸引了57 739位伦敦市民的加入，市民主要讨论住房、环境、交通、安全、工作等话题。智慧伦敦团队通过收集公众意见帮助和指导未来伦敦城市发展的规划与决策。

政策与实践专栏1–3

伦敦技术与创新办公室（LOTI）

LOTI认为，到2040年，伦敦的人口将增加200万。为满足公民的需求和期望，伦敦的公共服务必须为未来的技术发展做好准备。但要做到这一点，LOTI认为必须考虑“一座城市到底需要什么”。对智慧伦敦建设而言，LOTI的实际意义在于通过政府间的横向协作，以共享数据与开放能力的方式，实现智慧城市建设的战略统一、资源集约与创新自主，打造可复制、可复用的未来城市服务与产品。

LOTI最初设立在伦敦市议会，并利用大伦敦政府和伦敦市议会的拨款资金，以及注册为“核心成员”的自治市镇为期三年的会员费进行运作。这些资金主要用于在伦敦市议会内建立一个小型的专门团队，以及能力建设和特殊项目。

除了在战略层面、组织层面进行城市治理模式优化，伦敦市还积极采用数字技术对城市空间与居住环境进行改造。伦敦生活实验室（London Living Lab）是智慧伦敦的建设实验之一。该项目通过传感器网络部署，选取了海德公园、布里克斯顿和恩菲尔德3个地点作为实验地点，将数据科学与设计科学相结合，通过对土壤、空气、水质、噪声和光污染及公众参与的监测获取分析数据，科学评估区域内的发展情况，以了解官员、公共服务部门、市民、游客等多个利益主体参与的各种应用场景，为改善区域的生活环境提供建议。

1.2.2
城市治理工具“开源”

“开源”首先会让人联想到网络极客、GitHub、维基百科等关键词，是通过集聚全球互联网工程师的智慧与贡献，实现互联网研发创新的一种协作模式。通过巴塞罗那与爱沙尼亚的实践经验，我们可以看到，“开源”正在成为一种数字治理时代的创新风尚：互联网工程师们将涉及自身城市治理的平台、系统源代码积极发布到GitHub中，供全球城市数字治理工作者共享。

时任巴塞罗那首席技术官Francesca Bria在2018年提出，“数据是巴塞罗那智慧城市的核心。”她鼓励市民分享他们的信息，认为这与部署医疗、教育和交通等方面的技术同等重要，它们都有利于实现智慧城市计划。她同时还提出，智慧城市不只是一个关乎建筑结构与新技术的问题，政府必须建立一个可持续的经济体系，让每个市民都享受到智慧城市的成果。巴塞罗那市议会发布的《巴塞罗那数字城市2017—2020》强调了“数据驱动技术来改善政府工作、促进创新型经济发展和确保数字公平”的战略，这个战略有3个重点：数字化转型、数字创新和数字赋权。

在数字化转型方面，巴塞罗那主要关注科技如何提升和改善政府的运作效率和透明度，以及社会创新支持能力；数字基础设施如何解决住房、失业、社会排斥、健康、能源和交通等方面的重要城市问题；数据资源如何实现开放和规范管理。巴塞罗那开发了开放数据平台和开源网络应用程序等系列应用。例如，由欧盟“地平线2020”赞助的区块链项目——DECODE（见图1-8），主要探索如何建立以数据为中心的数字经济。DECODE提供工具让公民个人控制自己的数据，决定是否将个人信息保密或开放共享。其中，由公民生成、由物联网和传感器采集的数据可用于更广泛的社区范围，并具有适当的隐私保护作用。

图1-8 DECODE

在数字创新方面，巴塞罗那主要关注如何通过服务、规划、活动与基础设施推动数字经济发展，为城市的技术经济和数字生态系统的发展做出贡献；利用巴塞罗那工业4.0中心，建立一个围绕协作经济、循环经济、共享经济等的数字创客网络；通过巴塞罗那人居基金会推进“BIT Habitat-i.lab”计划，为城市和市民应对新挑战提供最合适的解决方案。“BIT Habitat-i.lab”计划的目标是负责任地使用数据和技术，使从该计划中受益的市民和企业的数量最大化。

在数字赋权方面，巴塞罗那提出通过数字教育与培训、数字包容、数字民主、数字权利提升市民的数字化操作能力，填平数字鸿沟以提高市民对城市决策的参与能力。Decidim.Barcelona（见图1-9）是一个帮助公民实现参与式民主的开源平台，让公民通过咨询建议、参与在线辩论、跟进提案等方式参与政府政策法规的制定过程以实现数字民主。到目前为止，大约有40 000名巴塞罗那市民参加了在线咨询，巴塞罗那市政府共收到市民提出的10 860个建议，其中8 142个建议被纳入相关行动计划。巴塞罗那市政府目前已有超过70%的提案直接来自市民的意见和建议。此外，巴塞罗那专门开发了全新的城市数据基础设施，主要包括3个部分：一是建立一个名为“Sentilo”的开源数据采集和传感平台，以采集和汇总整座城市的物联感知设备数据；二是建设一个名为“CityOS”的开源数据分析平台，进行城市运行数据的大数据分析，并向社会开放数据接口；三是开发一个面向用户端的应用程序，让市民便捷地访问所有数据。巴塞罗那开发的所有平台与应用都是开源的，所有代码均已在线上发布。

图1-9　Decidim.Barcelona

从数据开放到代码开源是数字时代城市治理的一种趋势，数据开放可以改善城市治理与市民服务体验，而代码开源则可以吸引全球创新力量，二者共同为城市治理寻找合适的解决方案，以面对后全球化时代城市数字化转型的巨大不确定性。数据驱动的城市发展战略与治理框架不再只是一份来自市政厅或市议会的决策议程，而正在成为一个融合城市决策重塑、城市服务体验再造、城市产业发展创新与社会公平赋能多重关系的平台，在这个平台上，每个城市治理的主体与对象都在进行重新定位。

1.2.3 “数字公民”与城市空间重构

东欧国家爱沙尼亚于2014年创立了e-Residency（见图1-10），一种面向“数字公民”推出的数字与物理结合的ID卡（见图1-11），拥有e-Residency的个人或小企业主可以在其他地区远程注册欧盟公司，访问爱沙尼亚的公共电子服务，同时可以在任何地方管理企业。目前，爱沙尼亚“数字公民”数量已达68 774个，其中注册了公司的超过13 000个，覆盖160个国家，纳税金额超过10亿欧元（比爱沙尼亚的GDP的14倍还多）。

“数字公民”计划为爱沙尼亚数字国家的建设提供了更大的空间和想象力，但是衍生于数字空间的新问题正在出现：目前来看，“数字公民”计划并不适合所有人，国际社会认为这项计划确实具有较高风险，“数字公民”很可能因为其是“不遵守反洗钱和恐怖主义融资法规的司法管辖区”而加入。

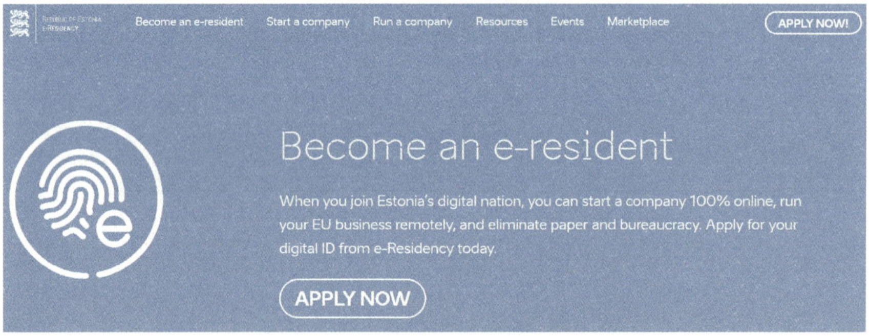

图1-10　e-Residency网站页面

图1-11　e-Residency kit

政策与实践专栏1-4

爱沙尼亚的“数字公民”

爱沙尼亚的“数字公民”本质是一种建立在区块链技术与e-Resident数字身份上的数字权利主体，它构建的理想状态是：我认可一个国家就可以成为它的数字公民，可以它的公民身份来做生意、工作。对于爱沙尼亚而言，“数字公民”有效弥补了其作为东欧小国有限的资源、领土与发展空间，从而可以吸纳来自全球的创新资源与资本。用户登录e-Residency的官方网站，根据提示操作，使用国际信用卡支付开通费用，即可申请“数字公民”。

“数字公民”包含的权益包括无须到爱沙尼亚就可以在该国注册欧盟公司（营业税率为0）、银行账户、电子银行，缴税，享受政府公共服务，适合互联网、区块链时代的创业者，以及被称为“数字游牧民族”的自由职业者。但是，“数字公民”并非护照，也不能免签进入爱沙尼亚，对国际旅行没有作用。

自2014年10月爱沙尼亚“数字公民”开放至今，现在已有160个国家的68 774人申请，他们创建了5 000家新公司，而加入“数字公民”的人中就包括德国总理默克尔、日本前首相安倍晋三等。

从数字治理层面而言，爱沙尼亚数字政府建设提出了两个基本指导原则：第一个是“仅一次原则”，该原则承诺只有一个政府部门或团体可以保存公众或企业的某种数据，这从本质上解决了数据源的唯一性问题；第二个是“默认数字化原则”，公众和企业的纸质信息都被输入数字化系统，政府无法追踪到通过纸质件查看信息的人员，但该数字系统准确记录了谁访问了哪些文件，加强了数据安全性的保护与操作合规性的审查。这两个原则实际上已成为爱沙尼亚“数字国家”发展的基石。

"数字公民"计划的背后是一个名为"X-Road"的数据交换与安全传输平台，"X-Road"可被视为爱沙尼亚建立区块链国家的重要基础设施，它使爱沙尼亚国内的各种公共部门和私营企业的电子服务信息系统能够相互连接并和谐运行。目前，"X-Road"已经搭载2 773项服务应用，每天都有1 000多个组织和企业在使用。为确保数据的安全传输，所有传出数据均经过数字签名和加密，所有传入数据均经过身份验证和记录。

此外，爱沙尼亚还在司法领域积极推进数字治理，爱沙尼亚司法部已经要求相关团队设计一个"机器人法官"，"机器人法官"可以裁定少于7 000欧元的小额钱债纠纷，司法官员们也希望它能为法官和法院书记员清除积压的案件。目前该系统尚有许多细节未解决，需要在律师和法官反馈意见后再调整。在就业、教育和社会福利方面，爱沙尼亚开发了一个应用程序，该应用程序可以将下岗工人的简历送入机器学习系统，并将其技能与雇主进行自动匹配。

1.2.4 数字经济对城市治理的反哺

数字技术已不只是在工具与手段层面提升城市治理水平，诞生于数字经济领域的商业创新模式也正在重构城市治理流程与重塑数字治理理念。例如，德国汉堡发起了"寻找住所"项目（见图1-12），以解决城市涌入的难民居所问题。"寻找住所"项目利用"人机交互"城市建模和仿真平台，结合光学标记的彩色编码乐高积木、增强现实技术、触摸反馈和地理模拟算法，为城市环境的变化建模场景，并允许用户与不同的模拟场景进行交互，其目标是"使复杂的城市问题对不同的受众具有可访问性和可触摸性"。"人机交互"的城市建模与仿真平台可以将难民居所投放在一个指定街区，然后通过算法模拟出街区及周边的公共设施、水电供应、社区安全等问题，进而为难民营的设置提供评估数据。"寻找住所"不仅是一个利用新技术推进数字治理的优秀样本，同时也创新了市民参与公共决策讨论的方式与体验。

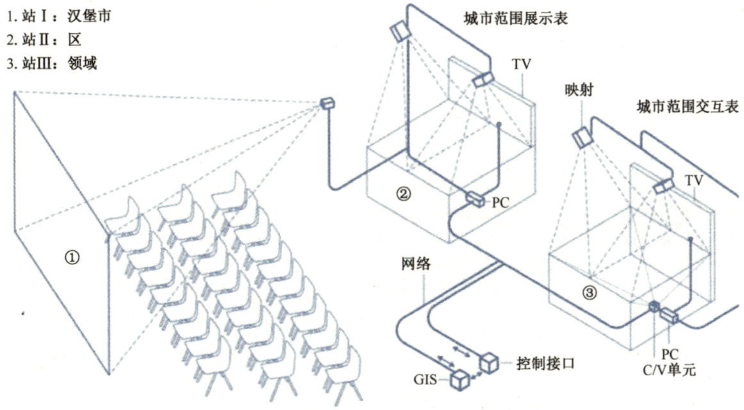

图1-12 德国汉堡“寻找住所”项目示意图

在缺乏高层建筑、城市租赁成本相对较高的背景下，为提升政府办公空间的使用效率、解决城市密集性的问题，阿姆斯特丹市开展了一项试点计划，允许民间社会组织进入政府建筑中未得到充分利用的办公室，从而在城市建筑中引入了爱彼迎型空间共享模式。尽管市政府不得不支付供暖、电力和安全等沉没成本，但在发现许多办公室闲置后，市政府仍发起了这个项目。基于这个创新项目，阿姆斯特丹市还希望将共享模式从办公室扩展到市政车辆和工具。

促使阿姆斯特丹市推进政府办公空间共享这个项目的另一个关键因素是阿姆斯特丹市的共享经济发展正在产生变化，这对居民和游客的生活体验产生了重大影响。作为一个深受爱彼迎用户欢迎的目的地，阿姆斯特丹市拥有2.5万间出租房，在鼓励、尊重社区的文化和历史完整性的基础上，阿姆斯特丹市开始对出租房执行严格的规定。2018年，阿姆斯特丹市政府将爱彼迎出租房的租期限制在每年60天；到2019年1月，这个数字减半至30天。共享经济和平台经济的性质正在迅速变化，地方政府必须在不阻碍潜在的地方经济增长的前提下，以促进地方利益的方式响应社区需求。而开放政府的办公空间被视为弥合和缓解共享经济管制规定的方式之一。

1.3 亚洲

近十年来，在智慧城市的发展浪潮之中，亚洲城市的数字治理呈现出多样性的特征，不同国家的政治制度、文化传统、经济基础、发展阶段不同，随之诞生的治理创新案例与亮点也不同。从城市的战略推进热度上来看，相比欧美城市，亚洲城市在智慧城市与数字治理方面显得更为积极甚至超前。例如，日本从20世纪90年代的“U-Japan”战略一直到当下的“Society5.0”战略，都是从信息基础设施起步，持续到当前面向国家和城市全面数字化的战略行动。比如，韩国从一开始的“U-Korea”到朴槿惠时代的“政府3.0”，再到文在寅时代的“数字强国”；松岛的智慧新城模式到江南西的智慧城区，再到首尔的“市民即市长”的数字治理实验，始终保持着从国家到城市自上而下的治理革新。同时，印度、印度尼西亚、泰国、越南等国家也未放弃对智慧城市发展的追求，但由于政治体制局限、种族问题、数字基础设施滞后，以及人口基数及市场创新氛围不足以支撑本土化的大型互联网企业，缺乏在数字治理层面向社会民间力量寻求创新养分与促进互动的基础。同时，政府公务人员与公民的智能手机拥有率较低、无线宽带网络覆盖率较低，以及人们在线生活的数字素养不足，也限制了基于数字技术的治理创新的延伸与应用。

当然，我们仍然可以从亚洲看到未来数字治理转型的希望。迪拜积极推进的“未来城市”建设，以机器人警察、无人机的士等天马行空的未来数字技术实验的方式，呈现出全新的思考维度；新加坡作为一个典型的“城市国家”，一直被视为智慧城市建设的“模范生”，其智慧国家的建设历程也体现出未来城市治理的基本轨迹。

1.3.1 数字治理创新的界限与极限

迪拜在媒体舆论中被形容为一个“挥金如土”的中东国家，其在政治方面的“贵族共和制”通常以“迪拜王子”为代表向世人展示。另外，帆船酒店、“刀片高塔”等夸张而激进的建筑风格及城市建设模式，也时常被讨论。2013年，阿联酋副总统、总理、迪拜酋长谢赫·穆罕默德·本·拉希德·阿勒·马克图姆宣布了迪拜向“智慧城市”进军的计划，该项计划演变为以6个关键目标和100项创新举措为核心的迪拜“智慧城市”战略。6个关键目标为智能生活、智能交通、智能社会、智能经济、智能管理、智能环境；100项创新举措涵盖运输、通信、基础设施、电力、经济服务、城市规划等方面，以及让政府和私营部门获得超过1 000项的智能服务。2016年，迪拜公布了“智能迪拜2021”计划，以“成为地球上最幸福的城市”为愿景，让迪拜在2021年成为世界领先的智慧城市。在该阶段，迪拜将提升用户的满意度与幸福感作为智慧城市建设的最大驱动力，将“关注终端用户的体验”扩大到“关注所有用户在所有平台上的体验”，这里的“所有用户”包括迪拜公民、居民、旅客和商人。这也是迪拜政府开发所有数字服务的核心思想：为用户解决问题，而不是首要考虑为政府解决什么难题。

政策与实践专栏1–5

迪拜智慧城市“10X”计划

2017年，迪拜推出了以未来为导向的计划——迪拜“10X”计划（见图1-13），其中X代表勇于实验、打破常规、着眼未来及指数思维。根据DUBAI10X官网介绍，迪拜“10X”计划的目标是让迪拜比其他城市领先10年——每个政府部门都应该找到自己想要提供的服务，这些服务可以让迪拜每个人的收益比以前高10倍，城市发展比以前快10倍，工作效率比以前高10倍。

图1-13　迪拜“10X”计划

“10X”计划要求每个政府机构都要拥有独立的执行机构——“X-Unit”，打破传统组织结构以实现流程和业务的重塑。此外，政府机构还要从外部消除监管障碍，以确保业务正常运行。该计划的第一阶段是为参与的36个政府部门创建专属的“10X”团队。首批来自24个政府部门的26个项目已在迪拜“10X”官网进行展示并启动，包括迪拜水电局的“数字迪拜水电局”项目、迪拜警察局的“无人警察局”项目、迪拜智能办公室的“智慧城市大学”项目、迪拜国土局的“自助房屋交易”项目、迪拜工商会的“数字丝路”项目、迪拜文化局的“迪拜艺术银行”项目等。

迪拜在未来城市的发展理念与战略路线上具有前瞻性与清醒的认识：塑造未来并不是一个理论概念，而是各国在全球舞台上获得竞争力的关键。迪拜定义的未来城市具有“七大转变”：城市设计的根本转变、城市交通方式的转变、城市生活的转变（人工智能）、城市能源供给方式的转变、城市竞争力的转变（城市即平台，连接思想与创意）、城市经济模式的转变，以及治理、立法和政府工作模式的转变。

此外，为了配合迪拜“智慧城市”战略的推进，迪拜智慧政府和执行办公室还开发了“幸福指数”应用，允许用户在触摸屏设备、网页及App等渠道上，即时为所有政府的线上和线下服务进行一键评分。截至2018年年底，迪拜的幸福水平为90%。

在城市治理方面，迪拜重点开发了Dubai Police App和C3 Courts两款应用。Dubai Police App是迪拜警察局推出的一款移动警务一体化服务平台，主界面以卡片式推出了SOS、罚单查询和支付、海上救援、常用服务、报告交通事故、我的地图、警察局模式、驾驶模式、SPS、志愿者机会、抓拍工具、ARTITLE（AR应用）等应用服务，其中的服务频道涵盖了公民安全、交通、生活等55项服务内容。Dubai Police App同时提供语音和文字交互功能，具备一定的智能语义分析与识别能力。C3 Courts是一个通过流程优化改造政务服务体验的典型案例，具有“减时间、减环节、减流程”的特征。在迪拜，法院平均每年需要审理60 000个案件，所有案件都需要通过一审法院、上诉法院和最高法院连续审理，耗时约为305天，当事人需要在法庭出现15次，且需要支付高昂的诉讼费用。迪拜法院通过C3 Courts打造了世界上第一个“三院合一”的司法系统，在这个系统中，一审法院、上诉法院和最高法院能够同时审理案件，而不是连续审理。这个独特的举措将每个案件的3个诉讼程序的总时间从305天缩短至30天。通过推行无纸化进程，C3 Courts能够减少当事人50%的诉讼费用；每个案件仅需要3个法官和1个书记员进行审理，节约了60%的法院资源。C3 Courts通过数字技术与在线平台为法院提供了一种全新的案件审理方案。

迪拜智慧城市的演进具备部分亚洲国家和城市在推进智慧城市早期的特点——自上而下地全方位推进，其界面变得越来越模糊，城市治理在数字时代变成城市的“全部议程”，而非过程或工具。同时，不管是利用区块链技术、人工智能技术还是机器人技术，迪拜一直在寻求通过数字技术突破城市治理极限的可能性。

1.3.2 “城市国家”的智慧治理选择

新加坡在亚洲国家中的地位特殊而重要，不仅在经济发展上成为中国改革开放学习借鉴的对象，在政务服务、城市治理、行业监管等领域也成为中国发展较快城市学习的榜样。

新加坡的智慧城市发展可以分为5个阶段。1980年，新加坡提出《国家计算机化计划》（*National Computerisation Plan*），拟在新加坡的政府、企业、商业、工厂等领域推广计算机应用。1992年，新加坡提出“IT2000”智慧岛计划，计划将信息技术普及到所有领域，在地区和全球范围内建立联系更密切的电子社会，将新加坡建成“智慧岛”和全球性信息技术中心。2000年，新加坡提出“信息通信21世纪计划”，将信息科技深植于国家经济和社会，实现到2005年成为网络时代的“一流经济体”的目标。2006年，新加坡推出为期10年的“智能城市”发展蓝图，旨在将新加坡建设成一个以资讯通信驱动的智能化“城市国家”。较早地投入智慧城市建设让新加坡的智慧城市发展经验与产品得以在亚洲其他国家和城市传播。2014年，新加坡推出“智慧国”战略，利用网络、数据和信息通信技术的力量，改善生活、创造经济机会，并建立联系更紧密的社区。从新加坡的智慧城市发展历程来看，其战略与日本、韩国并无区别；从信息基础设施的升级，到聚焦全社会的数字化转型，通过数字治理赋能、反哺和驱动生活、经济及变革创新。其实，早在2014年，新加坡政府已经有近98%的公共服务是通过在线方式提供的，这让民众可以得到一站式服务。截至2015年，无论是互联网的接入率还是智能手机的普及率，新加坡都处于全球领先位置：87%的家庭接入互联网，72%的国民是互联网用户；86%的企业接入宽带网络，而50人以上的大中型企业接入宽带网络的占比更是达到100%。

基于物联网、云计算、大数据、人工智能等数字技术对城市发展的推动与影响，新加坡把“智慧国”的建设分成了“连接”“收集”和“理解”3个阶段，通过建立一个安全、高速、经济且具有扩展性的全国通信基础设施，获取海量的实时数据，分析和预测民众的需求、提供更好的服务。换句话说，在保证信息安全的前提下，科技让城市的规划更加系统、更具理性，从而让政府机构对公共资源的利用更加高效。

受地缘特征、政治背景、国民构成与国家历史等多因素影响，新加坡应该是全球少有的在数字时代并未掉队，并且持续引领智慧城市发展的“城市国家”。而让新加坡最先在全球数字治理视野中崭露头角的是新加坡为不同人群设计的政府门户网站，这在整个桌面互联网时代被视为一种面向公民的“定制化服务”。进入移动互联网时代以后，新加坡在数字治理领域的创新声音在逐渐减弱，在人工智能、区块链等数字技术的使用上并无突破性的进展，在针对个人隐私保护、数据应用立法等方面的探索也无值得其他亚洲国家参考的价值。

1.3.3 以市民为核心的城市治理价值观

首尔的城市数字化转型主要分为5个阶段：第一阶段（1990—1999年），初步建立以信息技术为基础设施的计算机化阶段；第二阶段（1999—2007年），主要建立发展路线图，并推动城市服务与信息的实时连接；第三阶段（2007—2011年），以“U-Seoul”计划为标志，应对移动互联网冲击，强调公共参与和共享的Web 2.0；第四阶段（2011—2015年），智慧政府阶段，以推动公众参与与开放政府为目标，通过推进“智能首尔2015”计划，整合有线和无线基础设施，为市民提供定制服务，并利用大数据和数据开放推动公共数据应用；第五阶段（2016—2020年），通过“全球数字首尔2020”计划，确保首尔在高度互联的数字时代的全球领先地位，改善和提升市民福祉。

《首尔电子政务手册（2016）》显示，首尔市政府的职责是组织处理所有市政府的公共服务信息系统，建立连接32个相关组织的电信网络，并建立一个由首席信息官（CIO）领导的数字政府推广小组。首尔市政府为基于信息技术的高效城市管理安排了614种信息系统，推进综合公共服务建设，覆盖住房、环境、文旅、健康、交通、基建、税务等领域，为残障人士、妇幼、商务人士等不同主体提供全方位服务。

对首尔而言，从“U-City”到“Smart City”的发展转变过程体现了4个方面的差异。首先，在建设模式方面，前者推行的是“中央政府+地方开发公司”的模式；后者采用的是4P模式（Public、Private、People、Partnership），通过政府、企业、市民三者之间的合作，实现自上而下与自下而上并行的建设推进方式。其次，在技术应用方面，前者主要侧重独立的信息系统建设，无法共享数据；后者强调系统与系统之间的数据共享与开放。再次，在建设重点方面，前者主要关注新城的开发与建设，注重城市发展的“增量”部分；后者关注解决城市当前的问题，如交通拥堵。最后，在发展领域方面，前者关注运输、安全、城市灾难管控，后者更关注环境、治理、教育、就业等城市民生服务。

首尔市政府于2017年12月发布了《全球首尔智慧城市：首尔电子政府》（*Sustainable Seoul Smart City：Seoul e-Government*），即“全球数字首尔2020”，重新定位了首尔智慧城市的发展方向与战略目标。从“Smart City”到“3S City”（Sustainable Seoul Smart City），首尔的智慧城市建设正在发生哪些变化？从发展背景来看，“全球数字首尔2020”的提出主要基于3个方面：首先，智慧城市的发展处在一个移动智能的数字生态系统中，城市中的人、物、事都处于超连接状态，城市的治理与服务需要通过智能手机和其他智能产品实现输出与触达；其次，智慧城市的建设开始从“以用户为导向”的政府数字化战略向“以公民为主导”的数字化战略转变，政府需要围绕新的模式、体验与界面为公民提供服务，其中围绕政府部门信息化的“政企合作”成为主流；最后，从政策的角度来看，首尔最重要的战略目标之一就是成为“世界上最具竞争力的五大城市之一”，因此，“全球数字首尔2020”是一个新的智慧城市发展战略，能够提高其全球竞争力。“全球数字首尔2020”侧重3个要素：数字技术、人和社会创新。首尔正在寻求整合基础设施和技术服务的途径，设想智慧城市治理带来创新和社会进步，通过促进公民的社会化参与改善公民的生活质量，并为未来创造可持续的价值。在数字政府发展与智慧城市建设的进程中，首尔市政府一直希望努力跟上韩国中央政府制定的宏伟愿景，即“政府3.0”，它强调开放、共享、沟通、协作。在这个新愿景的指引下，首尔智慧城市也正在经历一个范式转变，从“政府主导”转向“以人为本”。

在城市数字治理应用方面，首尔为市长建立了智能城市平台——数字市长办公室，旨在实时向市长汇报各种行政信息，使市长能够实时识别城市的行政问题，确定优先顺序，并在不在现场的情况下协调行动。对以前分散的城市目标进行整体规划可以帮助市长形成协调不同部门和需求的综合视角。数字市长办公室设计了3个核心功能：第一，实时了解灾难、事故的发生情况，市长不去现场也可指挥现场，提高应对效率；第二，在同一个画面上，市长可同时查看大气质量、水质量、物价信息等与市民生活息息相关的城市信息；第三，市长不去现场也可以接收首尔城市建设主要项目的报告。数字市长办公室的界面可分成4个部分：一眼了解首尔、实时城市现状、市政现状、市政新闻，市长可以随时随地通过移动智能设备登录系统，迅速了解首尔城市运行情况并采取相应措施。

此外，数字市长办公室还为城市政府公务员提供了内部协同与沟通服务，当市长下达指令后，系统将立即通知负责解决问题的公务员，并在智慧城市控制塔的帮助下收集信息，以查看和分析政策决定的有效性、发展趋势及市民反馈等。数字市长办公室是首尔市政府提供公共数据的广场，涵盖了首尔安全综合状况室（TOPIS）等167个系统的1 046.832 9万件政务大数据信息、首尔市区800多个电视监控系统的视频信息，以及120呼叫中心信息等。

【第2章】

数字中国：政府与城市

“数字中国”与“智慧社会”首次出现在党的十九大报告中，如果将“数字中国”理解为以中央权力为核心的面向顶层与宏观的数字国家构建目标，那么“智慧社会”则是面向城乡生活与社会细节的治理和服务模式的发展愿景。在“数字中国”战略的引导下，中国地方政府积极推动和参与政府数字化转型与城市数字化转型，浙江、广东，杭州、深圳则是各省市的鲜明代表，以“浙里办”App、“粤省事”小程序为代表的省级政务服务平台与以杭州城市大脑、“i深圳”App为代表的城市级治理和服务数字化应用一度领全国风气之先。

如果以电子政务发展作为研究和观测中国数字治理的原点，回溯过去20年的发展，中央、省与城市的数字治理一直纠缠于“条”与“块”[1]的博弈，而经常被提及的“条块分割”“信息孤岛”“数据烟囱”等词语则形象地描述了数字化进程中府际关系的障碍与瓶颈。2015年，国务院印发《关于积极推进“互联网+”行动的指导意见》（见图2-1），标志着中国互联网的发展由纯粹的线上数字化走向线上线下融合的“互联网+”时代，数字经济领域的新模式、新业态、新体验也为数字治理的适恰、便

1 一般中央部委的垂直管理部门称为“条”，地方政府的横向行政部门称为“块”。

图2-1 国务院印发《关于积极推进“互联网+”行动的指导意见》

利与安全提出了更高要求，云计算、物联网、人工智能等数字基础设施的快速崛起为数字治理打破传统障碍提供了更多的破局路径。2015—2020年，国家一体化在线政务服务平台建设、政府信息资源共享与开放，以及城市级服务平台建设不断加速。从政府层面与城市层面的顶层设计与数字化行动来看，中国数字治理的重点正在由此前单一的做大顶层、做强条线的“T型”模式逐步走向条块互动、开源支撑的“Z型”模式（目前“条”和“块”之间的互动和共享依然以数据交换平台的曲线方式进行，尚未建立完全的共享开放机制）。从中央和省在网络平台、数据共享、电子证照、电子身份、电子印章等方面对城市级应用的支撑力度，以及城市数字治理与公共服务平台在面对具体场景时的模式与体验创新能力来看，“条”和“块”正在进入一个“双速并行”的局面。这一点从2020年疫情防控期间，国家级政务服务平台在城市应用入口搭建、健康码数据互认、通信行程卡数据查验，以及城市复工复产支持等方面即可窥见一斑：中央层面的数字治理基础能力与公共能力正在突发性重大事件中快速下沉至城市运行的具体场景中。

据国家统计局数据显示，2019年我国城镇常住人口为84 843万人。此外，有将近2.7亿“新市民”在城市处于“人户分离”的状态。中国互联网络信息中心发布的2021年第47次《中国互联网络发展状况统计报告》显示，截至2020年12月，我国总体网民规模达9.89亿人，城镇网民规模为6.80亿人，占网民整体的68.7%；我国非网民规模为4.16亿人，其中城镇地区非网民占比为37.3%；在线政务服务用户规模达8.43亿人。从已有数据来看，数字中国的发展与城镇化处于齐头并进的态势，城镇化率要低于城镇地区网民比例，这背后揭示的是，一方面，大量的“新市民”亟待在城镇化进程中获得城市中的一席之地，“人的城镇化”亟须被重视；另一方面，大量城郊、城中村、棚户区亟待升级改造，城市的公共服务数字化供给成为提升城镇化质量的发展方向。这是中国城镇化发展的真实现状。

2.1 城市型社会

麦肯锡全球研究院在一项研究中指出，中国城区常住人口超过500万的城市仅有13个，而中国80%的城镇居民居住在人口不足500万的城市中。该研究预测，中国将出现100多个人口介于50万～150万的新兴城市，并将在2025年形成分散式的发展模式，同时还会新增60多个总人口介于150万～500万的中等城市。从现有趋势来看，中小城市将会成为经济增长的引擎。麦肯锡全球研究院预计，到2025年，中国将会有70%的人口居住在总人口不足500万的城市，这些城市带来的产值将占全国城市GDP的一半以上。城市型社会正在来临。

中国已结束了以乡村型社会为主体的时代，开始进入到以城市型社会为主体的新城市时代，这是中国社会结构的一个历史性变化。中国社会科学院发布的《中国城市发展报告（2012）》指出，北京、上海、天津已迈入高级城市型社会之列，广东、辽宁已进入中级城市型社会之列，另有10个省份刚刚跻身初级城市型社会之列。从国际经验看，判断一个国家或地区是否已经进入城市型社会，主要参考城镇人口、空间形态、生活方式、社会文化和城乡关系5个标准，其中城镇人口是最为重要的标准。以人口城镇化率对城市型社会进行阶段划分：城镇化率在51%～60%的为初级城市型社会；城镇化率在61%～75%的为中级城市型社会；城镇化率在76%～90%的为高级城市型社会；城镇化率大于90%的为完全城市型社会。从城镇人口和空间形态看，中国已经进入城市型社会。但是，从生活方式、社会文化和城乡关系看，中国离城市型社会的要求还有一定差距。例如，从生活方式看，大量进城务工的农民工、郊区就地转化的农转非居民，以及县改区中存在的大量农民，虽然已被统计为城镇居民，但并没有真正融入城镇。从社会文化看，中国的城市还是建制镇，大都缺乏特色，文化缺失，品质较低。从城乡关系看，中国的城乡差距仍然过大，促进城乡融合共享和一体化任重道远。国家统计局公布的数据显示，截至2019年年底，我国城镇化率为60.6%。因此，我国正在由初级城市型社会进入中级城市型社会。

城镇化的数量增长是过去30多年来城镇化发展的核心特征。追求数量增长、以数量增长为荣是普遍的执政心态。数量增长主要表现为城镇统计人口增长较快、高楼大厦建设较快、支撑这种城镇发展的传统产业增长较快、城镇面积向外扩张较快[1]。改革开放以来，我国城市数量从 1978 年的 193 个增加到 2000 年的 658 个，再增加到 2019年的 672 个。另外，中国近2万个建制镇中人口超过10万的已达300多个，这些城镇均具有“城市特征”，2019年温州市龙港镇“撤镇设市”也代表着未来城市发展的重要趋势。2019年，摩根士丹利发布蓝皮书报告《中国城市化2.0：超级都市圈》，预计到2030年，中国的五大超级都市圈的平均规模将达到1.2亿人，城际通勤铁路里程较目前增长8.5倍，万物互联和数据市场将达到1万亿美元。到2030年，中国的城镇化率将升至75%，即增加2.2亿新市民。这主要得益于三大支柱：一是城市群兴起将发挥集聚优势，同时缓解大城市病；二是受益于数字技术的应用，智慧城市将减少交通拥堵、安全隐患和污染；三是农业的规模化和现代化有助于提高劳动生产率，推动农村人口迁入城市。

从阶段性特征与价值定位来看，中国城市发展基本可以划分为5个阶段（见图2-2）。城市化1.0阶段，把现代城市理解为一个形式系统，该阶段主要表现为对西方现代城市形态和内容要素的简单模仿与照搬，中国城市发展处于典型追赶阶段。城市化2.0阶段，把现代城市理解为一个经济系统，该阶段主要表现为风行全国的经济开发区模式，中国城市发展主要与改革开放密切相关，处于一个计划经济与市场经济博弈、城市发展以透

1 资料来源：冯奎，《城镇化发展将出现新特征》，中国发展观察，2014年。

支农村劳动力为代价的“野蛮生长”的突围阶段。城市化3.0阶段，对城市的土地与空间价值产生觉醒，城市土地交易系统成为政府发展经济的金融工具，城市空间成为政府进行城市营销的巨幅立体广告，该阶段主要表现为政府主导的新城模式和开发商主导的房地产模式，中国城市发展在“大拆大建”中探索城市的发展禀赋，“新市民”由城市建设者向“主人翁”的转变推动市民社会的形成与城市民主的实现。城市化4.0阶段，由于云计算、物联网、大数据等技术的应用，城市被定义为“硅碳合基的超级智慧系统”，在强调于物质空间中营造城市硬件系统的同时，开始大力开展城市软件系统，该阶段主要表现为政府对智慧城市和新基建的高度重视与大力推进，中国城市发展陆续经历从技术至上、以人为本到以人民为中心的探索过程，其中，以最多跑一次、不见面审批、一网统管等为代表的技术创新与制度变革的城市发展新浪潮不断涌现。即将到来的城市化5.0阶段，是由5G、人工智能、区块链等共同构成的“机器崛起”的城市化时代，目前，机器人已经应用于迪拜、日本机场、警务、交通等领域，中国城市的智能化发展在这方面并不落后，这也是中国现代城市文明从对西方的艰苦追赶转向成熟的自主发展的关键时期。在中国城市完成了本阶段的

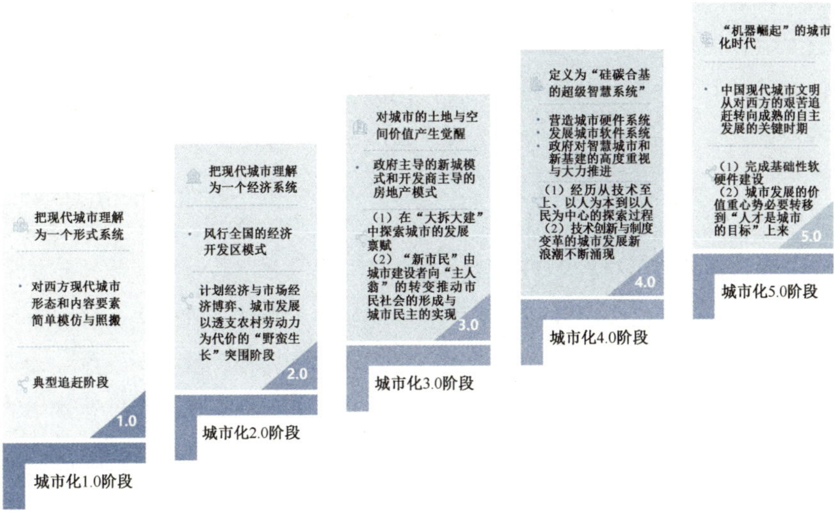

图2-2 中国城市发展的阶段性特征与价值定位

基础性软硬件建设之后，中国城市发展的价值重心势必要转移到“人才是城市的目标”上来。

城市不仅需要具备能量与智慧，更需要容纳“人”的情感，承载社会的意义。因此，我们可以看到，近年来各类新闻媒体与社会学调查都在关注全国各大城市居民的孤独感、性生活质量、老年人情感陪护、婚姻幸福感等话题。东莞的中年农民工在失去工作、准备离开城市返乡之际，在东莞市图书馆留言簿上表达了自己对一座城市的感激，留言登上社交媒体，他最终被城市公共部门挽留。寄居于深圳市龙华区人才市场，因为债务或贷款无法回家而通过零工日结的方式流浪在城市的“三和青年”也成为社会学家关注的“灰色群体”。他们都是中国高速城市化发展背景下的社会缩影。

从当前我国城市数量、体量、质量及整体城镇化率来看，我国城镇化发展仍将保持相对较快的增长速度，并将在管理、经济、技术和社会等方面的影响下呈现出一些新特征[1]。首先是城镇间人口流动比重不断提高。据手机信令的监测数据显示，2017年，在新增跨市域流动人口中，以县城和市区作为流出地的比重为36.1%，2018年，人口流动比重上升为39.2%，2019年则达到45.1%，呈快速上升趋势。未来，中国在推进农民工市民化的同时，需要更加关注城镇间流动人口问题。人口流动加速，除了带来传统视野下的城市公共服务供给能力的提升，基于数字平台与数据共享的城市数字服务供给也成为一大亮点，如公积金、社保、就医等领域的在线查询、缴纳及应用。其次是大城市承载人口比重上升，城市出现分化，且这种分化不仅存在于基于城市等级化管理体制下的资源分配、户籍门槛及公共服务能力，更存在于不同城市群体在面对城市服务与问题上的反应与参与能力，如缺乏公共精神与数字素养的农民工群体、尚未具备操作智能设备能力的老龄化群体，以及虽然生存困难但因为程序复杂而不愿主动申请帮扶资助的困难群体，这些群体很可能是在城市人口比重上升背景下的“沉默的大多数”。最后是城市更新成为城市发展的重要内容，特别是老

1 资料来源：范毅，《城镇化发展的新特征》，北京日报，2020年7月27日。

城改造与传统城市公共基础设施的智能化升级备受关注，城市无线网络、物联网传感器、智能摄像头等均成为未来城市提升自身治理与服务能力以适应城市型社会发展的重要建设内容。

虽然我国城市化发展速度加快，但由于城乡收入差距较大、生产结构发生转变，以及基于数字化发展的消费升级与消费降级[1]不断突破城乡界限，城市型社会的发展既是机遇，也是挑战。随着区域间城市化发展逐步走向平衡，以都市圈和城市群为主体形态的城市化格局形成[2]，以及以数字技术、节能环保、康养服务为主题的新兴城市不断涌现和崛起，中国城市化发展进一步走向高质量发展道路。

进入21世纪后，互联网、移动互联网、人工智能等技术革命浪潮席卷而来，中国城市化发展逐渐具备了对标世界城市发展的资格与能力。科尔尼管理咨询公司发布的《2020全球城市指数报告》显示，在全球最具竞争力的城市和全球最具发展潜力的城市中，纽约、伦敦、巴黎、东京仍居前四位；在中国城市中，北京超越香港，历史性地成为全球第五名。在2020年《全球城市综合排名》中，中国内地城市表现持续提升；除了北京，上海、广州、深圳等一线城市，南京、杭州、青岛、成都、重庆、武汉等新一线城市的排名也显著提升：上海跃升至全球第12名，排名上升7名；深圳上升4名；广州上升8名；杭州继2019年首次进入百强后，2020年又上升了9名，位居第82名；成都上升2名，位居第87名；西安上升9名，首次进入百强；南京维持在第86名。值得注意的是，在2020年春季受到疫情严重冲击的武汉，此次排名仍然提升了11名，从2019年的104名进入百强，位居第93名。由此可以看出，不仅是北京、上海、广州、深圳等老牌一线城市已进入与世界城市角逐的竞争序列，成都、武汉等地处中西部的城市也成为中国城市发展的新兴力量。《世界城市名册2018》的主要编写者、全球化与世界城市研究机构（GaWC）副主任本·德拉德与凯瑟·佩恩表示，世界城市发展已逐步向亚太地区倾斜，同时，随着更多中国城市加入

1 电子商务、社交电商带来的消费下沉、品牌下乡，以及扶贫纾困带来的农产品进城。
2 资料来源：徐林，范毅，《改革开放四十年中国的城市化》，比较，2018年第6期。

其中，世界城市或将迈入“中国世纪”。

中国社会科学院与联合国人居署共同发布的《全球城市竞争力报告2019—2020》显示，中国有9个城市进入全球前50名，39个城市跻身全球200强。该报告的评估数据表明，城市在世界网络中的不可替代性越强，排名就越靠前。该报告主要作者、中国社会科学院城市与竞争力研究中心主任倪鹏飞表示，2019年，在前200名最具经济竞争力的城市中，亚洲城市数量增加，欧洲城市数量减少，这反映出全球综合中心和科技中心的重要性总体提升，专业性城市和制造中心总体下降。因此，从上海打造“全球科创中心”、杭州打造“数字经济第一城”、贵阳打造“大数据之都”等可以看出，面向科技创新领域的投资与发力，将城市打造成不可替代的产业网络节点与吸聚人才的光源，而不单纯依靠土地、劳动力、政策等传统资源，将成为数字时代城市竞争的新轨道。

城市在科技与数字化方面的投资吸引力与竞争力与在全球经济网络中的价值作用成正比，这一点持续得到了印证。2020年，毕马威发布的《城市技术的崛起》中的数据显示，2016—2018年，以移动出行、食品配送、共享居住和联合办公、共享单车/滑板车、智慧城市、房产技术和建筑技术等为代表的城市技术正在城市发展过程中发挥着举足轻重的作用（见表2-1、表2-2）。城市技术的崛起反映了城市和城市化在全球经济中的作用日益增强。城市已经成为全球创新和经济增长的基本平台，取代企业成为当代经济的基本组织单元。

表2-1　2016—2018年领先城市技术类型

类　型	风险投资额（亿美元）	投资额占比	创业公司数量	创业公司数量占比
移动出行	46.8	61.0%	258家	19.2%
食品配送	14.6	19.0%	410家	30.6%
共享居住和联合办公	6.4	8.3%	109家	8.1%
共享单车/滑板车	6.4	8.3%	102家	7.6%
智慧城市	5.6	7.3%	154家	11.5%

续表

类　型	风险投资额（亿美元）	投资额占比	创业公司数量	创业公司数量占比
房地产技术	3.2	4.2%	117家	8.7%
建筑技术	2.5	3.2%	192家	14.3%
总计	85.5		1 342家	

表2-2　2016—2018年领先城市技术国际城市

城　市	投资额（亿美元）	投资额占比	创业公司数量	创业公司数量占比
旧金山	231	30.3%	272家	20.3%
北京	199	26.1%	96家	7.2%
纽约	77	10.1%	179家	13.3%
上海	52	6.9%	52家	3.9%
新加坡	45	5.9%	28家	2.1%
班加罗尔	31	4.0%	75家	5.6%
洛杉矶	18	2.3%	50家	3.7%
柏林	15	2.0%	30家	2.2%

亨利·列斐伏尔在其著作《空间与政治》中指出，进入都市的权利不是一项自然的权利，也不是一项契约性的权利，它指的是城市居民的权利，还有那些在交通、信息和交易的网络和流通中出现而结成（在社会关系的基础上）团体的权利[1]。而在数字时代的城市型社会之上，对于市民而言，进入都市的权利成为一种“双重契约”：市民一方面需要与交通、教育、社保等公共服务形成契约，另一方面则需要与城市服务平台、移动支付平台、出行服务平台等形成契约。前一种契约来自市民的社会身份，后一种契约则来自市民的数字身份。未来，这两种身份的融合、互动与博弈，将构成城市型社会发展的核心基调。

1 资料来源：亨利·列斐伏尔著，李春译，《空间与政治》，上海人民出版社，2007年。

此外，在平台、数据与算法的支撑和驱动下，城市型社会的发展不仅使政府机构、公共部门、企业组织的运行及需要面对的问题发生了变化，同时也在重新定义社会交往与人际关系的亲密与疏离，将现代城市由一个“陌生人社会”转变为由智能推荐、人脸识别及大数据算法建构的一个介于“陌生”与“熟悉”之间的数字化社会。“陌生”是指城市人口的急速增长与流动导致人与人的实际关系仍然保持陌生，而“熟悉”则是散布于城市各个角落、场域的智能机器、设备与镜头都在时刻准备验证每位市民的身份，以确认“你是你”。

伦敦、利物浦、纽约等老牌城市在工业革命时期就步入城市型社会阶段，而在中国，数字化、网络化、智能化不断裂变，并与城镇化、工业化、老龄化叠加演进，中国城市型社会的形成与演进尚有很多亟待发掘与研究的空间。数字经济的快速发展使中国城市在诸多领域中扮演着数字时代新潮流、新问题、新趋势的探索者、发现者与引领者。

2.2 府际关系

“府际关系”一词最早起缘于美国联邦制下的府际运作实践，指联邦政府与州政府、地方政府的互动运作关系。对于中国而言，研究府际关系大多以中央与地方关系为分析范式。本节提出的是以城市为核心的府际关系，包括城市的隶属主体与控制对象、城市的运作力量来源，以及城市的边界与形态演进。

从中国现行的城市等级与类别来划分，城市主要分为直辖市、计划单列市、副省级城市、省会城市、地级市与县级市。其中，直辖市包括北京、上海、天津、重庆，具有和省级政府同等的行政权力与经济权力。计划单列市最先出现在20世纪80年代，目前中国共有大连、宁波、厦门、青岛和深圳5个计划单列市，其在经济社会管理、财政、立法等方面与省级政府级别权限相同，但是从统筹全省公共资源来看，计划单列市又近乎于“权力孤岛”。作为国内城市改革与经济发展探索的先行区域，计划单列市在新一轮的科技革命与制度变革进程中也在不断进化，从国家层面也被赋予了更多的历史使命，比如深圳经济特区在建立三十周年时被授予“中国特色社会主义先行示范区”，《中共中央国务院关于支持深圳建设中国特色社会主义先行示范区的意见》发布，对深圳在投资、法律、贸易、政务、城市建设等方面的未来改革发展进行了部署，而长三角地区的宁波与舟山的“甬舟一体化”也被提上日程。由此可见，计划单列市在推动区域发展中发挥了积极作用，其与周边城市的关系正在不断改变，“权力孤岛”在逐渐向“发展引擎”转变。以沈阳、长春、哈尔滨、南京、杭州、济南、武汉、广州、成都、西安为代表的副省级城市，也正在面临城市转型，比如杭州、武汉、成都在逐步通过电子商务、工业互联网及科技投资等实现创新发展，以拓展城市的资源吸附能力与发展后劲。其他省会城市如长沙、合肥也在新的城市竞争中逐步找到自身的定位与发展优势。

武汉作为副省级城市在2020年新冠肺炎疫情初期的表现，体现了传统城市府际关系的困局与窘境。武汉作为一个国家的交通地理中心，在城市应急系统、城市管理体系、城市风险预测等方面存在不足。这种城市应急能力与城市等级之间的“维度落差”，不只反映在显性的管理、空间方面，也反映在更高维度的信息空间滞后方面。在如此高密度、高人流的超大型城市中，各种各样的信息需要被及时收集、反馈、计算、处理和控制，但武汉在这方面存在严重缺位。住房和城乡建设部城市设计专家委员会委员张宇星认为，城市升维的本质，是要从更高维度去理解和控制城市。根据经济地理学研究，现代城市中有POET共4种流：P即人流（People），O即物流（Object），E即资金流（Economic），T即技术流（Technology）。这4种流决定了整座城市的日常运行能力、城市功能的集聚程度和扩散程度。但是，这次疫情暴露出来的却是更高维度的流——信息流（Information）的问题，信息公开、物资调配、疫情防控、密接追踪等方面的失守，最终都能够归于信息流的“失控”[1]。武汉在新冠肺炎疫情期间暴露的问题也警醒了城市决策者与市民，改变了他们对“大城市”、城市等级及相匹配的城市运行能力的认知，也有力地证明了城市的能力与能量已不再由城市的行政等级、经济体量、人口数量、投资体量、资源禀赋等决定，而是由更高维度的基于信息与数据的应用、分析、增值等能力决定的。综上所述，数据在重构府际关系。

除了武汉，在贵阳、兰州、西宁等城市，“东数西算”[2]成为城市府际关系革新的机会。从传统区域发展、城市发展的角度而言，“西气东输”“南水北调”等均是依靠中央政府进行政策性配置与干预的城市公共资源供给服务，是对区域资源分布的均衡性调节，而以云计算、大数据等为主要内容的“东数西算”则是基于城市产业与未来发展的主动性参与，在能耗、用电成本、网络延时、资源共享等方面进行调节配置，是一种改变城市府际关系的杠杆与动力。与“西气东输”“南水北调”不同的是，“东数西算”不再一味地消耗城市本土资源，它带来的不只是城市计算成本的降低，更多的是通过数字化基础设施与配套产品的构建，实现城市的发展转型。

汤姆·米勒在其著作《中国十亿城民》（*China's Urban Billion*）中表示，中国形成分散式的城市化格局有一定的历史原因。20世纪80—90年代初期，人们普遍认为，由沿海城市独享发展成果显然是不公平的。到20世纪90年代末，政府开始支持基于公平理念的广泛城市化进程。于是中央政府将大量资金投入到中西部地区的中心城市中，以促进区域平衡发展，而始于2000年的西部大开发则是这种城市化战略的具体政策表现之一——以效率换取平均。而从当前的城市群、都市圈、经济带的发展趋势来看，中国正在逐步抛弃行政力量引导的区域发展，转向通过产业融合、治理协同及数字化转型实现协调发展，而这种成效也正在长三角地区、珠三角地区、粤港澳大湾区、成渝经济带显现。更重要的是，传统的城市等级体系

1 资料来源：张宇星，《疫情之后，城市亟需升维》，2020年2月25日。
2 资料来源：王建冬、于施洋、窦悦，《东数西算：我国数据跨域流通的总体框架和实施路径研究》，电子政务，2020年第3期。

正在被瓦解。

在中国的政治制度体系中，城市政府一直在城市运行与治理中充当“家长”的角色，对城市规划建设、公共品的设计与配置，以及城市生活的模式具有举足轻重的影响，从某种程度而言，城市政府决定了城市命运。但随着城市型社会的崛起，城市府际关系的不断演进，城市发展的内生力量与组织在不断涌现。越来越多的行业组织、市民群体加入城市建设与发展的过程当中，城市发展的格局逐步由“控制型”转变为“沟通型”“合作型”。比如，在以社区物业公司为代表的基层治理中，社区居民可以通过电子投票的方式参与到相关物业事项的决策及业主委员会的组建和运作当中；以共享民宿、共享单车、网约车等为代表的城市新兴数字经济企业，也被邀请参与行业标准、规范的设计和制定。传统视野下“一家独大”“单一化”的城市政府控制体系与权力体系被逐步消解，城市型社会支撑的多维城市权力格局初步显现，而市民、企业及第三方力量在积极参与城市治理。

麦肯锡认为，城市生产力的发展没有固定的限度，“在城市中心区发展的道路上，唯一的障碍是城市跟不上自身的发展，从而无法对其加以管理。”那么，城市管理如何跟上自身的发展？对于超大城市而言，其发展过程中须掌控的是如何更好地探索未来城市发展的规律与势能；而对于中小城市而言，更大的挑战来自自身如何塑造与构建一种区域角色与发展势能，超大城市要确保在石头滚下山的时候勒好绳索不要失控，而中小城市则须考虑如何“将石头先滚上山顶”。从目前情况来看，数字基础设施支撑的数字治理模式构建成为城市寻求自身管理能级进化的阶梯之一。2020年，腾讯研究院发布的《数字中国指数报告（2020）》显示，除了珠三角地区、京津冀地区及长三角地区发展迅猛，得益于城市群的先进示范作用和辐射作用日渐强化，四五线城市的数字化进程也按下了“快进键”。因此，城市群效应不只存在于城市群内部，对周边中小城市发展也有着间接的辐射带动作用。

在数据要素流动带来的改变下，城市的边界变得越来越模糊，原来依靠行政区划、界碑设置来界定的城市范围，在物流、资金流、信息流一体化的趋势下已经逐渐被消解，原来固定不变的城市府际关系现在变得越来越多元与多变。原来依靠市政府、市行政中心设计的城市中心，现在逐渐被商场、商业街、中央商务区等经济地理标识取代。城市群、都市圈、经济带的发展使城市间的协同方式更为高效与敏捷。信息与数据的流动加速了人口流动，同时也带来了城市疆域的扩展与治理能力的压力，特别是在长三角、珠三角等城市群地区。百度地图慧眼与同济大学建筑与城市规划学院利用百度地图迁徙数据，测算了全国各城市在不同时段的人员流动特征，编制了《2019—2020年中国城市人员流动性报告》。

从总体上看，以胡焕庸线为界，我国城市人员流动性“东强西弱”现象十分明显，人员流动规模和广度最大的城市全部在胡焕庸线以东地区，京津冀、长三角、珠三角三大城市群的人员流动较为突出；华东地区、华中地区、华北地区、西北地区、西南地区与其相邻地区的城市人员流动规模和广度均较大，人员流动基数大、范围广，城市人员流动普遍活跃；以珠三角地区为中心的华南地区城市人员流动规模大但广度较小，人员流动基数大但范围较小；胡焕庸线两端的东北地区和西南地区南部的大部分城市流动规模和流动广度较小，城市人员流动相对不活跃。

此外，信息与数据领先于土地、劳动力、资本、资源等其他要素，成为比特空间干预和“控制”城市化进程的关键要素。而快递物流、科技投资等要素的融入也在加速信息与数据的传递，对城市府际关系的最直接影响则体现在行政、经济、品牌等层面对城市的“放大”与“挤压”中。乌镇、龙港与鹤岗则充分说明了城市在数字时代的“延展”与“内卷”倾向。自2015年世界互联网大会永久会址落户乌镇，乌镇由一个拥有乌篷船、话剧节、茅盾文学奖颁奖地的江南水乡古镇，摇身变成了一个在每年固定时间内汇聚全球新经济名流、国内外政要及资本大鳄，并不断输出前沿数字治理与发展理念的思想阵地，成为可以媲美瑞典达沃斯、海南博鳌的以思想为标志的小镇。乌镇是一个旅游文化与互联网结合的古镇，文化底蕴是乌镇得以发展的基本，互联网元素则是乌镇的未来增量，文化与数字在乌镇得以很好地融合。在每年的世界互联网大会期间，乌镇也成为互联网创业创新项目的尝鲜地及商业模式测试地，比如互联网医院、无人机、无人驾驶等均率先在乌镇出现。人们在谈论乌镇的成功时，无法忽略浙江省的数字经济体量，以及阿里巴巴作为全球顶级数字经济企业的背书效应。此外，作为被“外力”推上世界舞台的“互联网+古镇”，更重要的是，乌镇汇聚了中国传统文化、建筑、风景最精华的“慢”的部分，通过世界互联网大会这样的平台呈现出最讲究“快”的数字经济。从某种程度而言，乌镇的能量与影响范围已远远超过了自身的地理边界与行政范围，也超过了上级主管单位桐庐市的影响范围。

中国首个“镇改市”龙港市则是新型城镇化发展的最新路径。1985年的“造城”高峰让龙港镇冠上了“中国农民第一城”的称号。1994年，龙港镇综合经济实力已跃居温州市乡镇第一。2018年，龙港镇实现地区生产总值299.5亿元，人口达到38.2万，辖区面积183.99平方千米，城乡居民人均可支配收入分别为54 500元、28 302元，在全国综合实力百强镇排名中再度提升一位，居第17位。龙港镇的特色产业也为它赢得了“中国印刷城”“中国礼品城”“中国台挂历集散中心”“中国印刷材料交易中心”四张国字号金名片，其年产值超百亿元。2014年，龙港镇被列入首批国家新型城镇化综合试点镇范围。2019年，经国务院批准，龙港撤镇设市，打开了特大镇新型设市的改革通道，迈出了新型城镇化开创性的一步。在设市后的一年内，龙港市推动了多项城市改革举措，通过扁平化、低成本、高效率的改革导向，创新实施“十个一”的改革路径（见图2-3）。

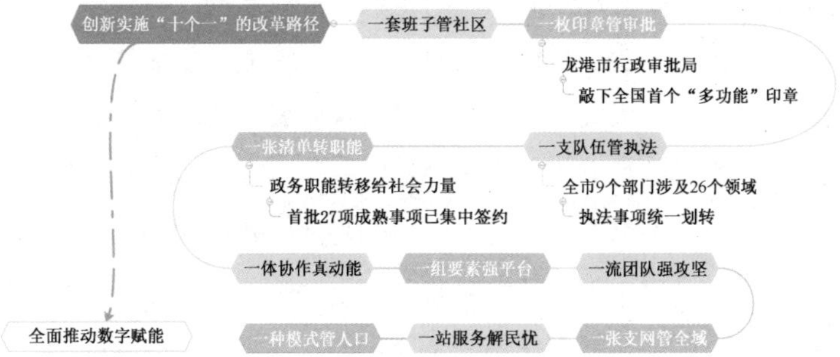

图2-3 龙港市创新实施“十个一”的改革路径

由此可见，以城市为核心的政府权力与治理体系整合，已成为改革的主攻方向。此外，龙港市将基层治理综合改革作为核心内容之一，打造扁平化、社区化、网格化、信息化的四化基层治理模式，全力做强社区、做优服务，努力通过大网格实现对社区的直接管理，通过片区服务综合体实现对老百姓的就近服务，通过信息化、智能化实现整体政府建设，不断完善智能高效的基层治理新模式。从数字治理角度来看，在龙港市还是“镇”的时候，在浙江省温州市“五级联动”（省、州市、县市区、乡镇、村）的政务服务与治理体系中，“镇”排在倒数第二级，其城镇化发展的内驱力明显低于“州市”。由此可以看到，龙港市在设市后的第一年就在城市行政审批、基层治理等方面通过数字赋能推出了多项改革措施，体现了中小城市的改革发展活力。

鹤岗市作为黑龙江省下辖的地级市，则是在资源城市转型失败之后未快速登上数字化转型列车的典型，“内卷化”发展让鹤岗市在人口、资源、经济活动等方面的体量无法与其城市空间规模相匹配。当然，鹤岗市及整个东北城市的发展与历史也有关系。鹤岗市被誉为“百年煤城”，在被过度开采之后，在煤炭资源枯竭后却因为“30 000元去鹤岗买套房”而登上社交媒体热搜：一位在拉萨市打工的年轻人在鹤岗市用30 000元买了一套房，最终被迫以22 000元卖掉了这套房，并离开鹤岗市回到拉萨市。一方面，居高不下的房价成为年轻人无法安居的巨大挑战；另一方面，房价总额甚至不够一线城市一平方米的边远城市逐渐被年轻人抛弃，成为被遗弃的城市。最终，此类城市进入一个恶性循环——投资和产业发展的低迷导致人才流失、环境落后与公共服务缺失，反之亦然。在类似鹤岗的资源型城市转型失败或错失发展机遇或因城市群的大环境辐射，成为高速发展时代的旁观者的同时，类似杭州、东莞、厦门的城市则因为数据资源的丰富与开放迅速崛起，成为竞争力卓越的领跑城市。

城市与城市、城市与城镇、大城市与小城市、城市与城市群……这些关系均在数字化的高速发展中由原来固定的“控制与被控制”关系，转换成“控制与反控制”“合作与竞争”关系。在方兴未艾的数字化革命进程中，每座城市均面临着“两难局面”：既要防止城市治理能力跟不上自身发展速度，又要防止被时代抛弃而跌入低位循环的发展环境中。超大城市需要继续刷新纪录、维持地位，并创新探索城市的未来，协调和处理它们与城市群、卫星城市/城镇之间的关系，通过区域协调发展以避免形成“灯下黑”的发展局面。中小城市则需要通过数字思维、数字技术、数字平台与数据要素打破“3个边界”：其一是地理边界，中小城市要进一步吸聚人才，就要树立“市民即用户”的价值理念，通过城市政务服务平台、城市群“一网通办”平台，以及“跨省通办”“省内通办”，最大限度扩大自身发展的数字疆域；其二是行政边界，中小城市要重新定义城市治理与服务的边界，通过行政审批局及更多的制度创新，以城市整体政府理念，打通部门之间的隔阂与数据共享的障碍，实现打包式的便捷服务；其三是产业边界，中小城市要打破“地区资源决定产业特征”的固有思维，利用电商平台、直播平台及全球供应链基础设施，用心挑选符合本地发展诉求的优势产业，实现全网销售。

此外，除了行政力量、政策力量的影响与驱动，城市的发展开始逐步接收和获得来自网络空间的价值与力量，并通过专业化的运营突出自身的城市属性与魅力。除了利用快手、抖音等平台“被看见的力量”，以乌镇为代表的IP化正在成为趋势。城市通过运营以文旅、历史、艺术建构的城市IP，逐步打造自身特色，并通过大数据与智能技术进行市场化商业模式设计，从而实现可持续发展。而很多中小城市并不存在独特的定位及发展优势，它们需要依靠自身的竞争机遇与“势能”设计并实现可持续发展，如合肥通过成功投资高新科技、新能源汽车而成为快速发展的典型案例，这是整座城市治理体系良性运作的结果。合肥对科技政策、政务服务、营商环境、发展生态等进行了体系化设计，并非盲目投资新兴产业。杭州最早在全国提出打造“数字治理第一城”与“数字经济第一城”的目标，作为支付宝与淘宝总部的所在地，杭州的城市标签逐渐从旅游变为电子商务、数字经济、城市大脑，其背后也包含了政府在政策、服务、投资等方面的探索与试错。

【第3章】

城市的数字化生存

3.1 数据解构与重构下的城市动力

纵观城市化与数字化的互动进程，城市的数字化发展史是一个从空间到内容、从产业到文化、从行为到制度的持续演进过程，也是一个从空间规划、商业活动、治理行为到组织体系的城市数字化渗透过程。首先，在空间层面，物理空间与数字空间的相互交融，使城市的空间价值、功能、内涵发生了改变；其次，数字化对城市产业经济的渗透，使数字经济的运行模式、商业模式、体验模式渗入城市运行的方方面面；再次，数字经济的发展倒逼和驱动了城市治理行为、规则与制度的转型，治理的工具、对象与模式发生了改变；最后，城市数字化生存的本质是基于城市治理组织的数字化思维、体系与框架的生存，是城市治理体系与治理能力现代化的重要特征。

3.1.1 数字政府与城市治理

城市政府一直是推动城市治理与服务发展的重要力量，在城市运行的决策、执行、监督与评估等环节发挥了重要作用。随着数字政府的发展，数字化对城市政府在治理能力、服务模式、监督方式及评估手段方面的升级再造，使平台、数据、算法成为影响城市运行秩序的重要因素。

自20世纪90年代初政府信息化进程发轫开始，数字政府经历了从信息数字化、业务数字化到组织数字化的历程。在信息数字化阶段，数字政府主要依托政府内部系统，服务政府内部工作，以信息的无纸化、电子化为主要特征；在业务数字化阶段，数字政府主要以公众服务体验为核心，以政府机构决策、治理、服务、监管等业务的在线连接为主要特征；在组织数字化阶段，数字政府主要依托数据要素的驱动，重塑政府权力运行流程，创新政府组织运行模式，数据要素由一种政府治理资源转变为一种政府创新驱动要素。

数字政府主要从3个维度驱动城市治理变革（见图3-1）。一是数字政府的组织范式推动了城市治理的决策方式变迁，韩国首尔“市民即市长”的智慧城市建设理念是最典型的代表——通过构建城市数字化治理平台，实现市长决策、部门响应、市民参与的全流程数据贯通。近年来中国政府网及中国各地政府在两会前专门推出的“政府工作报告我来写”活动，就反映了市民参与城市未来发展决策的重要趋势。二是数字政府的运作工具推动了城市治理的协作方式变迁，最为突出的表现是城市应急事件与日常运行过程中的公众参与。例如，厦门、广州等城市鼓励市民通过“随手拍”的方式举报违章停车事件；北京、武汉等城市通过移动政务服务平台邀请市民发布城市内涝地点，以便市政部门及时处置；上海、杭州等城市推出城市垃圾分类的专门数字应用，以帮助和引导市民爱护环境。三是数字政府缩短了政民互动流程，提升了公众参与效率。例如，近年来中国政府网推出的“我向总理说句话”、各地政务公开平台推出的“市长信箱”，以及个别城市政府主管领导通过网络论坛、微信、微博等途径对热点事件的回应，都充分说明了城市治理与服务议题不再只是传统视野中的“政府职责”或“部门职能”，正在数字化转型的背景下汇入政府、企业和公众三方互动的洪流。

数字政府的建设与发展为城市治理提供了更为丰富、创新的治理资源与工具，政府机构本身的角色在“城市即平台”[1]的语境中也发生了改变——由传统视野的城市建设与发展的主体，转变为与企业、社会组织、公众并行的主体之一，特别是在面对城市新物种的快速成长趋势下，城市政府机构的数字能力、数据思维与数字治理构建能力，直接影响了城市的价值选择与发展质量。例如，近年来各地城市运行管理部门对网约车的政策制定、对共享单车投放的监管、对网络外卖平台的管理、对非法网贷平台的打击等。如何在包容审慎监管的背景下支持新经济模式的发展，同时规避和杜绝城市系统性风险的发生，是对数字政府的发展水平与能力的重要考验。

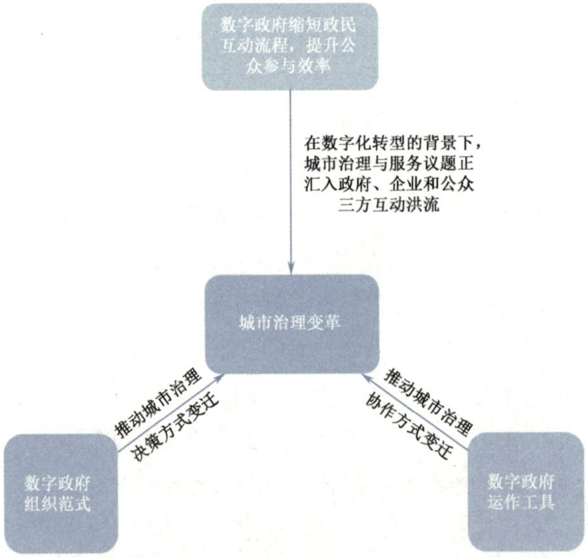

图3-1　数字政府驱动城市治理变革

数字政府在城市服务范畴内的具体实践被总结为“网上办、移动办、就近办、自助办”，在城市治理领域则被概括为平台治理、数据治理、协

1 资料来源：腾讯研究院，《WeCity未来城市：智慧城市进化之道》，2019年。

同治理。2019年，上海首次将数字政府建设总结为：政务服务“一网通办”与城市运行“一网统管”，本质是数字政府建设与发展过程中对城市与城市治理的全新认识，将传统视野下的技术思维切换为一种面向城市未来的“组织技术”——“一网统管”是以人为核心，以数据要素为驱动，以政府、企业和公众三方协同，从技术、资源、组织等层面重构城市运行体系的数字时代城市发展理念。目前，以“一网通办”与“一网统管”为主要理念特征的城市数字政府建设和推进获得了越来越多中国城市的跟随与推崇。

政策与实践专栏3-1

上海城市运行“一网统管”

2019年，政务服务“一网通办”、城市运行“一网统管”在上海被正式提出，这不仅代表着在数字政府建设趋势下从“服务”到“治理”的重心平移，同时也意味着在数字化、网络化、智能化发展形势下，“一网统管”正在成为超大城市治理的全新视角。2020年4月，上海市委常委会会议审议通过《上海市城市运行“一网统管”建设三年行动计划》。会议认为，“一网统管”是超大城市治理的“牛鼻子”工作，必须高度重视、统一思想、合力建设，坚持顶层设计与需求导向相结合，聚焦重点领域、重要场景，围绕“高效处置一件事”，加快系统整合，强化数据赋能，夯实信息安全，切实做到实战中管用、基层干部爱用、群众感到受用。

上海市城市网格化综合管理系统汇聚了100多个数据项，包括1 495万个城市部件、2.68万千米地下管线、1.4万多个住宅小区、3 000多处历史保护建筑和实时的城管执法车辆、网格巡逻人员数据。通过地图汇聚的方式，该系统在市、区、街镇3级平台上实现了可视化、便捷化、标准化的共享和交互，在一个端口上实现了城市治理要素、对象、过程、结果等各类信息的全息全景呈现。作为上海城市大脑的重要组成部分，城市运行系统充分利用智慧公安建设成果和大数据、云计算、物联网、人工智能等先进技术，创造性地推出了一套较为完整的城市运行基本体征指标体系。截至2020年10月，上海市城市运行管理中心系统已接入了48个部门的179个系统，产生了710个应用。

上海“一网统管”致力于在保持各部门原有业务系统、工作格局基本架构的同时，通过技术与管理的深度融合，打破信息壁垒，探索研发地图服务、气象服务、交通保障、应急处置等六大插件，为跨部门、跨系统的联勤联动增效赋能，初步实现“一网管全城”。在致力于实现可“视”、好“管”的同时，上海城市运行“一网统管”还积极开发风险预警研判、快速响应的安防及处置功能。该功能利用门磁、燃气、火灾及人体活动4方面传感器组成的“智能四件套”，在独居老人出现异常或危险状况时，即时将信息上传至系统，社区工作人员将第一时间联系独居老人，并上门核实处置，确保独居老人健康安全。

上海市委书记李强指出，“一网统管”是一个系统工程，要加强基础建设，全力打牢地基。聚焦“人、物、动、态”，充分掌握城市基本体征，准确了解城市主体、建筑物和城市设施构件、车船飞机等运动体基本信息，有效感知预判重要态势；要把事关城市运行的各类数据、系统集成到“一网统管”上来，真正实现数据汇集、系统整合、功能融合；要加强城市神经元传感器布设，实现更灵敏感知；要积极运用最先进、最富生命力、最可靠的技术，切实守牢安全底线；要聚焦阶段目标，倒排计划任务，压实工作责任，确保后墙不倒；要突出关键重点，把基础的、重大的、基层急需的项目优先做起来，抓紧建设公共卫生突发事件应急处置、道路交通管理、智能防汛指挥、大客流聚集管控等应用系统，更好地服务常态化疫情防控和经济社会发展。

3.1.2 数字经济与城市竞争力

数据要素正成为与劳动力、资源、资本同等重要的市场分配要素。以产业数字化、数字产业化、数字治理构成的数字经济发展模式，正成为当下城市产业转型升级与提升全球竞争力的重要内容。《中国数字经济发展白皮书（2021年）》的数据显示，2020年，我国数字经济增加值为39.2万亿元，占GDP比重达38.6%，数字经济增速达到GDP增速的3倍以上，成为稳定经济增长的关键动力。其中，广东、江苏、山东等13个省市数字经济规模都超过1万亿元，北京、上海数字经济GDP占比超过50%。

数字经济裹挟而来的规模效应、网络效应、平台效应等对城市竞争力产生了深刻的影响，城市产业经济运行发展突破了传统的时空限制与资源制约，打破了依托政策优势与区位优势获得先机的传统竞争优势，使一些工业时代的没落城市、后发城市获得了换道超车的机会。数字经济对城市竞争力提升的最大杠杆作用在于，使城市成为全球数字经济发展的网络节点，推动城市依靠自身的生命力、治理能力、服务水平及文化特点，参与全球网络分工与物流供应链协作，并吸纳全球资本进行本地创新，推动本地创新通过数字化、网络化与智能化实现放大效应。本质上来看，数字经济的渗透与发展，对城市自身的产业属性、竞争根基产生了一种“转基因”效应——城市通过数字赋能改造自身发展基因，从而获得新的发展先机与动力。在中国，最为明显的是，大数据产业使贵阳这样一座中国西部的边缘城市在过去几年获得了前所未有的关注，成为苹果公司在中国落地的本土数据中心，而世界互联网大会永久会址落户乌镇，则让乌镇由一座位于中国江南水乡的古镇变成全球网络空间治理趋势洞察的窗口与数字经济发展的风向标。这些都是数字经济对城市竞争力最为明显而直接的推动作用。

数字经济对城市竞争力产生重要影响的背景是PC互联网向移动互联网迁移，这推动中国进入“互联网下半场”——从消费互联网进入产业互联网，从原来依靠资讯、娱乐、游戏等数字消费服务的纯线上经济发展模式，进入互联网与线下生产、管理、营销、售后等各个流程深度融合的发展模式，工业互联网、C2M模式、智能工厂、企业数字化转型等成为热点话题。数字经济改变城市竞争力的基本逻辑是，在数字化的推动下，城市发展的重点从提升生产力变为重塑生产关系，机器作为劳动力参与智能生产，数据成为创新城市运行模式的重要燃料，消费者由产品使用者变成产品设计者。人们倾洒在数字平台的认知盈余成为一座城市在数字时代赖以生存且极富生命力的源泉。建立全网协作网络、汇聚全球资源能力、塑造全时运营体系等成为数字经济驱动城市竞争力升级的3个关键维度。

从中国城市数字经济发展水平来看，通过各城市的发展规划、行动方案，以及新闻报道，我们可以获知，以杭州、深圳为代表的城市，在移动支付、数字生活、智能制造等领域高速发展，并陆续培育了阿里巴巴、腾讯这些影响世界的顶级数字经济企业；以贵阳、合肥、成都、长沙、南昌等为代表的内陆城市，在大数据、人工智能、网络游戏、工业互联网、智能驾驶等领域均打造了具有城市产业特色的独角兽企业，并持续引入国内知名数字经济巨头总部，大力拓展在区块链、工业互联网、人工智能等领域的发展规划，搭建大数据、互联网、虚拟现实、人工智能等行业峰会平台，吸聚全球数字经济人才与资源，以培育数字经济生态。

数字经济不只在城市就业与GDP贡献上提升了城市竞争力，更从城市服务能级、治理工具与产业创新上重塑了城市运行秩序。随着城市政府数据开放程度的逐步加强，数字经济创新企业通过开放数据进行产品应用研发以解决城市问题，正在成为数字治理与数字经济互动的重要趋势——数字政府向社会开放公共数据，数字经济利用城市数据资源的研发应用来帮助政府解决城市问题，并探索可持续商业模式，最终以多方共赢的方式长期、稳定地解决社会问题。诸多城市开始陆续加大引进和孵化培育数字经济企业的力度，并将具有代表性的数字经济企业作为城市发展潜力的标签与指针，体现了政府推动数字化转型的决心与拥抱数字经济的定力。

从数字经济业态来看，以滴滴出行为代表的网约车平台，以途家为代表的共享住宿平台，以拼多多为代表的社交电商平台，以叮咚买菜为代表的生鲜平台，均运行在城市内部，从解决市民出行、住宿、购物、生活问题出发，最终成长为城市经济发展的重要动能与创新力量。

政策与实践专栏3–2

杭州打造“全国数字经济第一城”[1]

2018年10月11日，杭州在云栖小镇正式启动“打造全国数字经济第一城”行动。杭州数字经济增加值占全市经济总量超25%，对全市经济增长贡献率超50%，占全省数字经济比重的一半以上。打造数字经济第一城，杭州要成为全国数字经济理念和技术策源地、企业和人才集聚地、数字产业化发展引领地、产业数字化变革示范地、城市数字治理方案输出地；据浙江省统计数据显示，到2022年，杭州数字经济总量将达到1.2万亿元以上。

全国数字经济第一城如何打造？杭州全面推进数字产业化、产业数字化和城市数字化“三化融合”。

推进数字产业化，杭州数字资源正变成产业新蓝海。全球第三大公共云服务商阿里云目前用户总数已突破230万人，2018财年营收达133.9亿元，同比增长101%；海康威视积极布局高端存储器领域。接下来，杭州将不断壮大优势产业，做强基础产业，在5G、工业互联网、智能网联汽车等领域形成一批高端产品；布局未来产业，推动量子技术、卫星及商用航空航天等产业发展；推动新型数字化产业发展，到2022年，杭州要认定并推广首台（套）智能化技术装备产品100项以上，推动实施数字经济相关重点项目50项以上。

推进产业数字化，杭州加速为传统产业插上新翅膀。中策橡胶是一家传统的轮胎生产企业，在引入ET工业大脑后，公司产品

1 资料来源：浙江日报。

合格率提升了6%，产生直接经济效益1 500万元。目前，杭州正在加快制造业数字化转型，推动服务业数字化升级，提升农业数字化能力，培育新模式、新业态。到2022年，杭州将培育数字工程服务公司200家以上，重点产业数字化改造覆盖率将达到80%以上，其中传统产业和规模以上工业企业实现全覆盖。

推进城市数字化，杭州正加速以杭州城市大脑统筹各行业各领域数字化建设应用，并定下时间表：2019年，杭州城市大脑在交通治理领域实现主城区全覆盖；2020年，城管、医疗、房管、安监、市场监管等领域系统建成投用；2022年，城管等领域应用全市覆盖，亚运、旅游、环保、消防等领域系统建设全面完成并投入使用。

为打造全国数字经济第一城，杭州着力营造一流数字经济营商环境，出台一系列政策举措，分解责任，完善信息网络基础设施，构建城西科创大走廊等重大产业平台。同时，杭州将全面实施党政干部数字经济培训和全民数字再教育计划，引导全体社会成员重视、了解、支持、呵护数字经济，积极营造鼓励创新、宽容失败的良好社会氛围。

3.1.3 数字素养与城市型社会

数字化、网络化与智能化的发展，正在改变中国的社会构成模式，从传统乡村的熟人社会、现代都市的陌生人社会到数字化叠加城镇化的“数人社会”，人成为数字平台与设备的操控者与使用者，同时也成为平台数据的一部分。人同时存在于城市空间与网络空间中，并在数据流动与需求变迁中穿梭于两个空间的中心与边界。

从社会层面而言，城市的数字化生存依赖政府、企业和市民数字素养的提升。首先，从政府侧来看，政府公共部门在决策、治理、服务、监管等过程中非常娴熟地使用数字化应用与工具，并为市民办事提供网络化、智能化、自助化、移动化的政务服务平台，大大提升了城市公共服务的运行效率；其次，从企业侧来看，数字营销、管理与售后服务流程快速降低了企业运营成本，从客户发掘到产品创新的全过程均通过数字化工具进行；最后，从市民侧来看，依托移动支付、手机扫码、地图定位、网络打车、网络外卖等的数字生活服务正成为市民生活的日常。在城市数字化转型发展进程中，在城市治理与服务的资源、需求供给的互动及碰撞中，政府、企业与市民不断实现对数字化的认知升级，并逐渐习得自身在数字时代赖以生存的技能，这些认识和技能最终沉淀为自身应对和拥抱数字时代的数字素养。

新型城镇化建设推动城市型社会快速形成，一方面，不同阶层、领域、背景的人群迅速成为“新市民”；另一方面，人们数字素养的高低不一形成现实中的“新数字鸿沟”[1]，且这种所谓的“新数字鸿沟”表现为数字技术及设备的“获得不平等”变为“使用不平等”，以及人们面对数字网络应用的“克制”与“上瘾”之间的差别。数字素养正取代职业类型、经济实力成为划分城市阶层的重要指标，对于以“新新人类”为主体的数字原住民而言，数字素养决定了他们可以快速、高效地获得自身在城市的生存权利，比如扫码乘车、在便利店使用移动支付、网络预约游乐园等；而对于失去学习数字化应用和感知能力的老龄人群而言，他们则会因为不懂得使用智能手机而失去乘坐公共交通工具的权利。为了提升城市发展温度与数字化普惠能力，在城市疫情防控形势尚未完全缓解的时候，无锡在高铁站率先为老年人设置了“无健康码通道”（见图3-2），郑州在机场设立了“老年人入郑扫码帮扶点”（见图3-3），杭州则针对部分低收入人群、残障人士、老年人等陷入“被数字化”困境的情况，出台了《杭州城市大脑赋能城市治理促进条例》，规定公共管理和服务机构应确保决策和公共服务资源配置透明可释、公平合理，并完善线下服务和救济渠道，保障公民选择传统服务方式的权利。

1 资料来源：胡泳，《你想象不到的新数字鸿沟》，新闻战线，2020年第19期。

图3-2 无锡在高铁站为老年人设置了“无健康码通道”

图3-3 郑州在机场设立了“老年人入郑扫码帮扶点”

随着城市数字化转型进入深水区，公众的数字素养正成为影响城市发展质量与后劲的重要因素。在共建共治共享的城市治理理念的牵引下，公众的在线参政议政能力、城市服务数据的“喂养能力”、城市发展在线议程的设计能力等成为城市型社会可持续发展的关键动力，良好的市民数字素养正成为城市治理、服务及产业创新的新生力量。

3.1.4 技术赋权与数字道德

城市的数字化生存集中体现在数字技术对城市公共部门与市民群体的双向赋权上：数字技术提升城市治理与服务能级，以实现更高的城市运行效率与更好的人居环境；数字技术为公众参与城市决策、治理、服务的能力与机会赋权，以实现“人民城市”的愿景。

以云计算、物联网、大数据、人工智能、区块链等为代表的数字新基建，正成为重塑城市运行秩序与竞争力的关键，在环保、交通、物流、安防、教育等领域均发挥着越来越重要的作用。例如，通过物联网感知设施对空气质量、水质、土壤及街道噪声的监测，可以准确评估目标区域的生态环境质量；通过交通大数据对早晚高峰、重要路口车流量的监测，可以分析和优化城市交通规划；通过对敏感区域、敏感人群及公共场所的智能视频监测，可以分析、预测和定位敏感人群或犯罪嫌疑人，这些都是通过数字新基建支撑和推动实现的城市治理新场景，对优化城市管理资源与运行效率具有重要意义。

随着数字技术的发展，技术的工具化特征正在减退，而生物化特征日趋凸显。正如英国广播公司制作的纪录片《监视资本主义：智能陷阱》所言，“我们已经走过以工具为基础的技术环境，来了以致瘾和操纵为基础的技术环境，技术不再是等待被使用的工具，它们都有自己的目标，有自己的办法去实现这些目标，利用人的心理来对付人。”因此，数字技术确实在驱动城市运行效率与质量的提升，但我们不可忽视其正在被异化的一面。比如，人脸识别关乎隐私安全，美国部分城市陆续推出了法律禁止条令，而部分中国城市则在高铁站的公共卫生间的免费取纸装置上设置了人脸识别摄像头。此外，以升级城市路灯为目的的智能灯杆在美国加利福尼亚州圣地亚哥市遭到了市民的反对，其原因在于智能灯杆能够通过视觉、听觉传感器监测和收集公众隐私，由此引发了人们的担忧。

对数字时代的城市发展而言，技术赋权不仅是指对城市公共部门的赋权，也包含对市民个体的赋权。《人类简史》的作者赫拉利在《疫情中我们将创造怎样的世界？》中表示，“我们当然应该利用新技术，但是这些技术应该赋予公民权力。”“当人们谈论监控时，请记住，同样的技术，公共当局可以用它监控个人，个人也可以用它监控公共当局。”但由于法律制度规范与个体数字素养的影响，技术对公共部门赋权的价值与权力往往超过个人，在由数据、平台、算法驱动的世界里，我们越来越难看到曾经在网络BBS时代个人通过论坛的一个网帖而成为撬动公共部门行动的杠杆的情形，技术在向个体赋权的同时，也以加速信息流动和注意力迁移的方式，加速信息的沉没与更迭。

相比“古典互联网”时代，人们在智能化时代谈论技术赋权的最大差异是，以人为核心的数据越来越具有唯一性，如指纹、声音、人脸等生物数据，生物数据的采集使数字空间对人的需求判断与感知越来越精准，个人邮箱、IP、账户名等已无法定义个人画像，这也加速了风险的集聚。因此，在城市视角下，以保护人的隐私与基本权利为核心，围绕公共部门的决策行为与数据开放，建立以数字治理、服务、监管等为主要内容的数字道德框架，对于进一步推动技术赋权以提升城市发展潜力至关重要。

政策与实践专栏3-3

“中国人脸识别第一案”[1]

2019年10月17日，浙江理工大学特聘副教授郭某收到杭州野生动物世界园区年卡升级为人脸识别入园、原指纹识别取消的

1 资料来源：环球网、澎湃新闻。

短信。2019年10月26日，郭某邀请了一位曾经在法院工作过多年的同事共同去了杭州野生动物世界，当面和年卡中心工作人员确认了人脸识别短信通知内容的真实性，园区公告上也明示了相应内容。由于在协商退款过程中，郭某对园方工作人员处理方式不满，对手机刷脸安全性存在质疑，2019年10月28日，郭某向法院提交了立案申请。

2020年11月20日，这桩“中国人脸识别第一案”一审宣判：杭州野生动物世界赔偿郭某合同利益损失及交通费共计1 038元，并删除郭某办理指纹年卡时提交的包括照片在内的面部特征信息。

面对这样的结果，郭某并不完全满意：法院仅支持园区删除包括照片在内的面部特征信息这1项，而主张指纹识别和人脸识别相关格式条款内容无效的4项诉讼请求未得到法院支持。法官认为人脸识别格式条款内容只是杭州野生动物世界单方发的要约，郭某没有接受，故而无效。

一审判决后，杭州野生动物世界依然沿用仅能通过人脸识别入园的格式条款，这使这桩诉讼某种程度上成了“没有胜诉的胜诉”。郭某决定继续上诉。

2021年4月9日，备受关注的“中国人脸识别第一案”迎来了终审判决。被告杭州野生动物世界被判删除原告郭某办理指纹年卡时提交的包括照片在内的面部特征信息和指纹识别信息，并于判决生效之日起10日内履行完毕。本案的原告郭某曾在听证会上提出小区门禁不得强制使用生物信息识别的建议，被有关方面采纳。杭州因此也成为全国首个在物某业管理条例中明确禁止物业强制使用人脸识别技术的城市。在这个意义上，郭某开启的“中国人脸识别第一案”，寻求的不仅是个体权益的私力救济，也是对所有公民个人信息保护的积极提醒。

3.2 疫情带来的数字化加速度

3.2.1 城市服务的智能重启

疫情对城市服务造成了巨大冲击，城市运行在短时间“休克”后，其在服务模式、手段和体验层面逐渐呈现出诸多创新样本，这种创新不只是数字技术本身带来的增量效应，更是城市政府、社会组织、企业单位、市民力量等基于互联网平台共同协作的结果。

疫情对城市服务的数字化加速度主要体现在3个方面。一是城市政务服务的智能化程度迅速提升，主要表现在疫情防控需求下物理隔离衍生出来的“无接触政务”。2020年，《国家卫生健康委办公厅关于加强信息化支撑新型冠状病毒感染的肺炎疫情防控工作的通知》发布，指出要充分发挥信息化在辅助疫情研判、创新诊疗模式、提升服务效率等方面的支撑作用，切实做好疫情发现、防控和应急处置工作，该文件还指出，要深化“互联网+”政府服务，强化政务服务一网通办，以网上办、自助办、掌上办、咨询办实现“不见面审批”，以“远距离、不接触”最大限度隔绝病毒的传播途径。由此，“无接触政务”逐渐成为疫情期间各级政务机构提供办事服务的重要趋势。以温州市为例，2020年1月24日—3月20日，温州市本级网上办、掌上办的办件量达7.9万件，这个数据在2019年同期仅为6 000余件。线下办件量从近4万件骤减到了5 000多件。温州市民中心于2020年2月20日逐步恢复，此后一个月的线上办件量仍大幅提升，是2019年同期的10.45倍。由此可见，受疫情影响，在线办事的用户习惯正在不断养成，“无接触政务”成为一种潜在的政务服务新态势[1]。从全国范围来看，福建省福清市、北京市石景山区、江苏省常州市、山东省青岛市、重庆市长寿区、天津市河东区、宁波市北仑区、深圳市南山区等均推出了“无接触政务”的服务模式，其中，福建省和江西省还分别印发了《福建省行政审批制度改革工作小组办公室　福建省数字福建建设领导小组办公室关于疫情防控期间全面落实政务服务“马上就办网上办”工作措施的通知》与《江西省人民政府办公厅关于印发积极应对当前疫情充分依托“赣服通”平台为企业和群众提供优质高效服务十项举措的通知》，对“无接触政务”服务模式的具体操作提出要求。疫情防控的要求客观上刺激了数字政务服务的用户渗透与办事习惯的养成，推动了数字政府在不同区域、不同年龄、不同阶层的应用启蒙。

二是城市公共服务的创新与供给能力被数字平台的网络效应迅速拉升，主要表现在各大城市推出的口罩预约、疫情地图、在线问诊、在线课堂等服务上。在疫情暴发初期，口罩供应成为一件关乎市场供求、数据治理、部门协同、公众心理、社会公平的超复杂城市公共事件。因此，作为口罩预约的国内首个发起城市，厦门在预约用户摇号抽签环节引入了现场公证监督程序。不同的城市陆续在政务服务App、政务服务微信公众号、政务服务小程序等中推出口罩预约服务，市民可以在登记自己的姓名、身份证、手机号、居住地址等信息后进行预约，也有部分城市提供了预约、购买、快递全流程免费服务。此外，随着疫情信息与数据的不断累积，不少城市陆续在政务服务App或小程序中推出了疫情地图，市民可以通过定位自身位置快速查找周边的疫情确诊病例情况，以调整生活出行范围，确保自身安全。部分城市还在政府网站、政务服务App等平台上提供疫情相关的医疗救助服务，比如提供公布区域内可接诊医院的名单、地址、电话，以及“人工+智能”的在线问诊服务，为市民在线解答关于自身健康状况的问题以消除恐慌。此外，北京、上海等城市的公园、高校还率先在

1 资料来源：《办件量激增10倍，温州线上政务服务经历了一场大考》，浙江新闻，2020年3月24日。

网上开通了“在线游园”与“在线课堂”，市民可以通过数字平台在线游览文化名胜，因疫情原因无法及时返校的学生也可以远程参与课程学习。

三是城市商业服务对物流、电商、互联网医疗、本地生活等产生了重要影响，主要表现为涉及市民出行的旅游行业受到了毁灭性打击，航空、酒店、饭店等行业的消费降至了冰点，而物流、生鲜电商、外卖等行业则迎来了巨大发展机遇，部分本地生活电商甚至获得了绝处逢生的机会，线上线下融合的消费模式越来越成为城市生活消费的主流。2020年，由于疫情期间人们纷纷居家隔离，消费活动被迫向线上迁移，生鲜电商迎来了行业大爆发。公开数据显示，盒马鲜生、每日优鲜、美团买菜、京东到家等各类生鲜电商平台的订单、销量、用户等均大幅增加；传统商超也纷纷加入了这一“战场”：家乐福上线了自己的电商小程序，仅一周时间就获取用户超50万人；步步高上线了“小步到家”服务，首批覆盖湖南长沙西区27个社区，上线1小时销量即突破了1 000单。除此之外，生鲜电商更吸引了中国石油化工集团有限公司（以下简称“中石化”）这样的跨界企业，中石化推出“不下车不开窗，一键送到后备厢”的买菜服务，车主提前在线上下单，到加油站加油时，工作人员就会把菜打包好并装进车主的后备厢，截至2020年3月，其业务已覆盖450个加油站点。疫情的冲击对城市商业消费类企业的数字化转型及全新消费场景与体验的构建产生了重要推动作用。

3.2.2
治理体系的众包与众创

新冠肺炎疫情的暴发对城市治理体系的数字化重塑具有革命性意义，原先依托传统街道居委会、社区工作者及城市网格化系统的基层治理秩序在突如其来的疫情面前瞬间失效，城市治理思维、工具、模式均发生了巨大变化，平台、数据与算法对数字时代的城市治理体系构建产生了重要的创新驱动作用。首先，从治理思维的角度来看，精准治理、精益治理、精密治理成为疫情防控时期的关键思维，浙江省提出的“精密智控”是其中的典型代表。浙江省首创了县域疫情风险地图“五色图”评估体系，根据各县（市、区）新冠肺炎累计确诊病例数、本地病例占比、聚集性疫情发生情况、连续3天无新增确诊病例4个评估指标，浙江省把90个县（市、区）的疫情风险等级评为高、较高、中、较低、低5个等级，在地图上相应由红、橙、黄、蓝、绿5种颜色表示，并对“五色图”进行实时更新，添加基于近期新增病例数和聚集性疫情发生情况，动态评估各县（市、区）情况是否稳定，以及疫情发展趋势是否趋好等内容。通过精准、定级、可视的方式，浙江省对各个城市、区县的疫情防控情况进行了公示，为快速恢复城市公共秩序提供了科技助力。

其次，从治理工具的角度来看，在疫情防控与复工复产需求的倒逼下，城市治理在数字化、网络化、智能化发展方面得到了快速提升，其突出表现为“健康码”与通信行程卡的应用。截至2020年3月13日，微信和支付宝的健康码在全国范围内的20多个省份陆续上线，覆盖城市数量超过200个。当前，健康码不仅成为科技公司基于云计算、大数据与人工智能等数字基础设施回应疫情与城市发展需求的表达方式，同时也成为科技公司依托“新基建”参与城市治理与公共服务并不断进化的“新物种”。并且，随着城市经济的恢复，“健康码”正在由一种非常时期的城市应急与治理工具，逐渐成为影响市民日常生活与城市运行的标配性服务。健康码是由新冠肺炎疫情防控工作催生的一个解决方案，从深层次讲，也折射出现代治理的实践逻辑。健康码对疫情防控的积极作用，充分体现了“智治”的内涵。健康码在疫情防控工作中发挥了重要作用，而且日益显示出对城市治理现代化的推动效应。中国香港通过电子手环对居家观察或隔离的新冠肺炎确诊病例进行无GPS定位的远程数据监测，这种“软硬结合”的城市治理数据应用也进入了城市应急的视野。此外，通信行程卡则是一款由工业和信息化部与电信运营商联合推出的手机用户数据轨迹监测应用，在国家政务服务平台上线，通过手机定位用户在14天内的出行轨迹，通过监测用户是否去过中高风险地区来判断其是否存在健康风险，以及是否需要采取自我观测或隔离措施。谷歌、苹果也在疫情期间推出了疫情跟踪功能，以推测用户是否与新冠肺炎确诊患者有过密切接触，并与全球各地卫生健康部门进行数据合作。

最后，从治理模式的角度来看，政府机构、社会组织、企业单位、市民等多元协同参与的城市治理模式正在形成，尤其是疫情防控期间的敏感地区提醒、密接人群通知，以及数字应用工具众包开发等，充分体现了数字技术对城市治理从文化、观念到技术、行动的影响。在政务公开层面，疫情暴发初期，部分城市通过新闻发布会、政府网站、政务微博、政务微信公众号等途径公开确诊人群或敏感人群的信息与流动轨迹，由于缺乏相应的发布规则与标准，存在公众无法获得有效信息，或由于信息过于翔实导致个人隐私泄露的风险，行业专家、法律工作者及公众共同参与在线纠偏，逐步推动疫情相关人群信息公开步入正轨。在疫情暴发初期，来自城市政府的响应机制与应急体系尚未构建起来，城市政府对疫情防控尚未建立有效的数字化应急思路与工具，企业或个人主动参与便民服务工具研发，有效地弥补了城市治理的空白。例如，“同乘密切接触人群查询”移动应用通过政府公开发布的航班、高铁、汽车及疫情区域等数据，以及公众自主提交和申报的疫情数据，为人们提供疫情风险数据查询服务。疫情对提升市民参与城市公共治理事件的意识与能力具有重要驱动作用，数字技术支撑的城市治理平台、数据、场景等不仅成为城市政府、社会组织、企业单位和市民共同协作的载体与工具，也成为推动多元协作循环创新的动力与燃料。

3.2.3

空间价值的数字化重构

数字化对物理空间与网络空间的重构由来已久，主要表现在两个维度。一是数字化对物理空间与网络空间的双向赋能，如网络直播使物理空间由于在线与连接而成为一个面向全球的商业展示空间，使线下的人流、商品展示频次、销售数据可以呈现巨额增长，远远超出物理空间可以承载的商业价值。此外，数字化也使网络空间的生存状态与消费形态发生了巨变，以知识付费为主要形态的数字消费，使知识本身成为一种与衣物、食品、服务等具有同等价值的数字产品，网络空间不再仅存在广告、游戏等以“免费”为内涵的增值商业模式，以知识付费为代表的用户直接付费服务及衍生的商业生态逐渐扩展。二是数字化在不断模糊物理空间与网络空间的界限，并推动越来越多的活动、行为从线下转移到线上，如网约车、外卖等，用户为满足自身的需求均须在物理空间与网络空间完成迅速切换，物理空间与网络空间资源、要素的数字孪生完整映射，共同构成了人们在城市空间中的行为。《数码人类学》提出，“房间只是吃喝拉撒的地方，QQ空间才是他们生活的地方。”[1]这里指的是人的生理需求依托物理空间去满足，而个人情感、社交关系及更高层次的心理诉求，则通过网络空间去完成，这正是对数字时代人在城市空间存在形态的生动描述。

首先，从办公空间来看，根据QuestMobile的统计数据，全国移动互联网用户每日上网总时长由2020年1月23日的50亿小时，增长到2月3日全民“在家办公”第一天的61.1亿小时。提供网络接入服务的观脉科技观察指出，在2020年的超长“假期”里，游戏、在线教育这两个行业的客户流量均有60%以上的增长。根据美国Enterprise Technology Research（ETR）的调查，由于疫情期间生产率有所提升，2021年全球永久在家办公的员工比例预计将增加一倍，ETR于2020年9月调查了大约1 200名全球不同行业的首席信息官，这些信息技术决策者预计2021年永久性远程工作的员工占总员工的比例将达34.4%，是疫情前（16.4%）的2倍多，这是生产率提升的结果。受疫情影响，目前全球约有72%的员工远程工作。以钉钉、腾讯会议、Zoom等为代表的在线会议平台在疫情期间取得了飞速发展，原来因为在出差途中、行车途中才被迫启用的远程视频连线会议的工作模式，在疫情期间变成了一种日常工作方式。

其次，多地暂停线下培训活动、大中小学推迟开学等使互联网教育平台迎来发展小高峰。各大网络教育平台纷纷加大了线上教育系统、线上学习课程等资源的开放力度。学而思网校、网易有道精品课、作业帮免费直播课、钉钉、西瓜视频、抖音、优酷等平台均开放了网络在线教育专区和

1 资料来源：丹尼尔·米勒、希瑟·A.霍斯特，《数码人类学》，人民出版社，2014年。

直播课。因此，在疫情影响与数字化叠加效应下，数字化从空间重构出发，以弥散的网络空间替换人员聚集的线下空间，改变了传统的工作模式和教育模式，未来还将影响城市运行通勤秩序、企业雇佣关系、员工薪酬模式及未来教育发展。

最后，数字化对城市生活娱乐空间产生了冲击，影院、KTV、餐厅等线下生活空间的萧条，使线上影音、游戏等娱乐平台成为市民休闲的主要场所。贺岁电影《囧妈》因为疫情期间的影院开工限制，最终选择在抖音与西瓜视频进行网络首映。据伽马数据监测，手机游戏《王者荣耀》2020年1月的日均流水较2019年2月的日均流水增长了31.2%，春节期间累计流水同比增长44.6%。疫情防控的要求对线下生活娱乐空间的挤压与清零，导致线上平台流量的暴增，在人们纷纷居家的防控形势下，数字化对城市空间与生活秩序的再造提供了诸多创新路径。

3.2.4 隐私意识的灾难启蒙

在数字赋能的城市治理变革过程中，政府数据开放与个人隐私保护始终是两个焦点话题，一是如何确保政府数据开放的标准、规范、正当性及合法性，二是如何在确保便捷服务与安全应用的情况下保护公众的个人隐私，以防止数据被不法利用，特别是指纹、声音及人脸等生物数据被广泛应用于城市治理的诸多场景中，这让个人隐私数据的拥有权、控制权等越来越被关注。

在中国，由国家互联网信息办公室秘书局、工业和信息化部办公厅、公安部办公厅和国家市场监督管理总局办公厅联合印发的《App违法违规收集使用个人信息行为认定方法》于2019年11月发布。该文件对App的隐私政策需要“独立成文”、账号注销入口、注册协议的用户自主选择权、App申请收集用户个人存储信息及设备信息权限等做出具体要求与规定，并逐步开展了对国内App数据收集行为与规则的抽检。

数字治理与隐私冲突的核心问题是由个人信息的性质决定的，疫情之下的数字治理更是如此。为了满足疫情防控工作的需要，基于移动App及小程序的个人健康申报、同行程查询、口罩预约、健康码、出入证（纸质）等几乎成了普遍的个人隐私信息采集器。基层社区的个人信息采集更是十分详细，个别小区物业为了给居民办理出入证，其发放的居民信息登记表，除了基本的姓名、手机号、住址，还有民族、政治面貌、学历、身高、血型、婚姻状况、微信号等，个人隐私几乎被一览无余。此外，各地健康码收集的个人信息也大同小异，包括姓名、手机号、身份证号、详细地址、健康状态等，主要为复产复工提供健康凭证。中央网信办于2020年2月发布的《关于做好个人信息保护利用大数据支撑联防联控工作的通知》要求，"为疫情防控、疾病防治收集的个人信息，不得用于其他用途。"

从地方城市实践来看，杭州市发布的《杭州城市大脑赋能城市治理促进条例》对个人隐私数据保护提出了相应要求，即数据的采集、归集、存储、共享、开放、利用、销毁和安全管理等都应依法开展，并保障数据采集对象的知情权、选择权。客观而言，在中国互联网快速发展、野蛮生长的20年历程中，个人隐私保护立法与制度设计的包容性，在一定程度上为行业创新与商业模式探索提供了空间。但是，随着互联网对现实空间、传统产业、城市秩序的渗透加速，数字技术对现实世界的接管、干预甚至掌控能力越来越强，个人隐私信息的泄露将直接影响个人财产甚至生命安全。因此，由疫情防控带来的对个人隐私保护的思考及制度的完善，可被视为中国数字经济与城市数字化转型的又一个窗口型机遇。

政策与实践专栏3-4

《关于做好个人信息保护利用大数据支撑联防联控工作的通知》

为做好疫情防控的个人信息保护，积极利用包括个人信息在内的大数据支撑联防联控工作，中央网信办于2020年2月9日公开发布《关于做好个人信息保护利用大数据支撑联防联控工作的通知》（以下简称《通知》），明确要求，“为疫情防控、疾病防治收集的个人信息，不得用于其他用途。”

《通知》要求，各地方各部门要高度重视个人信息保护工作，除国务院卫生健康部门依据《中华人民共和国网络安全法》《中华人民共和国传染病防治法》《突发公共卫生事件应急条例》授权的机构外，其他任何单位和个人不得以疫情防控、疾病防治为由，未经被收集者同意收集使用个人信息。法律、行政法规另有规定的，按规定执行。

在疫情防控期间收集必需的个人信息应参照国家标准《个人信息安全规范》要求，坚持最小范围原则，收集对象原则上限于确诊者、疑似者、密切接触者等重点人群，一般不针对特定地区的所有人群，防止形成对特定地区人群的事实上歧视。

《通知》明确，为疫情防控、疾病防治收集的个人信息，不得用于其他用途。任何单位和个人未经被收集者同意，不得公开被收集者的姓名、年龄、身份证号、电话号码、家庭住址等个人信息，因联防联控工作需要，且经过脱敏处理的除外。收集或掌握个人信息的机构要对个人信息的安全保护负责，采取严格的管理和技术防护措施，防止个人信息被窃取、被泄露。

《通知》称，鼓励有能力的企业在有关部门的指导下，积极利用大数据分析预测确诊者、疑似者、密切接触者等重点人群的流动情况，为联防联控工作提供大数据支持。

此外，《通知》还提出，任何组织和个人发现违规违法收集、使用、公开个人信息的行为，可以及时向网信部门、公安部门举报。网信部门要依据《中华人民共和国网络安全法》和相关规定，及时处置违规违法收集、使用、公开个人信息的行为，以及造成个人信息大量泄露的事件；涉及犯罪的公安机关要依法严厉打击。

3.3 算法、流量、数据与城市

3.3.1 算法与城市

《人物》杂志在2020年9月发布了一篇文章——《外卖骑手，困在系统里》，该文章呈现了外卖骑手与系统算法赛跑的生存现实。值得注意的是，在日趋加速的城市生活节奏与日益剧烈的平台竞争的背景下，在现实空间中，在同样的距离下，允许外卖骑手使用的配送时间却在逐年下降。外卖平台的算法系统一边帮助骑手优化行进路线，一边以倒计时的方式限定骑手的抵达时间，且直接与奖惩措施和劳动薪酬挂钩。城市由不同要素、资源、主体的多元化组合配置而成，城市运行的不确定性体现在外卖骑手行进过程中每个路口的红绿灯时间及电梯升降时间中，而这些不确定因素将直接影响骑手的最终收入及客户评价。平台系统算法设计的"理想时间"并没有考虑任何可能的意外与不确定因素，这就是关乎算法道德与数字伦理的问题——在城市物理空间与网络空间交互过程中，如何使算法成为一个决策优化的增量，而不是奴役与驱使人违法犯罪的皮鞭。

美团研究院发布的《城市新青年：2018外卖骑手就业报告》显示，2018年共有270多万名骑手在美团外卖获得收入，77%的骑手来自农村，其中以"80后""90后"居多。而上海市公安局交警总队统计数据显示，仅2017年上半年，在上海市外卖行业的伤亡中，道路交通事故共76起，平均每2.5天就有1名外卖骑手伤亡。外卖配送俨然成为伤亡率最高的职业之一。外卖平台在推动城市生活数字化与便利化的同时，其系统背后的算法也正在影响城市治理秩序，且这不是仅依靠政府机构、企业及消费者单方面的改善意愿就可实现的利益最大公约数，还需要城市多元主体的参与和推动，包括需要劳动权益方面的法律援助、民政部门及社保部门的介入等。

从疫情期间可以看出，根据疫情防控要求，线下聚餐被暂时禁止，作为支撑着城市之“胃”的外卖骑手，俨然成为保持城市烟火味的重要流动力量，成为确保城市生活供应的主要群体。但是，从城市治理与公共福利角度来看，外卖骑手大部分是来自农村且无本地户籍甚至没有任何社保、医保的城市流动人员，在不同区域、不同平台间的流动性特别大。如何将算法更好地用于保护城市建设者与发展推动者中“沉默的大多数”的切身权益，也应该是数字化发展持续驱动城市运行的题中之义。

3.3.2 流量与城市

在以抖音、快手为代表的平台中，之前从未出现在公众视野或媒体版面的非知名城市或知名城市的非知名景点不断出现，且受到观看者的追逐与热捧。快手研究院在其出版的图书《被看见的力量》中，将网络直播为城市和个人赋能的力量视为一种“被看见的力量”。与PC互联网时代的“眼球经济”相比，“被看见的力量”更充满了立体感与交互性，使视频中的个体与城市在跨时空的“刷屏”中获得关注，进而转化为商业数据与城市品牌。

长期以来，社会舆论的注意力与资源天平一直在向头部城市倾斜，它们代表着城市文明的先进方向，知名城市的新闻与关注点则代表了社会主流与城市未来发展的趋势。以“被看见”为标志的直播平台正在城市的内部改变着这一切。

因为平台流量对城市发展资源的赋能与升维，网络舆论和流量资源正在取代土地、权力、能源成为数字化时代的城市发展资源，从基础设施到城市治理与服务再到城市人文，当下的城市正面临着由表及里、从空间到内核的城市数字化革命。以抖音、快手为代表的直播平台以算法驱动的流量池为依托，成为曾经不被主流视野看见与重视的城市重新表达自我的气质温度计与文化取景器，使正定、淮安、绵阳、临沂等曾经只是一个社会新闻符号，或者只是一种主流表达的地理齿印与历史胎记的带有乡土气息、边缘色彩的三四线城市，通过庞大的直播流量的驱动，成为一个个具有性格与气质的区域引擎。

在传统媒体时代，城市人文在出租车上的收音机被听见，在免费地铁报、城市晚报、消费指南上被看见；在互联网时代，城市人文开始在门户网站的城市频道、地方新闻网站中被看见；在移动互联网时代，城市开始在微博、微信上的官方平台上被看见，传播方式开始由“游击式”转向“阵地化”；而在以算法与数据著称的人工智能时代，抖音与快手似乎第一次触及了城市的“灵魂”，将市民精神与城市精神以一座城市引以为傲的人文地标的方式推向世界。在此之前，人们需要从城市游记和地方志里获取一座城市的历史与精华；在此之后，直播平台为城市的文旅景观进行了“加粗”显示，比如，西安除了有兵马俑，还有游客十分钟爱的“大唐不夜城”。数字化与去中心化还无法提升似乎已经板结的超级城市对科技、教育、金融、资源的吸聚能力，但那些曾经被地理阻断和被弱资源掩盖，在资本竞争与治理竞争中失却崛起机会的城市开始因为直播平台重新“被看见”。

直播平台真正赋予了草根市民参与城市精神建设的兴趣，赋予了城市管理者与市民新的沟通与连接方式，这或许是亚文化的魅力——在主流的边缘更为准确地触达城市的活力之源。

3.3.3 数据与城市

如果工业时代的城市活力主要以碳排放量、用电量等指标进行评价，那么数字时代的城市活力则主要以“数据排放量”[1]，以及在全球网络分工节点中的地位，是否拥有影响世界、服务全球的数字经济平台作为决定现在和未来城市影响力的关键指标，中国的深圳和杭州、美国的旧金山、以色列的特拉维夫等均以拥有全球知名数字经济巨头而闻名于世，这些城市的创新与迅速崛起均来自对网络空间的数字领导力与话语权，以及通过数据调节、改造和影响城市运行的能力。

复旦大学联合国家信息中心数字中国研究院发布的《2020中国地方政府数据开放报告》显示，截至2020年4月底，我国已有130个省级、副省级和地级政府上线了数据开放平台，其中，省级平台17个，副省级和地级平台113个。在数据开放的准备度、平台层、数据层、利用层四个指标评估维度上，上海在准备度和平台层两个单项上排名第一，浙江在数据层单项上排名第一，深圳在利用层单项上排名第一。由此亦可看出城市对数据开放的态度与执行能力，侧面也反映和推动了城市的数字化转型与数字经济发展。数据不仅是一座城市在数字时代建设、运行和发展的结果，也是一座城市实现数字创新、价值重塑与竞争升级的动力与能源。

对于城市而言，在快速发展的数字化进程中，数据正成为推动城市发展转轨与优化城市营商环境的关键性变革力量。从各大城市对高端人才的争夺来看，通过数据优化人才落户、居住证办理及社保事务流程，可提升流入人口对城市的信赖度与友好度。从城市营商环境优化来看，通过数据赋能的数字政务服务平台优化和缩短涉及不动产登记、企业注册、获得贷款、获得电力、建设用地审批等在线办理流程，可加快投资开工速度，提升整座城市的运行效率。对于个人而言，数据成为一种权利；对于企业而言，数据成为一种竞争优势；而对于城市而言，城市数据的挖掘、分析与应用能力则成为一种决定未来城市发展命运的比较优势。

1 城市在生产、生活、运行、治理、服务等方面对数据输出和输入的数量。

第二部分

PART 2

城市治理的系统再造

【第4章】

治理理念创新

当前，世界各国城市正处于后全球化、后城镇化、后疫情时代多种形势叠加的变局中，同时面临着产业转型、跨域竞争、环境污染等多重挑战，城市政府的执政理念、治理工具、竞争策略、服务能力等均对城市未来产生了重要影响，尤其在从数字化、智能化向智慧化演进的过程中，在共建共治共享的社会治理新格局中，如何把握城市发展坐标成为每一个城市领导者必须面对的严肃话题。要观察城市治理理念创新模式，首先需要理解城市在数字时代面临的三大转型：其一是城市政府的职能转型，由一个以命令执行与权力分配的管制型政府逐步转型为一个以协调多方利益、平衡各方诉求为核心的服务型政府；其二是“城市即平台”的价值转型，城市的核心价值不再只是以交通枢纽、区位优势及资源能源为核心的传统价值，而是以数据要素为驱动的网络节点价值与数据枢纽价值；其三是城市发展的动力的转型，从以基建投资、招商扩张及产业政策为主要动力，逐步转型为以产业创新、服务供给及品牌升级为主要动力。在城市发展的三大转型过程中，治理理念也在不断创新，城市民主、韧性治理与全域智治开始成为数字时代城市治理发展的重要话题。

4.1 城市民主

伴随数字技术的发展、市民阶层的崛起与表达权利的释放，城市民主逐渐以网络政治参与的方式贯穿整个城市的发展过程，而城市民主质量也与不同城市的平台治理、舆论管控、话语调节、法律意识及市民社会成熟度息息相关，并影响最终的结果。2006年12月，美国杂志*TIME*将年度人物定为“YOU”（你），即全球网民，每个改变信息时代的消费者与创意者。之所以选择“YOU”作为年度人物，*TIME*认为，2006年的互联网的使用主体已发生了从公众机构向个人用户的重要转变，为此，他们还特别提出了“新数字民主主义”的概念。他们将驱动这种改变与发展的动力源泉称为“新数字民主主义”（Citizens of the New Digital Democracy）。这个概念首次将公民、民主及数字化联系在一起，并首次承认来自虚拟空间的“网络公民”成为改变世界与城市的重要力量。“新数字民主主义”与以前的“数字民主主义”的区别在于，传统的“数字民主主义”强调以网络为载体，以高速广泛传播信息为特点，以满足不同层次和群体的信息需求为目的。“新数字民主主义”象征着一个初具规模并对现实世界运行产生影响的网络社会正式确立，一个与现实社会平行、互融且有其生长规律、发展目标的数字社会正在形成。

由于数字时代城市民主的发生前提是基于城市市民的数字表达设备、平台与通道的获得与应用，那么当一座城市不具备网络热点覆盖、智能设备应用，且市民不具有数字素养的时候，这种城市则很可能成为“数字沙漠”，也就不具备实现城市民主的基本条件。“数字沙漠”一词源于一个名为“徐霞客计划”的城市数据共享平台[1]，主要以新浪微博、雅虎网络相册这两个社交/共享网站的数据为基准，如果一个面积为1平方千米（仅指城镇建设用地）的地理格子内曾经发出的信息总和少于6个，则把它视为一块“数字沙漠”。根据数据研究显示，七台河市是中国“数字沙漠”比例最高的城市，上海则是中国“数字沙漠”比例最低的城市。中国“数字沙漠”比例最低的前10个城市中大多数为省会城市或副省级城市，只有第10的温州是一个例外。温州这座以商业闻名、市区常住人口超过300万人的城市应该被视为大城市。然而，若是反过来，要说省会、大城市的“数字沙漠”比例必然低却并不正确。乌鲁木齐的“数字沙漠”比例就高达29%，算得上是“数字沙漠”问题比较严重的城市。全国“数字沙漠”比例最高的15个城市中，东北城市有8个，西北城市有4个，其中前5名全部是东北城市。而在“数字沙漠”比例超过40%的城市中，只有山东临沂不属于东北城市和西北城市。因此，就城市民主实现的难易程度而言，大城市或行政级别较高的城市要易于地级市或县级市，而东部城市与南部城市要易于东北城市和西北城市。

马修·辛德曼在其所著的《数字民主的迷思》一书中指出，以政府网站、博客、网络论坛等为代表的数字平台，一方面充当了市民表达自我主张与诉求的通道，成为民意汇聚和涌现的平台；另一方面也并非全部真实地体现了民意，其中包含了部分“带面具”的虚假的民意。而在当下，在社交媒体（微博、微信等）、表达形式（图片、视频、直播等）及表达技术（合成媒体、Deepfake等）的综合作用下，城市民主的本质包含了真实的市民与抽象的网民面对同一种事物的不同价值取向与解读能力的博弈。20世纪80年代，著名经济学家朱嘉明指出，“民主大众化”是互联网时代下文明形态转型的趋势之一，民主的形式正在由因成本过高而被逐步抛弃的“直接民主”阶段、少数精英控制的“代议制民主”阶段进入“互联网技术驱动的直接民主”阶段。互联网革命极大地降低了直接民主的制度成本，为直接民主提供了技术可能性，民众直接拥有政治资源、参与政

1 资料来源：赵新宇，《大陆城市“数字沙漠”调查》，香港凤凰周刊，2015年第18期。

治生活是大势所趋[1]。而城市民主得以实践的种种迹象表明，互联网驱动的直接民主就是城市民主的重要特征。因此，城市民主依托数字技术成为“人人享有的民主”，不仅使每个市民具备自我发起议程及推动议程的权利，同时，也让市民具有发现议题、整合议题、放大影响和提升自我辨析度的能力。通过“随手拍”拍摄违章停车就是市民参与城市交通治理的方式，通过在线定位发布城市积水的信息就是市民参与城市内涝治理的方式，通过物业电子投票系统参与业委会投票选举就是市民参与城市基层社区治理的方式。

城市民主作为一种城市治理创新的全新理念，并非描绘了一个完美的新世界，而需要时刻警惕和提防来自数字化平台的“乌合之众”和数字化系统内生的“机器民主”的僭越。日本作家村上春树曾在一次演讲中表示，“在一面高大、坚固的墙和一只撞向墙的鸡蛋之间，我将永远，站在鸡蛋的一边”，这其实代表着诸多处于城市事件暴风眼中的市民的心理，当一个从未获得表达自身价值观与权利的市民偶然获得了在千万网民中以一种公开的方式进行“广场演讲”权利的时候，网络曝光度、知名度带来的眩晕感及表演心理会加剧“站在鸡蛋的一边”的同情心与“替天行道”的朴素正义感，从而让这些市民失去对真实的判断，将“支持弱者”与“数字公正”画等号，这也是诸多城市民主实践最后屡屡被“证伪”或“反转”的原因，因此，权威机构与公共部门应具备自身的信用度与传播能力。而这一点在2020年11月突发于上海浦东新区的新冠肺炎疫情事件中体现得尤其明显。位于浦东新区祝桥镇、张江镇的小区发生确诊病例的消息被公布后，上海市及浦东新区人民政府通过新闻发布会、政务新媒体等方式对外发布了最新情况，透明、高效、专业和迅速的城市政务公开，使市民的在线讨论与互动并未引发恐慌及骚动。2020年11月22日晚，由于浦东机场工作人员要连夜进行全员核酸检测，“浦东机场”迅速窜上微博热搜，“大量人员滞留浦东机场，有可能发生踩踏事件”的视频被网友发布到社交平台上。微博及微信朋友圈关于“浦东机场”及上海疫情的讨论众

1 资料来源：朱嘉明于2019年2月在东方出版社出版的《赛先生的梦魇：新技术革命二十讲》中第二讲“互联网文明和中国制度转型”。

说纷纭。2020年11月23日上午，“上海发布”官方微信公众号发布了浦东机场连夜进行核酸检测的相关说明、报道及现场有序检测的视频，网络舆论迅速降温，市民与网友对上海市政府及公共卫生部门控制疫情的信心也随之上升。这本质是一则城市政府与市民围绕同一事件共同努力，促成良好结局的城市民主实践案例。

从微博、微信等社交平台对公共事件的讨论中发现，数字时代的城市民主实现有着“广场政治”的影子。“广场政治”起源于希腊城邦时代，当时每个城邦的中心都有一座广场，广场是市民聚会和议政的空间，象征着平等的权利和共和的价值观。在西方国家及许多中东国家，一个广场的历史就代表着一座城市或一个国家的历史。法国《世界报》认为，广场政治并不善于建立一个秩序或规则，但他们有充分的能力去破坏和打碎一个秩序或规则[1]。数字时代的城市民主形态类似“新广场政治”，城市政府与市民作为公共事件的平等参与者进入以微博、微信等为代表的同一个互联网广场，他们获得的点赞、转发、评论代表了各方的支持和拥护，当这些数据在平台的参与热度超过了临界点时，某一方的力量就有了主导议程的能力，所谓“意见领袖”及舆论引导的能力开始出现。与传统“广场政治”不同的是，“新广场政治”往往在既定的制度框架内，围绕同一种共同利益进行辩论与博弈。

然而，随着数字技术的不断发展演进，除了城市组织与市民个体对公共事件的参与，在城市民主进程中，一种暂时无法定义但又不可忽视的力量正在受到关注——数字平台与智能机器。通过平台用户大数据的沉淀与算法模型的构建，以脸书为代表的社交平台正在成为一种“劝说工具”[2]——从通过商业广告“劝说”用户购买商品，到通过政治广告“劝说”市民投票。人工智能已经逐步嵌入城市民主的规则系统，是一种没有获得政治身份但又有政治参与能力的技术力量，在具体的选举投票、政治游说及公共事件的评价中发挥着不可估量的作用。这是数字时代城市民主实践需要人们警惕的发展趋势。在中国的政治体制下，虽然数字平台与智

1 资料来源：《广场政治，为何在中东能量惊人》，环球时报，2013年7月17日。
2 资料来源：杰夫·奥洛威斯基，《监视资本主义：智能陷阱》，2020年。

能机器尚无法以“劝说”的方式“整合”市民手中的选票，但是其在重大公共事件中通过商业意志对平台内容与数据开展“打榜”“置顶”“限流”“屏蔽”等行为，已体现出数字平台与智能机器影响城市民主进程的基本能力。比如，盘踞在微博平台的明星经纪公司通过购买“热搜”实现偶像打榜的流量运营方式，微信平台在公众号信息流运营方面通过对不同内容进行限流以突出其在原创内容选择方面的运营价值取向，都将影响城市民主的治理与质量。

在“7·20郑州特大暴雨”中，一份“救命文档”的出现引发了广泛的关注。2021年7月20日，一位在上海财经大学就读的大学生Manto在腾讯文档上创建了《待救援人员信息》，文档内容包括求救人员信息和救援人员信息。在此后的24小时内，这个文档更新了超过450个版本，浏览量超过250万次，保守估计有数千名志愿者对文档做了编辑，成为众多民间救援组织进行救援信息收集的在线表格。

“救命文档”的“可编辑”特性是体现数字治理时代“参与感”的高级形式，同时代表了一种数字时代的城市治理趋势，真正体现了市民在城市治理过程中的价值。在“救命文档”的实践过程中，“可编辑”正在成为一种融合参与、校正、核验及持续向前发展的公共责任表达途径。随着时间的推移，文档的内容也在不断更新，包括“求助信息”“避险地点”“漏电地区”“官方救援队信息”“民间救援队信息”“物资援助”“心理疏导”“医疗信息”“给河南加油”等20个分表格，甚至衍生出了英文版本，由志愿者完成对核心信息的翻译。在其他文档协同平台上，也存在类似承载大量救援信息的表格。表格中的每个单元格，就像一个接力棒，等待人们在现实中确认、寻找、帮助、救援。

“救命文档”一方面体现了个体力量在城市治理数字赋能下的强大势能；另一方面，其“有限匿名性”也让参与者更多地关注救援目标状态，无限接近信息的真实性，而非关注“谁在说”“谁的态度更好”。“救命文档”让每个参与者都成为决定信息质量甚至人员生命安全的“责任编辑”，而非一个“吃瓜心态”的评论者；让每个参与者都成为一个“纠错者”，而非在社交媒体言论极化趋势下随处可见的“抬杠者”。而正因为对生命的尊重抑制了在社交媒体上时常出现的“吃瓜心态”。在“救命文档”的表格里，每个人都有可能成为网络社会中发挥关键作用的“节点”，他们在传统的应急指挥团队、官方救援热线、受灾群众安置点之外形成了有力的救援补充，极大地缩短了实施救援和自救的链接路径，从而成为彼此的救助者。

相比于传统城市政府治理理念，由数字技术、平台与算法营造和构建的城市民主环境，一改往日的统治与被统治、命令与服从的陈旧范式，在去中心化的组织设计、开放议程设置、没有中心思想的行动路径及流动式开放参与等特征下，通过平等对话、交互与协作，最终实现了双方在治理智慧与公共精神上的共同成长。而在城市民主参与公共治理的创新理念引导下，加强对网络传播特殊环境下的真实民意“辨析”，提升对互联网商业平台的监管能力，排斥和剔除基于数据、算法及算力共同培育的“智能机器”对城市民主的干扰与侵袭，是数字时代城市治理必须面对的未来。

4.2 韧性治理

2016年，联合国住房和城市可持续发展大会通过了《新城市议程》，明确提出建设包容、安全、有韧性和可持续的城市。《中共中央关于制定国民经济和社会发展第十四个五年规划和二〇三五年远景目标的建议》提出了“韧性城市”的理念。按照国际组织倡导地区可持续发展国际理事会的定义，“韧性城市”指能够凭自身的能力抵御灾害，减轻灾害损失，并合理地调配资源以从灾害中快速恢复过来的城市。Walker等（2004）在人与社会生态环境互动关系的基础上提出了“社会—生态韧性”（Social-ecological Resilience）理论，该理论认为，系统中变化发展的非平衡状态是一般常态，因此，韧性不仅是遭受“形变”后的恢复能力，更是以学习、创新、适应为基础的预警、抵御风险的能力[1]。而这正与数字时代的城市治理需求和发展趋势吻合——强调城市被动的“恢复力”的同时，更强调城市的灵活、主动的抗风险能力，智能技术的应用则成为不可或缺的手段之一。因此，增强城市抗风险韧性，需要树立“全周期管理”意识。一是加强全周期管理的流程韧性，实现城市风险治理各环节衔接流畅、协同合作、高效运转，形成事前预见、事中可控、事后提升的流程韧性治理体系；二是加强全周期管理的空间韧性，即基于社会风险的跨区域性、叠变性等特征，建立跨区域城市联动合作机制，统筹协调区域内资源配置，增强城市群协同抗击风险的空间韧性[2]，以此防止城市在高度风险化的运行过程中由于处置流程机制及区域空间资源协同问题而导致的“熔断”问题。

从发展阶段来看，城市的韧性治理能力可分为3个阶段与层次（见图4-1），1.0阶段的韧性治理发生在前互联网时代，城市决策与公共部门凭借城市治理传统与经验积累，以机械化、被动应对的方式，程序化地解决城市问题；2.0阶段的韧性治理主要通过网络、平台、界面等路径，依托移动互联网、云计算、大数据、物联网等技术，针对不同群体对象、不同场景环境、不同时间阶段，有针对性地制定应对预案与解决措施；3.0阶段的韧性治理是在人工智能、区块链等新兴数字技术支撑下的高级阶段，核心是城市政府组织、能力、形态的全生命周期管理，注重数据、算法和算力支撑的治理价值的外部性与治理秩序的内生性。治理价值的外部性指城市治理模式与价值的体现主要通过多元主体的参与数量、深度、质量体现，与互联网平台价值体现一样，外部注册用户、活跃用户及付费用户越多，平台的价值就越高，城市韧性治理在2.0阶段亦是如此；治理秩序的内生性指依托城市运营中心的数据、算法和场景的生成，治理秩序不再只依

1 资料来源：潘君豪、杨一帆，《老年数字贫困的韧性治理研究》，老龄科学研究，2020年。

2 资料来源：《韧性社会治理：社会系统安全稳定运行的实践进路》，光明日报，2020年06月12日11版。

托城市决策部门制定的运行流程，随着数据沉淀、机器自我学习及平台内部秩序的演化，将会逐渐形成内生性的秩序与规则。

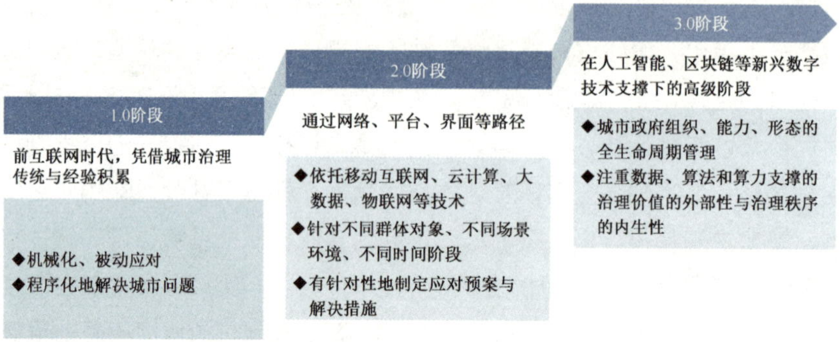

图4-1　城市韧性治理能力的阶段与层次

许多海外学者在欧美中心主义研究取向的影响下，始终无法摆脱“威权主义”的思维桎梏，一直认为中国治理体系的韧性大多来自经济发展绩效的支撑，是由经济发展体量与速度支撑的未来发展信心，从而在重大公共事件上表现为韧性，实质是对发展利益的权衡和取舍；他们还认为即使中国的政治体系具备韧性，也是未得到制度与法治巩固的韧性。而从不断在城市发生的公共事件中可以看出，城市政府与市民都在不断寻求共同解决城市问题的“最大公约数”，依靠传统权力运行体系的城市制度执行流程与主动权，逐渐下沉到城市、城区及社区，逐渐壮大的以中等收入人群为主体的市民阶层正在不断塑造自身的“城市主人翁”角色，他们通过对公共事件的言说、参与、行动，以及自身技能、能力、影响提升城市应对未来风险的可能性。

从发展特征来看，韧性治理主要包含4个方面，即动态治理、包容治理、协同治理和信用治理。首先，动态治理涵盖了两个方面的内容。一是要洞察和综观城市治理技术的发展规律，二是要针对城市公共事件的演进与路径进行提前感知与预警，以动态化眼光进行决策与工作部署，避免

“刻舟求剑”的情况出现，因此，物联网、大数据及城市仿真技术的应用显得十分必要。其次，包容治理是体现城市治理韧性的重要指标，要针对弱势群体提供普惠化、无差别、均等化的服务，提升老人、儿童等的数字服务获取能力与体验，打造无歧视的数字化城市服务。国务院在2020年11月发布的《关于切实解决老年人运用智能技术困难的实施方案》中提出，在移动支付、扫码乘车、医疗服务等方面针对老年人的智能设施适老化改造十分迫切。再次，在打造城市韧性治理体系的“协同”方面，协同治理的核心是不同层级的城市公共部门，从城市决策层到基层社区，通过数字平台、数据共享及智能化流程机制的设计，打造敏捷灵活的协同模式，实现从指挥到执行的无缝对接，真正实现城市在重大风险面前的“有呼必应”“使命必达”。最后，信用治理主要指城市服务平台的市民大数据行为沉淀，以及社会信用体系的建立，城市通过对数字平台体验与服务模式的创新设计，利用市民历史信用数据，一方面可以为信用良好的市民和企业提供更优质的服务内容与个性化的治理流程；另一方面可以通过个人信用的指挥棒去规范与引导未来城市市民的行为，建立城市自主的信用体系。

韧性治理正在成为超越数字城市、智能城市、智慧城市等城市发展的“技术性目标”，成为未来城市发展的基本愿景与高质量发展的底线思维。在数字技术不断涌现、城市风险空前刷新、城市发展选择日趋多元复杂的当下，共建共治共享、多元共治等均代表了走向城市韧性治理的路径，而韧性治理需要关注的城市运行现状正在变得“两极分化”。一是城市的韧性面临着“控制与失控”的治理能力较量。越来越多的数字技术嵌入城市治理流程，核心目的是使城市的运行风险和秩序更为“可控”，从火灾、车祸到井盖、积水，实现事无巨细的“精细化治理”，而不容忽视的是，随着基于网络空间的数据与算法的不断融合，在深度学习与人工智能技术的支持下，机器对城市问题的发现和认知将呈现出一定的偏差而走向“失控”，如2020年11月6日凌晨2点在杭州的某座桥上看风景的年轻人被匆匆赶来的消防队员架离现场，背后就是一种城市治理的“失控”——

人工智能摄像头能够通过算法模型判断镜头中的目标人物符合“投河自尽”的行为迹象，但算法无法计算目标人物的“心理”。二是城市的韧性面临着“智慧”与“反智”的服务体验的考验。以云计算、大数据、人工智能等为代表的数字技术，在城市治理与服务的过程中，以自动化、智能化的“智慧”面目出现，以减少时间、提升效率和增强体验的方式，为置身城市的市民与企业提供丰富的服务内容。但是，在传统模式向智能模式的“服务语言”转译的过程中，由于缺乏社会学、艺术、心理学、隐私法律等跨学科专家的共同设计与研究，城市的智慧化服务不断出现“反智”的体验效果。比如高铁站卫生间的免费抽纸机需要用户刷脸认证；用户在城市政务服务平台上提交材料、上传证照及在线填写信息时会遇到诸多重复与不便。三是城市的韧性还面临着“丰富”与“匮乏”并存的尴尬情形。一方面，城市政府通过自身的数字化转型变革及制度革新，面向市民与企业，通过线上线下结合的方式推出了涉及创业开店、办证、纳税、获得补贴等多重便捷服务，为打通市民和企业办事痛点、难点和堵点做出了诸多努力，逐渐形成了“城市政务服务超市”；另一方面，在涉及市民和企业切身利益的关键性环节与服务需求方面，城市的服务输出能力则因为机制体系及客观条件的限制显得“匮乏”，比如新市民的积分落户问题、小汽车车牌摇号问题，这些城市紧缺资源并未因为数字化的变革创新而变得“丰富”。此外，在面向老年人、儿童及残障人士的弱势群体服务方面，城市的服务也存在“匮乏”现象。因此，城市的韧性治理不只是面对重大事件及风险事故的城市应急反应能力与恢复能力，城市在日常运行过程中的不断自我发现、自我训练、自我修复、自我进化的能力也非常重要。

存在诸多视角来观察和评价韧性治理，而城市公共品设计视角、城市政务服务流程视角、城市治理与服务体验视角及城市治理组织运行视角四大视角最为关键。从城市公共品设计视角来看，数字时代的每个城市政务服务产品都有其诞生的历史使命与发展周期，没有必然的“永生性”，所有上线的数字服务不仅有改版更新的一天，也可能有下架的一天。因此，我们需要从“数字生命体”的角度来看待城市公共品设计，这是增强城市韧性的工具和手段。从城市政务服务流程视角来看，在以人为本、以人民为中心的理念引导下，所有的治理与服务流程的分分合合均围绕人的需求，最终实现流程的裂变与聚变的价值效应。因此，以上海、杭州为代表的城市，主张将服务事项“拆解到最小颗粒度”，实现“高效办成一件事”，其本质是将散落的流程与零碎的体验进行高密度整合。从城市治理与服务体验视角来看，城市韧性需要在治理原则的刚性与市民体验的柔性之间相互融合，即在重大事件来临之时，更科学精准地设计防控预案，而非按照传统模式进行“一刀切”的管控。例如，在后疫情时期的上海、天津等地，当市内疫情零星发生时，疫情防控部门通过轨迹追踪与医学分析，在保障城市秩序正常运行的情况下，定点地将疫情发生的村镇、小区等列为对应等级的风险地区，而非进行全市范围的大规模应对。最后，从城市治理组织运行视角来看，以网络化、扁平化、去中心化为主要特征的数字时代城市治理组织结构，其结果和目标并非实现“无中心”，而是建立中心和边缘的有效联系与协调机制，实现即时响应、高效指挥及快速处置。

为了提升城市韧性，更多的身份、角色在不断涌现。例如，之前许多城市的政府网站编辑部或电子政务办公室邀请社会人士担当“政府网站监督员”，以促进政府网站的建设和运营质量的提升；现在部分城市的营商环境改革办公室邀请专家、媒体人士等作为“营商环境监督员”，通过他们的建言献策提升当地的营商环境质量与水平。除了在新冠肺炎疫情发生早期，不少涉及疫情地图、密接查询的应用程序均是其开发者以个人或公司身份开发的，并在受到用户认可和欢迎后逐步开放为公益应用。此外，还有专家为了提升政务数据资源的利用效率与城市数据开放应用能力，迫切地需要“数据经纪人”出现，作为理解需求、对接需求及设计需求的“中间人”来建立从数据资源到服务产品之间的纽带与桥梁。这样的角色将无疑是未来城市韧性治理的重要角色，源源不断地为城市可持续发展提供数据化解决思路。

政策与实践专栏4–1

韧性城市，韧在何处？[1]

新冠肺炎疫情让韧性城市的话题广受关注。面对城市安全的时代大考，在“十四五”即将到来的关键窗口期，重新审视、定义韧性城市的内涵，正当其时。2020年，在《中共中央关于制定国民经济和社会发展第十四个五年规划和二〇三五年远景目标的建议》中，出现了“建设海绵城市、韧性城市”的表述。

在工程力学领域，韧性指“回到最初的状态”，韧性城市则强调一座城市在面临自然和社会的慢性压力和急性冲击后，特别是在遭受突发事件时，能够凭借其动态平衡、冗余缓冲和自我修复等特性，保持抗压、存续、适应和可持续发展的能力。韧性城市能够快速分散风险、自动调整恢复，从而有效抵御外来冲击和减缓内部灾害。

“韧性指标”是衡量韧性城市建设水平的重要参考，包括城市空间布局是否合理、组织动员是否顺畅、治理方式是否有效等，其焦点更侧重在事先预防方面，即强化风险意识，让城市拥有充分准备去抵御“非常态状况”的冲击。

越是在全球占据突出地位、具备不可替代的角色功能的城市，其在构建韧性城市方略的紧迫性就越强。半月谈记者了解到，一些国外大城市已开展起韧性城市的建设实践，如伦敦出台《管理风险和增强韧性》报告，纽约推出“一个更强大、更具韧性的纽约”计划等。

在国内，北京、上海、南京、成都等地也以政府工作报告、城市总体规划等形式，强调了韧性城市的重要性。

---

1 资料来源：半月谈网。

当前，无论是大城市还是小城市，其人口、建筑、财富、生产等要素均持续集中。城镇化进程加快使城市面临的不确定因素和未知风险不断增加。突发性传染病、恐怖袭击、气候灾害已成为全球各大城市的共同挑战。

面对新变局，一些城市的发展观仍然局限在单纯的“谋增长、快增长”层面，城市的整体安全度大多不在优先考虑的层面。对于可能遭遇的“非常态状况”，一些城市的防范意识仍不够强。

城市建设仅强调“抗灾”已难以很好地应对风险，以“耐灾”为核心的“韧性城市”治理思路，已无法适应全面提升城市的弹性和安全性、保障可持续发展的时代要求。

尽管各个城市的规模、发展阶段乃至灾害隐患都有所不同，但建设韧性城市一定是宏观层面的必然选项。

专家认为，从“十四五”时期开始，关于城市基础设施、交通通信、食品物资等要素的建设规划，不仅会考虑城市日常生活的需求供给关系，更将考虑在重大突发事件下各种资源的承载力，以提升城市韧性。

城市群之间更需要长效化、可持续地强化政策同步、标准统一、结果互认。通过发挥中心城市和大城市设施完善、服务水平高的优势，开展城市群安全风险评估，建立区域风险监测预警体系和应急资源保障合作机制，统筹重要战略资源、科学确定管控级别、有效降低救灾成本。

此外，还要升级信息链，持续提升应急反应速度。下一步，各城市应重点扩大5G、云计算、物联网、智能终端等基础型信息设施的区域覆盖范围，支撑信息资源的跨部门、跨层级、跨区域互通和协同共享，借助大数据技术进行评估分析，判断是否存在供给缺口或冗余，保障重大风险灾害时期人们的正常生活。

4.3 全域智治

相较于城市民主与韧性治理，全域智治是数字时代城市治理领域的全新理念。全域智治来源于2019年浙江省提出的“整体智治”，“整体”即“整体治理”，强调治理主体之间的有效协调，这里的公共治理主体包括政府部门、社会组织、民众个人和市场机构等。“智治”即“智慧治理”，强调治理主体对数字技术的广泛运用。“整体智治”指的是政府通过广泛运用数字技术，推动治理主体之间的有效协调，实现精准、高效的公共治理。“整体智治”包含3个关键元素：一是政府的数字化转型，即公共治理活动的电子化、数字化，这是“整体智治”的基础性工作；二是整体化的治理实践；三是精准、高效的需求回应，即公共治理行为及时准确地回应特定公共治理需求[1]。

2021年，浙江省在“整体智治”的基础上进一步提出数字化改革，浙江省委书记袁家军指出，数字化改革是围绕建设数字浙江目标，统筹运用数字化技术、数字化思维、数字化认知，把数字化、一体化、现代化贯穿到党的领导和经济、政治、文化、社会、生态文明建设全过程各方面当中，对省域治理的体制机制、组织架构、方式流程、手段工具进行全方位、系统性重塑的过程。数字化改革聚焦党政机关、数字政府、数字经济、数字社会、数字法治五大领域，具有一体化、全方位、制度重塑、数字赋能、现代化五大特征。浙江省提出数字化改革的重点任务是加快构建“1+5+2”工作体系，搭建数字化改革“四梁八柱”：“1”即一体化智

1 资料来源：郁建兴、黄飚，《“整体智治”：公共治理创新与信息技术革命互动融合》，光明日报，2020年06月12日11版。

能化公共数据平台；“5”即5个综合应用，分别是党政机关“整体智治”综合应用、数字政府综合应用、数字经济综合应用、数字社会综合应用和数字法治综合应用，包含“产业大脑+未来工厂”“城市大脑+未来社区”等核心业务场景；“2”即数字化改革的理论体系和制度规范体系。从浙江省“数字化改革”的推进节奏与背后规律可以看出，从省域数字化改革下沉到市域数字化改革，全面化、全域化、全方位的数字化转型已成为大势所趋。从城市角度来看，全域智治仍然是数字化改革的内在要求。

城市全域智治的提出，主要基于城市本身在数字时代呈现出的3个变化：首先，城市越来越醒目地成为新兴技术的投资试验场与新经济业态的创新空间，数字独角兽、生物基因科技企业、人工智能公司等不断涌现，它们以城市为发展平台，同时也影响着城市治理秩序；其次，城市与城市之间的关系变得越来越灵活，从传统视野下的跨洲际的“友好城市”，到国内的“定点扶贫对接城市”，再到通过“跨省通办”“湾区通办”实现的城市权利数字化流动，城市的疆域和界限变得越来越灵活多变；最后，城市与数据的关系被重新审视，城市运行涵盖的治理与服务行为创造了数据，同时，数据也在不断改变城市的决策、治理与服务模式。城市交通、能源、商业的运行源源不断地输出数据，而这些数据的开放又重新作用于城市的创新发展与自我进化。因此，全域智治是城市在数字化转型过程中的必然路径。

以城市为单位的全域智治须关注4组边界的形成与演进：其一是权力流程与数据流动的边界。传统城市政府的行政权力运行流程面临着数字化的改革与创新，现实权力运行流程与数据流动之间的边界变得敏感而暧昧。例如，许多城市推出了“多证合一”“先照后证”改革措施，以及上海浦东新区率先试点了“一业一证”的措施，城市部门希望通过数字化办理流程简化证照发放流程以实现快速发放营业执照，便于饭店快速开业。但是，准店主拿到了营业执照后，可能面临延迟或无法办理消防、卫生、公安等许可证件的问题，陷入无法开业或开业即违规的窘境。因此，全域智治需要解决的是如何让权力运行流程和数据流动规则更为协调与契合的问题。其二是室内空间与室外空间的边界。传统城市管理在管理乱摆乱放问题时，顶多管理到校园门口、社区门口及影响交通的街面，而全域智治由“围墙外”向“围墙内”延伸。例如，杭州某街道居委会通过监测社区老年人的水、电、煤气数据及时获取老年人的健康状态与异常行为等信息。其三是网络空间与物理空间的边界。随着现实世界与虚拟世界的互动频次越来越多，互动界面越来越多元，网络空间与物理空间的边界也越来越模糊，而全域智治则必须关注网络空间与物理空间的界限问题。例如，对于城市服务平台而言，无论增加多少用户都只是增加云计算的空间容量或网络带宽而已，但对于一座城市而言，每个市民的进入都需要城市考虑相应公共资源的配置。其四是隐私保护和公共利益的边界。2020年11月17日，国家网信办发布《关于35款App存在个人信息收集使用问题的通告》，其中，鄂汇办、爱城市网、市民云全国版、爱山东、宁归来等地方省市官方政务服务或城市服务App因涉及违规收集个人信息而被通报。健康码、密接查询及通信行程卡等应用，通过对市民个人信息、轨迹的识别应用，为高效的疫情防控提供了支撑；而不时流传于互联网中被泄露的确诊感染者的信息也为个人合法权利保障带来了困扰与风险，部分信息被城市公共部门违规泄露或因操作不当而泄露，部分信息则被邻居、同事等个人泄露。表4-1列举了多个涉及存在个人信息收集使用问题的政务服务App。

表4-1　涉及存在个人信息收集使用问题的政务服务App

序号	App名称	安卓版本号	运营者	存在的问题
1	鄂汇办	V3.2.5	湖北省楚天云有限公司	（1）App明文上传用户账户、密码； （2）在申请打开可收集个人信息的位置权限时，未同步告知用户其目的； （3）用户明确表示不同意打开位置权限后，仍频繁征求用户同意，干扰用户正常使用； （4）未明示收集人脸特征等个人信息的目的、方式和范围； （5）首次运行时未通过弹窗等明显方式提示用户阅读隐私政策等收集使用规则； （6）未提供有效的注销用户账号功能； （7）未建立并公布个人信息安全投诉和举报渠道

续表

序号	App名称	安卓版本号	运营者	存在的问题
2	爱城市网	V5.1.0	山东爱城市网信息技术有限公司	（1）在收集用户身份证号等个人敏感信息时，未同步告知用户其目的； （2）用户明确表示不同意打开位置权限后，仍频繁征求用户同意，干扰用户正常使用； （3）为注销用户账号设置不合理条件：须提交身份证正反面照片等信息才允许注销，且未说明注销后是否会删除注销时提交的身份证照片信息
3	市民云全国版	V1.0.0	万达信息股份有限公司	在收集用户身份证号、面部识别特征等个人敏感信息时，未同步告知用户其目的
4	爱山东	V2.3.6	大汉软件股份有限公司	（1）在申请打开电话、位置等可收集个人信息的权限时，未同步告知用户其目的； （2）在收集用户身份证号等个人敏感信息时，未同步告知用户其目的； （3）因用户不同意打开非必要的电话权限，拒绝提供所有业务功能； （4）未逐一列出嵌入的高德等第三方SDK收集使用个人信息的目的和类型； （5）为注销账号设置不合理条件：注销账号时强制要求人脸识别，且未说明注销时人脸识别信息使用的规则
5	宁归来	V4.3.0	南京市公安局	（1）在申请打开存储、相机等可收集个人信息的权限时，未同步告知用户其目的； （2）未建立并公布个人信息安全投诉、举报渠道
6	皖事通	V1.7.5	安徽省数据资源管理局	（1）在收集用户身份证号等个人敏感信息时，未同步告知用户其目的； （2）未明示收集的用户详细地址、支付宝账号、社保账号等个人信息的目的、方式和范围； （3）未逐一列出嵌入的阿里云HTTPDNS、ShareSDK社会化分享组件等第三方SDK收集使用个人信息的目的和类型

注：上表中运营者名称来自App自行提供的隐私政策中的名称或应用商店所注开发者的名称。

此外，在涉及人脸识别技术滥用的讨论中也可以发现，隐私保护与公共利益如何适度平衡始终是焦点问题，如果过于强调对个人数据严格保护，那么通过看张学友的演唱会而被抓获的逃犯则将一直逍遥法外；如果过于纵容在公共场所应用人脸识别技术，那么公园、电梯、卫生间等场景将会成为个人隐私信息泄露的重灾区。因此，如何在保护个人隐私信息与无损公共利益之间实现平衡是全域智治需要权衡与亟待解决的问题。此外，全域智治还需要关注对治理工具本身的治理，即对智能摄像头、人脸识别技术与算法等进行监管与治理，以确保符合人本主义的城市发展愿景与诉求。

作为面向未来的城市治理的全新理念，全域智治具有“六全”特征（见图4-2）：一是全场域，即城市治理需要打破区域、空间界限，从天空到地下，从地上到水下，通过泛在互联网络实现一体化、全连接的治理模式，构建起全域覆盖、动静结合、三维立体的智能化设施和感知体系。二是全流程，这关系到交通、安全、能源等所有城市运行流程中的每个数据节点，通过每天24小时不停的信息流动与数据积累，每座城市的运行流程都将实现数据留痕、可追溯。三是全场景，全域智治将一改单极化、单向度的治理窠臼与惯性，实现跨行业、跨界别、跨领域的全场景治理，通过将城市中的生活、工作、娱乐、管理等场景打通，真正做到“一屏观天下、一数治全城”。四是全口径，全域智治整合运用城市运行不同口径的数据资源，打破单个部门、单个领域的数据“封闭性”，让数据资源穿透所有领域，实现数据资产增值与数据价值释放，通过数据关联、演绎与印证，创造出新的数据价值。五是全介质，全域智治的介质涉及治理工具、治理平台和治理界面，由于不同群体的应用习惯不同，全域智治的介质须涵盖智能和非智能、自助和非自助等多重形态，以满足服务对象的可选择性。六是全对象，全域智治的服务对象覆盖了城市中的人（不同身份及年龄）、物（城市部件及动物，如城市养犬等）、事（从一般性民事矛盾纠纷到重大刑事案件）。

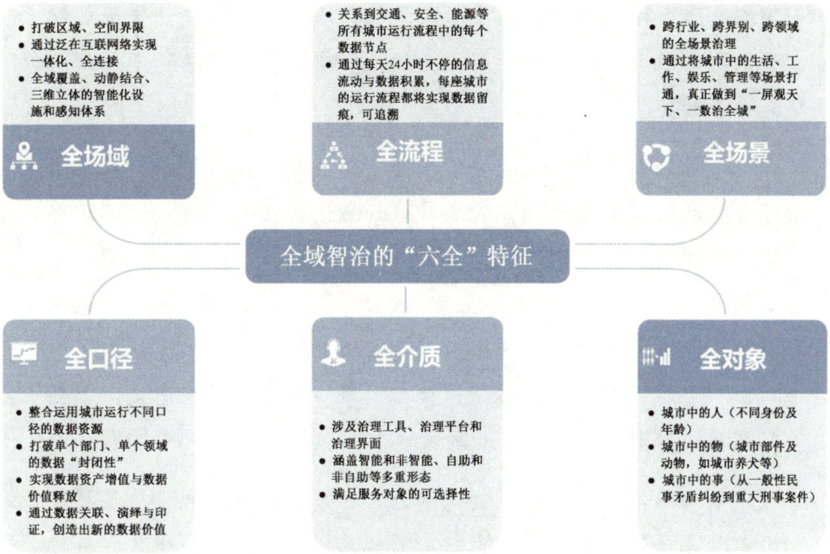

图4-2 全域智治具有“六全”特征

政策与实践专栏4–2

宁波市鄞州区“全域智治”提升基层社会治理效能[1]

鄞州区着力探索全域治理创新，推动传统治理向“智治”转型，加快从“事”向“制”“治”“智”的转变，全力打造全省“整体智治”示范区。“通过数据赋能，我们加强部门配合、协作联动，突破数据传递的壁垒，由传统治理的盲目性、无序性向现代治理的精准性、靶向性转变。”鄞州区主要领导表示。

高点定位，打造治理体系升级版。该区完善“一核四治五共”体系，建立“党委决策、党建统领”“县乡一体、条抓块统”机制，构建浙江大学社会治理研究院等治理智库网络，形成鄞州“全域智治”综合体2.0版。2020年11月30日，鄞州区社会治

1 资料来源：中国宁波网。

理综合服务中心揭牌。该中心集矛盾纠纷调处化解、社会治理综合指挥、社会风险研判预警、全域治理研究展示等功能于一体，有力推动共治共享。

集成融合，数字赋能全域治理。该区推进区级中心、基层四平台、城镇“智慧大脑”互联互通，强化跨层级、跨区域、跨部门的数据共享、协同管理，实现“一屏观天下、一网管全域、一键快处置”。在云龙镇，全新构筑的“掌上智村”平台在冠英村、上李家村和陈黄村先行试点，已有600余名村民进驻，成为村域“智治”的有力支撑。平台与镇级综合指挥系统衔接，以数字赋能法治乡村，实现了一网联通千万家、千家万事网上解。

创新场景，激发基层创造张力。鄞州区积极探索“基层公权力智管平台”“智慧城镇大脑”“智慧停车”等全新模式，将数字技术应用到经济社会发展的各个领域，推动社会治理迈入“整体智治”时代。鄞州区在城区实现“智慧停车”系统全覆盖，通过精确计算停车时长、实行在线支付、强化停车导流等手段，让有限的停车资源得到最大效率的使用，泊位日均周转率提升3倍，违停数量下降90%。

【第5章】

数字技术创新

Gartner在2019年10月发布的2019—2020年十大政府战略技术趋势报告中提出十大政府技术趋势，其中包括自适应安全、公民数字身份、多渠道公民参与、敏捷设计、数字产品管理、一切即服务（XaaS）、共享服务2.0、数字化的劳动力、无处不在的分析与增强智能，基本描绘了在数字化、网络化、智能化趋势下的政府治理的未来，预示着一个更具弹性的未来政府正在浮现。从中国城市数字治理变迁的历程来看，以移动互联网、大数据、物联网、人工智能、区块链等为代表的数字技术在不断升级和改善城市治理的能力与模式，其中，具体治理场景涉及的公民数字身份、多渠道公民参与、数字化的劳动力等应用与能力，在一定程度上也印证了中国城市数字化转型的趋势。

5.1 移动互联网与城市服务势能

2007年1月9日，第一代iPhone在美国发布，宣告了移动互联网的正式到来，与PC互联网相比，其最大的差异在于网络的连接价值开始从连接信息向连接人与人转变，并为连接物与物奠定了基础。移动互联网通过对实体产业运行流程的系统性改造，以及在生产、销售、管理、运营、服务等不同环节的渗透与赋能，推动了数字产业化与产业数字化的进程。同时，移动互联网在城市治理、服务、监管等方面也提供了思维、技术、体验等层面的创新驱动价值，使“指尖上的城市”“掌上办事”等成为移动互联网推动城市数字化发展的代名词。

移动互联网改变城市的基本逻辑是什么？从智能手机的应用功能来看，以指纹识别、语音交互、刷脸认证等为代表的典型功能，取代或简化了依靠打字、鼠标进行账号登录的传统互联网应用模式，进一步降低了不同人群和阶层用户使用互联网的门槛，在数字公共服务获取上进一步实现了均等化与普惠化。移动互联网究竟如何改变城市？从智能手机的拍照、扫码、位置导航、移动支付等功能来看，越来越多的智能应用围绕人在城市生活中的具体场景展开，进一步增强人的视觉、听觉、触觉、肢体等感觉及活动能力，“智能手机成为人体器官”的说法并不为过。

移动互联网对城市的影响深度主要分为3个层次：首先是以微博等社交媒体为支点，感知城市公共舆情，回应公众舆论，实现城市公共部门与市民的在线交互，如在进行“打拐”行动及寻找走失儿童时，将市民发布的关于乞讨儿童的照片汇入公安部门数据库，从而帮助被拐儿童快速找到亲人；其次是以微信公众号、App、小程序为代表的社交平台及应用，通过数据共享、电子签章、电子签名、身份认证等，实现基于移动平台的政务服务产品输出，市民和企业均可便捷实现在线办事，享受政策优惠；最后是政务钉钉、政务微信等，以实现政府内部工作协同为路径，结合城市运行相关算法、数据与平台，对城市决策与治理的流程、应用和效率进行优化，更深层次地从组织体系、权力运行架构等方面进行变革。

移动互联网主要从3个方面推动城市治理与服务势能的提升：首先，移动互联网与智能手机突破了城市空间和时间的限制，在服务场所与服务时段方面进行无边界扩展，使每位市民均可在移动网络覆盖的范围内随时获取稳定可靠的城市服务，使城市治理的触角可以通过网络伸向城市的每个角落；其次，移动互联网使城市服务的供给数量得到了释放与跃升，通过政务服务App、政务服务小程序等数字政务平台，成千上万的城市服务内容可供市民在线选择与参与，原来仅仅依靠线下实体空间提供有限服务的模式逐渐被抛弃；最后，移动互联网的特性与智能手机及其他智能设备构建在线生态的能力，对城市服务的流程与体验进行了优化，移动城市服务产品的轻量化与人性化成为基本标准，用户获得感与服务温度成为移动城市服务的关注焦点。

《2020联合国电子政务调查报告》显示，中国电子政务发展指数从2018年的0.6811提高到2020年的0.7948，排名比2018年提升了20位，升至全球第45位，其中在线政务服务名列第9位。从全球电子政务发展进程来看，由于微信、支付宝等国民级应用参与移动政务服务的深度和能力存在差异，移动互联网不仅是中国与世界其他国家在数字治理发展过程中的分水岭，同时，以“App+小程序”为载体的移动城市服务模式也是中国特色数字治理模式的重要特征。

2019年7月，中共中央党校（国家行政学院）电子政务研究中心发布的《2019移动政务服务发展报告》指出，“App+小程序”成为移动政务服务的主流模式，2019年，全国31个省份已建设31个省级政务服务移动端，在各渠道发布的小程序已达到21个，覆盖了14个地区，覆盖范围主要集中在华东地区和华南地区。这些小程序为本地区群众提供了便捷、高效的移动政务服务，足不出户在多家医院挂号、线上办理出入境旅游证件、掌上办理幼儿园入学手续等已成为数字时代城市服务新常态。基于App与小程序模式，浙江的“浙里办”、广东的“粤省事”、上海的“随申办”、重庆的“渝快办”、安徽的“皖事通”、北京的“北京通”、福建的“闽政通”、山西的“三晋通”等移动应用备受关注。2019年6月，中国政务服务小程序正式上线运行，接入了46个国务院部门、32个地方政府的142万项政务服务指南，用户可在线办理查询、缴费、申领证件等近200项政务服务。

基于移动互联网的城市服务模式不仅成为经济发达城市持续创新与优化市民服务的利器，同时也成为欠发达城市在有限财政条件下合理配置资源与提升城市服务效能的路径。以深圳为例，2019年1月11日，深圳市推出了全市统一政务服务App——“i深圳”（见图5-1），以“市民用一

图5-1 “i深圳”App

个App畅享城市服务”为目标，建设全市统一的移动政务服务平台，全面汇聚政务服务、公共服务和便民服务资源，提供“一屏一账号”线上服务统一入口，实现“一屏智享生活、一号走遍深圳”。上线一年多，“i深圳”App汇聚了7 700项服务、55类电子证照和电子证明，全市95%以上个人事项和70%以上法人事项实现了掌上办理。“i深圳”App逐渐成为24小时自助服务平台。截至2020年9月，深圳市总人口约2 000万，其中常住人口1 300多万，而“i深圳”App累计下载数超1 800万次，注册用户数达1 200万人，累计访问量超10亿人次[1]。从数据使用量可以看出，移动政务服务平台已成为市民和企业获取城市服务的核心通道。

以举债贷款方式兴建楼堂馆所达到刺激经济发展和招商引资的目的，在移动互联网发展趋势下，逐渐被欠发达的中西部城市主动抛弃，移动城市服务平台正成为城市数字治理视野中一个具有杠杆价值与投资效益的标的。以江西省新余市为例，一个只有118万人口的城市，拒绝了2亿元投资兴建大楼的计划，使114万人用上了江西省的掌上政务平台“赣服通”支付宝小程序，使交学费、办医保、分学区等事项均能在手机上轻松办理。2019年6月，“赣服通”新余分厅正式上线，随后新余市政府不断打造“手机上的政务大厅”，基于移动政务服务的供给能力与规模效应，以市民“一次不用跑”或“只跑一次”为原则，将全市1 141项城市服务事项在移动平台上线，一次性涵盖了96%的申请类事项。新余市6万名家长用手机就能为孩子交学费，3.5万名老年人依靠人脸识别认证，不用跑到大厅核验即可在家里收到养老金。原先一个企业办理营业执照需要办100多个许可证，耗时45天，通过“赣服通”新余分厅实行的全国首张“一照含证”后，该项审批只需要3小时。在2020年新冠肺炎疫情肆虐期间，新余市一批企业申请变更经营范围，生产消毒液等产品以支援前线，此类在过去需要半个月时间审批的事项，通过“赣服通”新余分厅，只需不到2小时即可完成。为构建移动政务服务平台的闭环体验，新余市已实现21个市直部门、88类约4 900万条政务信息数据的共享开放，“赣服通”新余分厅电子证照系统共涉及31个单位的102种、193万张电

1 资料来源：深圳新闻网。

子证照[1]。截至2020年9月，“赣服通”新余分厅注册用户达114.5万人，访问量达325.8万人次。

无论是处在产业转型时期的中西部欠发达城市，还是经济发达的超大型城市，移动互联网为所有城市的发展都提供了一次全新的机遇，通过数字化的方式在城市治理与服务的供给模式和体验方式上实现赋能升级，成为所有城市的共同选择。对于财政投资捉襟见肘的城市而言，“被迫”的政务服务数字化在短期内是为了解决资金短缺的问题，长期来看却是提升城市治理与服务能级的战略性选择。对于具有丰厚产业基础与强大数字化投入能力的城市而言，城市治理与服务层面的数字化探索和创新，不仅对孵化数字经济创新模式有积极作用，而且对城市数字治理的先行试错具有重要意义。

政策与实践专栏5-1

深圳城市政务服务平台——“i深圳”App[2]

2019年1月11日，深圳市政府正式对外发布深圳市统一政务服务App——“i深圳”。“i深圳”App汇聚政务服务、公共服务和便民服务资源，致力于为深圳市民与企业提供全方位、一体化掌上服务，实现“一屏智享生活、一号走遍深圳”。作为深圳数字政府建设改革工作推出的重要便民举措，“i深圳”App对纳入权责清单的政务服务事项，按“应进必进”要求全面接入，围绕市民出生、上学、就业、退休、死亡等阶段推出主题服务，覆盖了交通、人才、医疗、住房、教育等领域。

自上线以来，“i深圳”App推出了区块链电子证照、人工智能客服、无感申办、千人千面、秒批服务等创新模块，市民在“i深圳”App可一站式享受社会保障、医疗健康、交通出行、警务

1 资料来源：南昌新闻网。
2 资料来源：深圳商报。

安全、生活缴费、电子证明、游玩预约、文体资讯等与市民息息相关的服务，包括应届毕业生接收、居住证签注和申领、汽车摇号和竞价、乘车码办理、公积金提取、实时公交查询、交通违法查询处理、外地车通行证办理等高频服务，实现让数据“多跑路”、市民“少跑腿”。同时，“i深圳”App也致力于营商环境的优化。例如，为企业提供从注册到经营的全生命周期服务，如政策查询、企业扶持等服务，打造掌上惠企利企平台。此外，“i深圳”App还提供人工智能客服服务，为用户提问提供更精准的解答；通过刷脸精准识别用户，自动调用并填充办理事项表单信息。“i深圳”App的故障自检程序和数据安全管理系统，基于信息安全等级保护三级要求，能够进行全天候、全方位的安全防护和监测预警，及时发现安全漏洞和异常行为，实现安全态势及时感知，全力保障用户的信息安全。

为进一步方便市民和企业办事，优化营商环境，从2020年10月10日起，依托“i深圳”App等一体化政务服务平台，深圳市推出政务服务“免证办”，努力打造无实体卡证城市，首批已实现393项高频电子证照替代实体卡证，包括社会保障卡、居民户口簿、居民身份证、不动产权证、营业执照等，覆盖了90%以上市民与企业日常生活生产所需的证照。目前，“i深圳”App已实现全市95%以上个人事项和70%以上法人事项的掌上办理，创新打造的“免证办”“秒报秒批一体化”“智能客服—聊天即办事”“区块链电子证照应用平台”“千人千面”等服务，以最简的手续、最快的速度、最低的成本，极大地提高了行政审批效率，多措并举落实“最多跑一次”改革，有效提升市民与企业的获得感。政府各部门业务的互联互通和数据的开放共享，更是让深圳这座城市变得更加“善解人意”、有温度。

5.2 大数据与城市运行新能源

知名互联网投资分析师玛丽·米克尔发布的《2018年互联网趋势报告》显示，全球数据量呈现快速增长态势，有望从2005年的0.1ZB增长至2025年的163ZB，年均增长速度将达到36%。数据量的快速增长将带来数据存储、管理、分析、挖掘、应用等系列需求，并对政治、经济、社会发展带来巨大影响，基于大数据的城市基础设施与资源的运行和配置将重塑城市治理与服务模式。

由于大数据的价值与能量在政治、经济、社会、生活等领域逐步释放，将大数据比喻为“石油”“钻石矿”得到了广泛认同。维克·托迈尔-舍恩伯格和肯尼斯克耶在《大数据时代》中提出，大数据具有规模性（Volume）、高速性（Velocity）、多样性（Variety）与价值性（Value）的特征，在实际应用过程中主要表现为数据量大、处理速度快、数据类型繁多及数据价值密度相对较低等特点。在中国特色社会主义市场经济体制内，数据已经成为与劳动、资本、土地、知识、技术、管理等生产要素同等重要的内容，而构建“数据要素市场”也成为面向大数据时代推进治理体系与治理能力现代化发展的重要举措。

大数据在城市治理中的应用不断深入，特别是在交通、安全、旅游等领域。对于城市运行而言，大数据的核心价值主要体现在3个方面：一是城市运行决策优化，通过对城市时空信息平台与运行数据的综合分析，政府部门可提前感知和预判未来一段时间城市的运行态势，通过城市仿真技术对未来发展态势进行大数据模拟，提前针对风险隐患启动城市应急预案，防患于未然；二是城市治理模式精准化，政府部门通过对环保、交通、安防等不同城市场景的大数据“透析”，结合不同空间、时间及不同条线部门的数据，分析城市问题的核心症结，从根本上提出解决方案，做到标本兼治；三是城市服务模式定制化，政府部门可通过城市大数据中心、城市服务平台及城市感知设备等，对目标群体的服务诉求进行精确感知，在不同时间、位置、场景进行个性化服务推送，形成“千人千面”甚至“一人千面”的城市服务供给模式。

从城市本身来看，能否成为中国乃至全球的重要数据枢纽，正在决定一座城市的竞争地位。基于大型互联网平台、数字经济独角兽形成的数据枢纽地位，正在取代传统意义上的码头、车站、机场等物流枢纽，成为城市在人才、产业、治理竞争格局中胜出的重要因素。从中国城市的角度来看，北京、上海、深圳、杭州、广州等城市都拥有全球知名的互联网平台企业，如百度、腾讯、阿里巴巴、拼多多、网易等。致力于推动大数据产业发展的西部城市贵阳，被关注也在于其是苹果、腾讯、阿里巴巴等企业的数据中心托管地。

将大数据运用到城市治理过程，实现对城市运行模式与质量的改进和优化已成为全球共识，在对城市政府数字化转型能力的观测与评价中，能否通过大数据创新城市发展也成为重要考量标准。《2020联合国电子政务调查报告》将杭州与上海作为中国城市数字治理的两个重要案例进行了分析。其中，杭州通过大数据分析进行交通管理，将数以百万计的服务器聚集在超级计算机中，对各种数据点进行分析，并使用专属算法来管理交通信号、优化交通流量。依托数据分析和人工智能，杭州的智能交通系统有助于降低拥堵，减少交通事故和违章事件发生。覆盖杭州全市的摄像头会实时监控交通状况，交通管理系统则从视频画面中识别交通事故和拥堵情况，并整合互联网数据和警报数据，实现对全市交通事件的即时感知和响应。当事故发生时，道路使用者和相关部门会迅速收到警报，交通管理系统还会运用智能车辆调度技术向公安、消防、救援等重要车辆发布综合调度命令并协调交通信号灯，让应急响应车辆畅通无阻地进入应急现场，交通流量也得到了妥善管理。依托大数据平台的交通管理系统使杭州市民的通行速度提高了11%，出行时间减少了10%。不仅如此，杭州还将大数据驱动的城市治理应用到社区管理、老龄人群关怀等领域，比如利用大数据挖掘技术对某一时段内小区进出流量进行分析，以判断该小区是否存在传销、偷窃等情况；通过分析目标老龄人群的家庭用水、用电情况，以及个人出行轨迹，判断其健康状况及是否需要上门帮助。

在《2020联合国电子政务调查报告》中，上海在“地方在线服务指数”排名中名列第9位，在4项细分指标中，上海在“技术”一项上与纽约、伦敦、首尔等城市并列第2位，在“内容”一项上排名第12位，在“服务”一项上排名第10位，在“参与度”一项上排名第15位。上海是中国的超大型城市，需要为超过2 400万居民提供城市公共服务。为了提高城市服务效率和服务水平，上海市政府根据需求，采用了基于数字技术的创新方法，促进政府部门和机构之间的数据共享。通过专用电子政务云中托管的大数据中心，上海可以获得来自50个机构的16 000多个数据来源和140亿个数据点，并提供1 000多种电子服务。在2019年，上海处理了大约5.4亿个数据请求。截至2020年10月，上海的城市级政务服务平台——“随申办”App（见图5-2）对接了上海16个区、200多个街道社区的数据，其业务主要聚焦在15个大类，汇聚了900余项服务事项。在利用大数据提升城市治理精细化方面，上海市长宁区依托区级城市运行管理中心，将消防值班、站点、警情等信息对接共享，通过融合“消防物联网”“历史火灾”“监督执法”“举报投诉”等数据，建立建筑物、单位综合评分模型，并将评分结果和问题项通过城市运行“一网统管”体系推送给政府管理部门，以便政府部门掌握风险预警态势，关注重点隐患。上海市徐汇区则将大数据技术与物联网设备相结合，并将其运用到历史风貌保护中，对建筑物进行实时在线监控，一旦发现违建、安全隐患等，相关数据将被实时传输到后台，并推送到一线工作人员的移动工作桌面上，经工作人员现场确认后再提出具体处置方案。

图5-2 “随申办”App

政策与实践专栏5-2

上海市加快公共数据开放 推进数据价值释放

公共数据不仅包括狭义的政府数据，还包括政府财政保障的社团组织、事业单位及电力、燃气、通信等公用企业事业数据。公共数据作为重要的战略资源，其有效利用可以促进社会经济发展，深化政府管理体制改革，提升政府公共服务能力和治理现代化水平。自《促进大数据发展行动纲要》印发以来，通过公共数据开放释放数据资源价值逐渐成为社会共识，政府公共数据开放成为大势所趋。上海市作为大数据综合试验区，近年来通过加强开放数据治理、完善开放平台功能、推进数据应用创新等措施，在公共数据开放服务探索方面取得了积极效果，为我国推进公共数据开放服务和价值提供积累了有益经验。

一、公共数据开放管理精细化水平不断提升

上海市确立了标准引领、规范采集、全程治理的公共数据开放推进原则。一是健全法规体系，2019年出台全国首部专门针对公共数据开放的地方政府规章《上海市公共数据开放暂行办法》，为公共数据开放提供制度依据；二是出台政策文件，印发《上海市加快推进数据治理促进公共数据应用实施方案》等规范性文件，将公共数据开放工作纳入《关于进一步加快本市智慧城市建设的若干意见》统筹考虑，为公共数据开放工作推进提供工作依据；三是完善标准规范，建立公共数据标准化技术委员会，发布《上海市公共数据开放分级分类指南》，为数据开放提供制度依据和精细化分类管理的规范标准。

二、公共数据开放力度和质量持续提升

以平台为依托推进公共数据集中开放。上海市公共数据开放平台是国内最早上线的政府公共数据开放平台，于2012年上半年开通，2019年11月改版上线，截至2020年6月15日，该平台已开放98个数据部门、3 653个数据集、35 762个数据项、98 764 623条数据，在《中国地方政府数据开放报告》中连续3年省级综合排名中居全国第一位。为积极推进与民生紧密相关、社会需求迫切的数据优先开放，上海市数据开放平台通过需求调查、调研问卷等方式，鼓励数据需求方反馈需求，还为数据使用方提供需求申请、意见反馈等互动方式，让他们可对数据开放范围提出意见和建议。

公共数据开放安全保障和隐私保护方式不断创新。目前，上海市公共数据开放平台已提供安全沙箱服务，面向多种应用场景，在不转移数据所有权和控制权、脱密脱敏和确保安全的情况

下，向相关企业有条件地开放公共数据资源，为企业开发产品、创新应用提供无偿和精准的数据供给。安全计算沙箱是上海市公共数据开放平台解决数据流通安全问题的可行方式之一，其核心价值在于解决数据开放主体与数据利用主体之间的数据互信使用、安全合规流通、数据价值赋能等问题。安全计算沙箱以“逻辑封闭，进出审计，内部自由”为特点，进一步降低数据分析挖掘门槛。

三、公共数据开放价值得到有效释放

通过举办开放数据创新应用大赛，促进公共数据开放和深度利用。SODA上海开放数据创新应用大赛是国内第一个大规模的政府数据开放创新大赛，按照“数据众筹、应用众包、问题众治”理念，每年聚焦不同的应用主题，在全球范围内征集基于开放数据的大数据创新应用解决方案，鼓励和支持参赛者充分利用上海市政府数据服务网开放的相关数据及参赛团队自有数据，以多元数据融合模式形成应用解决方案参加比赛，通过推进政企数据融合应用、聚焦城市应用问题、打造开放数据生态链、推进赛事系列化等方式，有效带动更多高价值数据开放，落地了一批符合地域实际、具有行业特色的产业成果。

以场景化应用需求驱动跨部门公共数据开放，数据开放质量和效果显著提升。上海市为加强大数据产业数据资源要素支撑，围绕金融、医疗、交通等社会热点领域，大胆开展数据开放创新试验，通过构建在线数据流通交易平台，支撑政府数据开放、政企数据交换及企业间数据交易，推动数据产品和解决方案研发。在普惠金融领域，上海市科学技术委员会、人力资源社会保障局、规划和自然资源局、生态环境局、住房和城乡建设管理委员会、市场监督管理局、税务局、高级人民法院8家数据提供部门签署了《授权委托书》，提供与普惠金融相关度较高的300多个数据项，提供纳税、社保缴纳、住房公积金、市场监管、发明专利、科创企业认定、环保处罚、商标、司法判决等信息，其中，社保缴纳、住房公积金、科创企业认定、发明专利等有关数据首次向商业银行开放。中国建设银行上海市分行、中国交通银行上海市分行、浦发银行上海分行、上海银行4家试点银行已基于首批开放的300多个数据项，积极开发了“沪惠贷”“数据e贷”“浦发数聚贷”“沪信优贷”等创新型信贷产品。这些产品普遍具备线上申请便捷、审核快速高效、信用贷款比重较高、贷款成本较优等特点，在做精做优小微企业金融服务的同时，进一步延伸普惠金融服务触角，服务更多有融资需求的小微企业，充分释放公共数据资源开放的大数据红利，切实提升金融服务实体经济质效。

5.3 物联网与城市感觉系统

得益于5G网络在中国的迅猛发展，2020年年底，中国的物联网设备数量达到42亿个，占全球的1/3[1]。Transforma Insights发布的一项研究显示，截至2019年年底，全球活跃的物联网设备数量为76亿个，到2030年将增长到241亿个，复合年增长率为11%。物联网设备在交通、教育、公安、消防、园区等场景的应用越来越普遍，声音、温度、重量、速度等传感器在智能设备中的大规模应用，使智能手机、智能眼镜、智能汽车等逐步化身为智能计算平台，成为万物互联中的数据生命体。从信息与信息的连接、人与人的连接，到人与物的连接、物与物的连接，这正是万物互联时代的内涵。

1 资料来源：北京日报。

2018年，物联网之父凯文·阿什顿在中国的一次演讲中表示，物联网技术可以说是一个由中国引领的革命性技术。2009年8月，“物联网”一词诞生于无锡的一个高新区实验室，随后得到了技术界、产业界及学术界的广泛关注。相较于互联网的规模效应与商业模式，物联网本质上属于一个植根于“利基市场”的区域性、行业性应用，比如最开始被关注的食品安全溯源、环保水质监测等均是小范围的试点示范应用，由于当时商业模式不清晰，投入产出比悬殊，移动互联网、云计算、大数据、人工智能等技术尚未成熟，直至2018年左右，智能物联网才越来越多地出现在城市治理与服务领域，并在应用场景、运营模式及商业模式上逐步成熟。

物联网作为实现城市部件、资源、设施在线和连接的城市感觉系统，对城市治理的创新主要体现在3个方面。一是城市基础设施的智能化升级。在传统城市管理范畴内，对城市部件、设施及空间的管理大多依靠人力巡逻与现场查看，而物联网可通过在不同城市安装符合当地管理需求的传感器设备，以及对监测目标的实时动向监测、数据采集与分析，进行及时准确的预测和判断，以确定城市基础设施的运行状态，判断是否需要维护或更新。二是物联网可以优化城市运行成本与秩序。通过物联网平台与设备对城市水、电、煤气等能源的远程监测与控制，可定时记录与观测城市能源损耗状态，精准控制目标区域的能源浪费，遇有城市大型活动及突发紧急情况时，可通过电力供给进行线路优化与远程调度。三是物联网将进一步延伸城市治理的能力，对于工作人员无法抵达的区域和空间实现近距离触达，如无人机可以监测目标绿地、河道、森林等的生态保护状况，可替代工作人员进入危险区域进行作业。

无锡市作为物联网在中国的首倡城市，在诸多应用场景进行了率先测试。如在城市公共交通治理方面，无锡市推动了车联网技术V2I（汽车与基础设施互联）的应用场景落地，率先使用智能信号灯（见图5-3）、智能网联诱导屏（见图5-4）等设备。无锡市打造了一套“公交优先系统”，让全市的红绿灯信号互联互通，当公交车进入车道后，信号灯下的显示屏将显示车牌号和“公交信号优先”字样。通过让车与车“对话”、车与路“沟通”，公交车实现一路绿灯畅行。无锡市是中国首个获批创建的国家级车联网先导区，打造出基于“人—车—路—云”系统的城市智慧交通体系，改善了市民的交通出行体验。2019年年底，车联网覆盖区域从无锡主城区和太湖新城的240个交叉路口扩展到400个交叉路口，覆盖面积从170平方千米扩展到260平方千米。

图5-3 智能信号灯

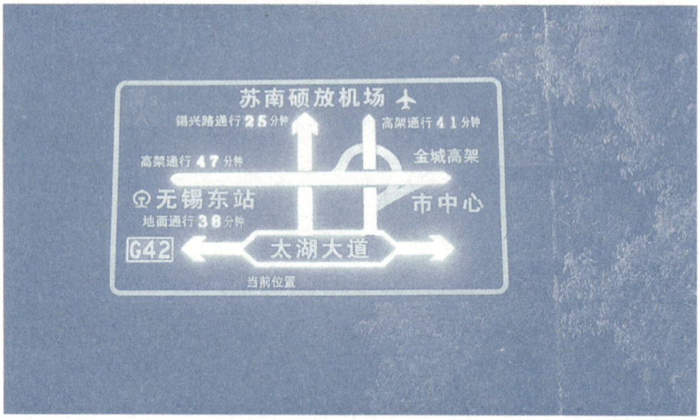

图5-4 智能网联诱导屏

2020年10月21日，上海市域物联网运营中心正式启用。作为全国首家正式启用的市域物联网运营中心，该运营中心致力于解决分散建设、运维管理不到位，数据非全量、共享不到位等问题，以政府和社会的合力，统筹上海全市物联感知基础设施的有序建设和智慧运维，为城市生命体征提供实时感知数据，并推动物联数据与公共数据、社会数据融合，丰富城市运行管理的神经元体系，更好地支撑“一网统管”。第一批近百类超过510万个可共享数据的物联感知设备纳入上海市域物联网运营中心，每日产生的数据超过3 400万条。该运营中心实现了对上海南京东路步行街店招店牌全覆盖的安全监测，每天产生的数据记录约为5.6万条。该运营中心在收集店招店牌自身基础数据的同时，结合智能监测传感器获取的店招店牌的健康状态信息，将这些信息上传到云端进行存储和分析处理，每块店招店牌都拥有了自己的“名片”及“心电图”。一旦店铺发生状况，预警信息将在第一时间以多种方式推送给管理部门及相关负责人，并自动形成工单进行跟踪，直到预警事件处理完成，从而实现“提前预警、及时告知、疾速处理”的核心目标。此外，位于上海浦东新区的物联网平台部署了多种前端物联感知设备，将管理和服务的触角延伸至千家万户。物联感知设备不仅可以实时监测消防车道占用情况，实现警报精准推送、处置流程全程监管，还可以远程实时监控小区安全情况，如果有电瓶车进入楼道或居民区过道，小区物业就会收到警报，相关人员便前来劝阻。浦东新区已经安装了烟感、燃气、水质监测、电瓶车、地磁等29类、58 431个涉及民生服务、公共安全的物联感知设备，有了物联感知设备的守护，城市的运行管理变得更为高效。

此外，物联网在城市新兴业态治理方面也体现出独有的能力与效果。2017—2018年，共享单车作为共享经济领域备受追捧的投资对象在全球城市落地开花，在市场竞争最为激烈的时期，曾有超过20家共享单车运营商入局，而大部分共享单车公司均采用了传感器车锁技术，管理人员可以在运营后台清晰地看到每辆车的运行状态、位置。而在中国东部和南部的一些城市中，曾出现过多家共享单车公司因为竞争而超量投放共享单车的现象，在单位区域内投放超过城市需求和承载能力的共享单车，不仅没有纾解和方便城市公共出行，反而造成了拥堵和治理混乱。城市管理部门则可以通过监测城市道路、地铁站、停车点等重点区域的共享单车投放情况，以及约谈和调取共享单车运营方的实时投放数据，透过物联网监测数据清晰地了解当前城市的单车投放情况，并由此提出整改要求。

物联网技术对于城市的核心价值在于它提升了城市在数据空间的存在感，并在物理应用价值层面附加了基于传感设备的比特意义，城市治理由原先静止的、非主动的状态，转化为流动的、可交流的状态。物联网在城市治理与服务中的广泛应用，并不代表人对城市控制能力的增强，而是意味着人与城市交流和互动能力的提升。物联网成为人与城市沟通的新纽带和“编译器”。

政策与实践专栏5-3

上海出租车化身“PM2.5移动监测站”实时监测空气质量

一般来说，PM2.5数据来源于政府设立的环境质量监测站。这些监测站有固定的位置，且数量较少。以上海为例，6 340平方千米的土地上只有10个国控监测站、16个市控区级监测站。

为增加监测点覆盖的街区和社区、提高监测实时性，同济大学谭洪卫教授团队提出构建无人机载、车载、固定点三位一体的城市空气环境空间监测网络，将监测设备装在出租车顶灯里，这样监测高度与行人呼吸范围相近，到处跑的出租车也能将探测仪带进大街小巷、带到市民身边。

据了解，出租车上的车载城市空气监测设备基于激光检测原理，安装在出租车顶灯上，克服了高温、高速、振动、风扰、雨雪等恶劣环境因素的影响，可以同时监测PM2.5和PM10两项指标，实时传输监测位置和监测数据，成功实现了大气污染监测从固定点监测到全路网监测的转变。首批30台出租车于2017年12月正式在上海运行，基于出租车24小时运营的特性，每台出租车一天能产生约2.7万条数据，覆盖了98%的城市核心区域道路。

利用出租车这个移动监测站，政府部门每天积累大量的城市地面空气环境数据，为城市精细化管理提供技术支撑。如在建筑工地附近，或在工厂区、餐饮街区等区域，环保部门能够及时监测PM2.5数据，并以此为依据，及时加强对相应区域空气环境质量的监管或采取相应对策。

5.4 人工智能与城市自我进化

近年来，学术界与投资界之外的公众对人工智能的认识主要体现在两个方面：一是对“机器人是否会取代人”的讨论使人们对劳动价值及人存在的意义产生了一种普遍性的社会焦虑；二是被用于智能设备及公共场所的刷脸技术在为人们带来便利的同时，也带来了技术伦理与城市治理规则之间的博弈。

人工智能对城市治理与服务的影响正在不断发酵。一方面，它在保障城市安全、打击犯罪方面呈现出了前所未有的效果，据媒体报道，2018年4—12月，警方在张学友的演唱会上抓获犯罪嫌疑人及在逃人员约60名，使张学友获得了“罪犯克星”的称号，而其背后的技术支撑则是演唱会安检设备的人脸识别系统[1]；另一方面，在基层社区治理与城市服务中，人工智能则呈现出过犹不及的局面，2019年，因不愿意使用人脸识别技术，浙江理工大学特聘副教授郭某作为消费者将杭州野生动物世界告上了法庭，该案成为中国国内消费者起诉商家的“中国人脸识别第一案”。清华大学法学院教授劳某面对“不刷脸不让进小区”的情况对物业公司和居委会明确表达了反对意见。2020年10月1日，新版《信息安全技术　个人信息安全规范》实施，该文件要求，在收集人脸、指纹等个人生物识别信息前，应单独向个人信息主体告知收集、使用个人生物识别信息的目的、方式和范

1 资料来源：新京报。

围及存储时间等规则，并征得个人信息主体的同意。《杭州市物业管理条例（修订草案）》也提出禁止强制业主通过指纹、人脸识别等生物信息方式进入小区，该管理条例将成为我国首部明确规定人脸识别禁止性条款的地方性法规[1]。由此可见，人工智能赋能城市运行发展的法律体系、制度伦理与社会意识正在不断建立。

著名会计师事务所德勤认为，人工智能在提升政府治理能力方面主要具有解放（释放）、分解、取代以及增强并延伸四大价值。首先，解放主要指的是让人工智能技术承担常规的工作，让人去做更有价值的工作。政府把重点放在减少人员积压或将工人转移到价值更高的工作中去。例如，一个自动化的工程规划系统每周能为香港地铁系统的专家节省两天时间，让他们全身心地投入需要人际交流的更困难的工作中。其次，分解主要指把工作分解成多个步骤或进行碎片化处理，尽可能多地将工作自动化，让人做其余的工作，或者监督自动化机器工作。机器翻译和专业翻译人员“审核”就是一个例子。解放和分解之间的区别在于，后者给计算机的所有任务并不都是常规的。再次，取代主要指通过人工智能技术完成曾由人执行的一整套工作，这些工作主要是重复任务、遵循简单规则的决策及结果有限的工作。最后，增强并延伸主要指人工智能可以补充工人技能，让人的工作更高效，而这也正是人对人工智能的愿景：结合人和计算机的优势，实现更快更好的结果——人们能够完成之前根本无法完成的事情。当技术增强时，人们仍然“坐在驾驶座上”[2]。

对人工智能创新城市治理与服务的具体路径而言，结合当前城市在具体场景中的应用需求，人工智能主要包括七大应用功能。一是智能搜索。智能搜索基于智能语义分析、用户画像与事项之间的关联关系，结合政务大数据和实名认证，为人们提供办事搜索服务，人们在查询所需内容时，无须跳转页面，无须输入个人基本信息，即可实现所搜即所办。同时，根据查询内容，智能搜索还能够提供搜索推荐、搜索纠错等服务，解决

1 资料来源：中国经济网。
2 资料来源：德勤，《人工智能增强政府治理——利用认知技术重新设计公共服务》。

人们网上办事“找不到”的痛点问题。二是智能问答。智能问答通过智能语音技术、对话理解和场景式上下文联想，依靠智能知识库和意图理解推测能力，准确识别用户真实需求，通过“一问一答”的方式精准定位具体页面，提供真正了解用户的智能助手。三是智能办理。智能办理借助政务大数据、电子证照、电子云签等技术，以服务对象为中心，以“一次都不跑”为目标，为人们提供办事资格预审、办事“零填报”、网上签名、智能推荐等服务，实现全流程网办，解决政务服务线上申请、线下提交的堵点问题。四是智能受理。智能受理借助政务大数据、OCR识别等技术，基于业务受理场景，为窗口受理人员提供无差别全科综合受理、审查点自动提醒和材料瑕疵点自动检测服务，解决一窗综合受理“落实难”问题。五是智慧审批。智慧审批以政务大数据共享交换为基础，借助图像识别、自然语言理解等技术，在申请人提交申请信息后，按照既定规则，通过数据共享、实时比对核验申请信息，自动做出审批决定，并将审批结果及时告知申请人，实现无人工干预智能审批。六是智能检测。智能检测利用自然语言理解、上下文关联分析，对事项设立依据的法律法规等进行语义分析、关键要素提取，并进行清单要素的智能核验、问题预警、及时修正。七是智能监察。智能监察建立智能评估指标体系，利用多方评估对服务进行综合评价，并结合大数据监察技术，充分利用红黄牌制度，促进部门不断提升政务服务供给质量，提升政务服务效能，并通过多维图表展示各级政务服务能力。人工智能在城市运行过程中已覆盖从市民交互咨询到办事结果督查的全流程。

人工智能在城市治理与服务的流程、体验及创新上正在改变城市的治理模式和服务供给方式。首先，通过对城市治理和服务流程的标签化设置与优化，人工智能能够定点清除涉及公众办事的“难点”“堵点”“痛点”，打造最优的治理路径与审批链条，快速提升治理效能与市民获得感。其次，人工智能面向特定城市人群创新城市服务的供给方式，通过远程检测、身份验证、即时互动等方式，针对养老金提取、低保领取等事项，综合运用虚拟现实、物联网等技术，提供全息化、沉浸式服务。最后，人工智能能够提升城市应对灾害与风险的能力，如通过对城市服务平台的海量用户行为与服务数据进行沉淀，利用算法构建与机器学习，针对特定区域、人群、服务，如高考、春运、台风等，逐渐形成一套城市治理与应急模型。

人工智能已在不同程度上以不同方式应用于城市治理与服务。例如，在智能问答方面，贵州省网上政务大厅智能问答机器人“贵博士”（见图5-5）是一个集智能咨询、检索和推荐等功能于一体的智能系统，可以为用户提供全天候的无人智能服务。在城市政务服务领域，目前全国已经有40余座城市启动了“刷脸政务”，覆盖范围包括商事登记、交通罚单缴纳、公积金查询、个税申报、社会保障等。例如，广州市率先在公安部第一研究所“互联网+可信身份认证”服务平台的基础上，通过活体人像采集等生物特征识别技术进行个人领取养老金资格认证，真正实现“足不出户办成所有事”，有效提升办事效率和公众满意度[1]。在城市公众舆情的感知与检测方面，湖州市公安局自主研发了“精确警务制导民意预警预期预判系统”，其运行机制如图5-6所示，实现了“民意大数据”高度集成化，“民意云平台”精度智能化与“民意移动互联”深度共享化，目前该系统已

图5-5 “贵博士”智能问答

1 资料来源：《2017移动政务服务报告发布 人工智能大数据优化服务体验》，人民网，2017年11月。

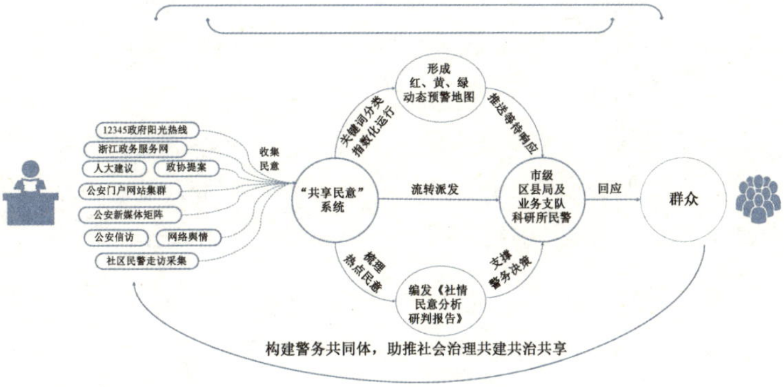

图5-6 湖州“精确警务制导民意预警预期预判系统”运行机制

汇集来自10余种民意渠道的“民意大数据”，打破了互联网与公安网的信息壁垒，入库数据已达100余万条。此外，人工智能被用于国土监察领域，通过采取高分辨率卫星图像和深度学习算法相结合的方式，实现对城市土地资源的实时监管[1]。

通过算法模型构建、数据喂养及机器学习自我训练，人工智能与城市发展本质上是一个共同进化的过程，人工智能不断优化城市治理与服务，城市运行的行为数据也将不断反哺和提升人工智能机器决策的准确性与合理性。人工智能在围绕服务对象精准提供服务的同时，需要依靠法律制度与标准规范的建立，杜绝来自机器的数据歧视及有碍社会公平的行为。

政策与实践专栏5-4

广州人工智能审批商事登记

2017年10月10日，广州市工商局正式启动“人工智能+机器人”全程电子化商事登记，并上线全程电子化商事登记系统。第

1 资料来源：《人工智能接管卫星做国土监察》，搜狐网，2017年11月。

一批上线系统在市工商局，越秀区、海珠区、天河区、黄浦区、南沙区，以及中国农业银行、广州农商银行网点试运行，并于2017年12月在全市范围推展。2017年12月28日，该系统全面上线，中国建设银行广东省分行发出第一张“人工智能+机器人”全程电子化商事登记营业执照。全程电子化商事登记办理包括信息填报、数字签名、智能审核、自助领照4个环节。

第一个环节，信息填报。申请人如未在广州红盾信息网注册，应当先注册，填写姓名、身份证号码后，系统将自动对接公安部身份信息平台进行身份核验。已注册的申请人，可通过计算机终端或智能申报机器人进入“全程电子化商事登记系统”填报经营场所地址、人员、经营范围等相关信息，系统将自动生成标准化申请材料（包括标准化表单、标准化公司章程、标准化股东会决议等），并提示申请人进行确认。

第二个环节，数字签名。申请人确认申请材料无误后，在系统中发起签名流程，须签名人员收到系统提示信息后，可以选择手机人脸识别或银行U盾等数字证书方式进行签名。申请人确认所有须签名人员的签名结果后，将申请材料提交工商部门审核。对于无法进行数字签名，需要手写签名的，申请人可以使用系统智能化电子表单填写申报资料，将生成的标准化申请材料打印成纸质文件，交给须签名人员手写签名后，通过政务大厅窗口或网上登记的方式提交工商部门审核。“线上转线下”的办理模式真正实现了“线上线下一体化”。

第三个环节，智能审核。全程电子化审核环节分为智能审核和人工审核。对于标准化业务事项，系统即时审核通过；对于非标准化业务事项，由工商部门进行人工审核。新设立商事主体的审核时限为1个工作日，变更、注销等业务的审核时限为3个工作日。

第四个环节，自助领照。使用全程电子化系统登记的申请人，可以通过智能发照机器人、邮政快递、政务大厅窗口3种方式领取营业执照，也可以在广州红盾信息网上下载“公示版电子营业执照”。智能发照机器人设置在各政务大厅、部分银行网点，免费提供申请人自助打印、领取执照等服务；选择邮政快递的申请人可以获悉配送进度情况；政务大厅窗口为不熟悉全程电子化商事登记的申请人提供领照服务。

“人工智能+机器人”的商事登记无人审批模式在全国尚属首创，实现了智能审核、即时办理。人脸识别签名、智能地址比对、智能推荐经营范围等技术，也是目前国内独有的设计，尤其是以公安部第一研究所可信网上身份认证技术为依托的人脸识别签名功能，在全国首次实现了企业注册登记在移动终端上的无介质数字签名。

5.5 区块链与城市信用体系

区块链是由密码学、数学和计算机科学等多种科学技术交叉融合形成的新技术，并且是加密算法、分布式数据存储和共识机制等技术在互联网发展环境中的创新应用。通俗地讲，人们可以把区块链形象地理解为一个由多方参与“记账、监管”的“共享账本”，但是这个“账本”是一个利用多中心点对点传输、共识机制和加密算法等技术，实现全程留痕、不可篡改、可以追溯、公开透明、集体维护目标的有顺序时间戳的“账本”。目前，面向行业的数据上链正处于区块链市场爆发的前夜。

区块链的本质是以一种全新的信用分发管理机制重建一套社会治理与运作结构的技术。国内多个省份在2020年《政府工作报告》中提到了区块链和政务服务相关的关键词（见表5-1），这也体现出各省级政府部门对将区块链应用于政务服务的态度。对应用模式与场景角度而言，区块链被“忌惮”与“敌视”的原因在于，它很可能以一种“原生信用”的模式取代现代国家机器创造的信用体系，如“代币经济”；而区块链受到欢迎与追捧的原因在于，它以不可篡改的多节点信用管理机制弥补了现有信用体系的脆弱性，成为修复现行国家证照体系与数据管理体系的“安全外挂”，让人在数字空间对自身数据的掌控力度达到“按需收支”的状态，而这恰恰是数字社会得以持续前行的基石。

表5-1　部分省份2020年《政府工作报告》中区块链和政务服务相关的关键词摘选

序号	省份	关键词	序号	省份	关键词
1	北京市	区块链、“秒批”“无感审批”、政务信息资源共享和业务协同、人工智能开源开放创新平台：“AI＋医疗”“AI＋政务”	15	湖北省	大数据、云计算、物联网、区块链
2	天津市	人工智能、大数据、区块链、智慧精细管理、强化信息归集和数据共享	16	湖南省	移动互联网、云计算、区块链、物联网、数据共享、“互联网+政务服务”
3	河北省	人工智能、区块链、“互联网+政务服务”	17	广西壮族自治区	人工智能、物联网、大数据、区块链、政务服务“简易办”、一表申请、承诺审批、政务数据治理和共享开放
4	山西省	“区块链+产业”、政务信息系统“云化”部署、政务数据“全归集、全对接、全打通、全共享”	18	海南省	大数据、云计算、人工智能、区块链，政务信息及时公开、共享

续表

序号	省份	关键词	序号	省份	关键词
5	内蒙古自治区	5G通信应用、大数据、区块链、物联网、人工智能、政务信息资源共享、一网通办、异地可办	19	重庆市	智能中枢、AI计算、区块链，政务信息系统迁移上云，政务数据“聚通用”
6	辽宁省	5G通信网络，人工智能，物联网，大数据，区块链，整治政务服务难点、痛点、堵点	20	四川省	区块链、大数据、人工智能、工业互联网、5G网络应用，整合数据资源，聚力打通“信息孤岛”
7	吉林省	区块链+社会信用/农产品溯源/供应链管理，流程革命性再造，让事项减量、审批简化、证明减少、环节压缩	21	贵州省	大数据、云计算、区块链、人工智能、物联网、一网通办
8	上海市	物联网、大数据、人工智能、区块链、政务服务“一网通办”、政务服务线上线下融合	22	云南省	5G网络、数据中心、区块链技术云平台、人工智能、工业互联网、物联网、“一部手机”“刷脸就行”“亮码扫码”、政府数据开放共享
9	江苏省	人工智能、大数据、区块链、“证照分离”“互联网+政务服务”“不见面审批”	23	西藏自治区	信息和数字技术、“互联网+政务服务”“一网一门一次”服务、电子证照
10	浙江省	掌上办事、掌上办公、“互联网+政务服务”、监管、督查、整体政府	24	陕西省	区块链、政务服务事项网上办理，实现“一扇门、一张网、一次办”
11	福建省	大数据、人工智能、区块链、链上政务	25	甘肃省	拓展区块链在有色金属、文化旅游、通道物流、知识产权等领域的应用场景；“智慧政务”

续表

序号	省份	关键词	序号	省份	关键词
12	江西省	“区块链+无证通办”	26	青海省	物联网、云计算、大数据、区块链、人工智能、“一网通办、一事通办”、投资“审批破冰”工程：并联审批、不见面审批、平台之外无审批
13	山东省	金融科技、电子政务、社会治理等领域，加速场景应用：政务服务“一网通办”、政务大厅“一窗受理”、民生服务“一链办理”	27	宁夏回族自治区	人工智能、物联网、区块链、“一窗全办、一网通办、容缺先办”、政务数据开放共享
14	河南省	业务办理全程电子化、政务服务标准化和政务流程再造、服务“一网通办”、治理“一网统管”			

区块链对城市治理与服务的影响正在逐渐显露，其背景与基础主要体现在3个方面：一是互联网的发展推动了数字空间从信息传递向价值传递转移，从信息互联向价值互联迈进；二是随着互联网应用渗透到社会生活的方方面面，个人隐私保护需求逐渐攀升，传输数据的开放规则、共享机制及价值认定推动了区块链的应用；三是用户的服务体验创新需求加速提升，如在政务服务的“一网通办”“免证办”等方面，区块链为个人数据与资料共享提供支撑。

作为数字时代的新型基础设施，区块链正在对数字资产进行重新定义，同时深度嵌入城市生产、生活及各种运行场景，在金融服务（资产管理、供应链金融）、产品溯源（防伪溯源、物流溯源）、政务民生（便民服务、社会公益、发票/票据）和鉴证确权（公民财产、数字版权）等领域大显身手，加速相关领域的产业逻辑变革。区块链介入城市治理与服务的核心领域主要包括4个方面（见图5-7）。一是公民个人身份验证，即

“证明我是我”。在城市服务办理过程中，为了保证公民信息的安全，用户经常会遇到需要重复提供身份证明的情况。区块链可以有效解决用户个人身份跨平台验证问题，公民将个人证件、证明文件甚至各种公共行为记录写入区块链系统，区块链系统利用加密技术及全网共识机制形成“数字身份证”，用户不必依赖特定的机构验证个人身份的真实性，而是通过区块链网络数据库中的多方验证方式进行个人身份证明。由于数据库的不可篡改性，一旦身份写入，只能够添加新信息，原有记录不能改动。因此，当公民在办理政务服务时，不再需要从各种机构获取证明材料。政府部门在各项服务流程中，也不再需要对用户身份的真实性进行反复核实[1]。用户可直接将区块链系统中包含个人信息的数据接口授权给业务办理部门，业务办理部门就可以通过接口调用数据进行核实。二是简化城市政务审批流程，即通过智能合约技术实现智能触发与快速审批。区块链利用去中心化信任机制，将个人身份信息录入系统，进行个人身份验证，还可结合生物识别技术，如人脸识别、指纹识别等完善个人信息，保证个人信息的真实性。区块链将系统审批资料电子化，利用智能合约技术，将审批条件写入合约，若资料符合审批条件则触发合约，实现自动审批；若资料不符合审批条件则直接返回用户处进行数据补充，直到资料符合审批条件为止。这样可以减少人为参与审批流程可能出现的操作失误，节省人力，提高审批效率。工作人员还可以加入数字签名技术，进一步保证审批流程的可靠性。审批后的文件作为电子档案直接存入区块链数据库，成为数据共享的一部分，供各个部门查考。利用区块链平台进行政务审批，大大简化了审批流程，可实现跨部门、跨城市的政务审批，可有效打通各机构间的信息壁垒，实现各机构的横向联动。三是实现社会信用监管，即建立市民和企业信用档案，实现信用服务与信用监管。区块链以其特有的共识机制及不可篡改性对商业交易、生产流程、个人信用等多方面进行监管。每个组织和个人都可以被看作一个信用资源的拥有者，当他们在政府构建的区块链平台上进行商业交易、生产活动及个人社会活动时，产生的数据都会被写入系统，该数据不可篡改，并进行全网实时更新，因此，信息造假的难度

1 资料来源：孙毅、范灵俊、洪学海，《区块链技术发展及应用：现状与挑战》，中国工程科学，2018年第2期。

将大大提高。这种监督体系建成后，信用资源拥有者都会非常珍惜自己的信用评级。四是推进城市政务信息公开。政府信息公开的关键是信息的完整性和可靠性，这可由区块链具有的不可篡改性来保证。政府作为社会治理的主体，将其管理过程及产生的信息公开给公众查阅利用，可以增强公众对政府的信任。区块链特有的以时间戳为顺序的链式结构可以检验每笔数据记录的完整性和真实性，并追溯审批流程，明确责任人，形成无法伪造的证据，从而更易于举证与追责，避免政府部门“踢皮球”。区块链系统中的每次操作都有迹可循，每次操作记录又形成新的数据[1]。区块链给政务信息公开提供了更便捷的数据收集方法，保证了信息的完整性和真实性，不仅能够满足公众的知情权，还可以发挥对政府的监督作用。

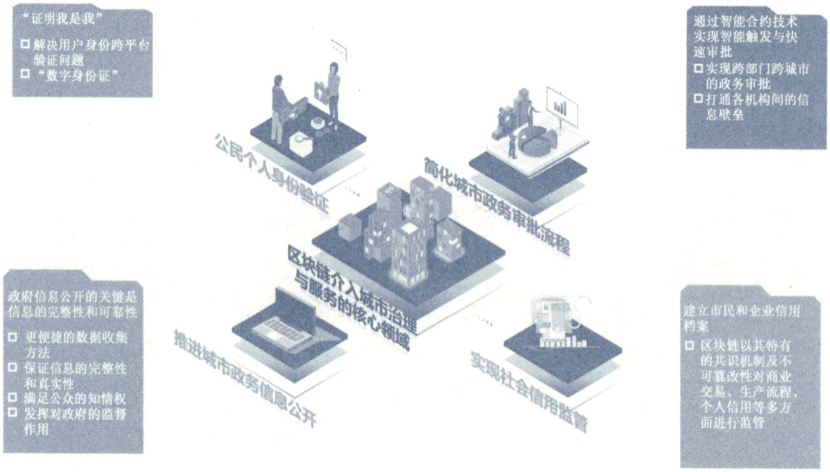

图5-7　区块链介入城市治理与服务的核心领域

2016年10月，工业和信息化部发布的《中国区块链技术和应用发展白皮书（2016）》对区块链技术的现状、应用及趋势前景进行了分析和判断。各地方政府在通过区块链创新管理模式、探索政务服务新途径、提升用户体验等方面做出了诸多尝试。例如，佛山市禅城区推出了区块链电子政务服务平台，在“一门式”政务平台的基础上，为了进一步推进电子政

1 资料来源：赵鹞，《区块链技术在金融行业应用研究》，武汉金融，2018年。

务服务的现代化治理，禅城区政府推出“智信城市”计划，与大数据公司联手打造基于区块链的电子政务服务平台。电子政务服务平台通过联动IMI身份认证平台进行用户身份认证，打造全新的个人信用身份认证体系。IMI身份认证平台以区块链为底层技术之一，以政府现场实名认证作背书，为用户提供个人身份认证。当市民办理业务时，该平台会自动匹配相关信息，确定办理人员是否满足办理条件，如果满足，就由系统自动将材料提交给相应部门进行办理。该平台可以满足用户日常订餐、家政、培训等多种需求，而且IMI身份认证平台不仅录入了用户信息，服务人员的个人信息、健康状况也都写入链上，这就使用户在选择服务的时候，可以进行查询选择。一旦出现意外情况，相关部门可以利用链上数据进行溯源追责，因此，个人安全和服务质量都能得到保证。

河北省雄安新区则将区块链技术应用于项目管理平台上。2017年4月，雄安新区成立，区政府提出了“链上雄安”的发展理念，并打造了雄安区块链项目管理平台，能够实现雄安新区在建设过程中的合同备案、资金管控、工程进度查询及工资发放等多项功能。该平台能够实现政府对企业、企业对企业、企业对个人等多种类型的服务，将合同上传至系统永久备案，避免责任推诿、抵赖钱款的行为。每项工程的建设资质、人员构成、施工情况、工程进度都记录在链上，便于政府监管。该平台直接与银行对接，所有的资金流信息全部上链，企业间打款和工资发放等流程能够避免以往信息不对称的情况，以及资金挪用、延缓发放的情况。雄安集团为解决劳动者欠薪难题，利用雄安区块链项目管理平台，从技术、管理、制度等多方面保证劳动者权益。劳动者在该平台上运用智能合约功能签订劳动合同，将自己的信息写入平台后，每笔工资收入都有明确的时间、金额，一目了然。企业也需要在平台上添加自己的信息，并缴纳保障金，一旦达到触发智能合约的时间条件后，便会自动将账户中的保障金转入各个劳动者账户中。同时，收集相关信息也便于政府对企业及劳动者进行管理。

贵阳市红云社区则将区块链技术应用于扶贫助困领域。贵阳市医疗助困系统主要为低保户、医疗救助户、临时救助户及残障人士发放低保金、残障人士补贴及救助款。整个系统以区块链为底层技术，打造基础区块链平台[1]。在相关身份基本信息存证模块中，政府服务人员录入需救助群体的基本信息，利用区块链系统的不可篡改性保证数据的真实性并将数据长期保存。每个用户都有唯一的身份凭证，这可以有效避免弱势群体的救助金被他人盗领情况的发生。而在相关人员信息管理模块中，政府服务人员可以对用户的身份进行识别和管理，并监督整个系统的运行情况（见图5-8）。在资金使用情况管理模块中，由于对接了扶贫基金的发放系统，政府服务人员能够识别困难群众的贫困程度，按照等级发放救助款。每笔资金的来源流向都公开透明，用户可以在数据展示模块中进行查询。整个过程责任明确、数据公开，工作效率大大提升，有效避免了账目不清、真正困难的群体得不到补助的情况，真正做到安全可控、以民为本。

图5-8　相关人员信息管理模块的信息展示页

1 资料来源：鲜京宸，《我国金融业未来转型发展的重要方向：“区块链+”》，南方金融，2016年。

政策与实践专栏5-5

温州市推出“个人数据宝”

2019年10月，温州市在全国首创推出个人数据向本人开放的应用“个人数据宝”。“个人数据宝”把涉及政务服务、金融服务、健康服务等领域的30余项个人信息的数据访问权、可携带权、纠正权、自主决定权、知情权和使用权等权益，都交还给了每个数据所有者。

据温州市大数据发展管理局相关负责人介绍，在互联网时代，数据拥有价值，个人信息也是一种财产权益。为此，该局牵头在“浙里办”App开发了“个人数据宝”应用。

在审批一证通办方面，通过将政务数据向本人开放的方式，让群众知晓到政府部门办事时无须携带“个人证照”中的证照原件或复印件。同时，业务人员可在全市统一的大数据共享服务平台中查询相关数据、下载版式文件以代替纸质材料。

居民安装“个人数据宝”，犹如随身携带健康档案。“个人数据宝”已完成与温州市医疗大数据平台和医疗影像云系统的对接，使居民各类就诊信息统一接入“个人数据宝”，患者跨院看病无须携带就诊记录，无须重复检查，提升了就诊就医效率。

“个人数据宝”助力银行贷款快办。“个人数据宝”能为金融机构提供准确、权威的个人数据，有效破解授信核查难等问题。银行获取申请者授权后可查阅相关数据，大大简化了材料和流程，切实提升了风险防控效率。用户只要动动手指就能完成授权，仅凭个人数据就能享受到低利率的贷款服务。

“个人数据宝”充分利用全省和本地批量数据，为用户提供居住证和行驶证到期、驾驶证清分、市图书馆借阅到期主动提醒服务。“个人数据宝”中的个人数据只有本人可看，每次数据调用都可溯源且不能篡改。一旦用户发现违规调阅情况，即可在线投诉，温州市大数据发展管理局将第一时间予以调查处理，确保个人数据不被盗用和滥用。

此外，若用户在“个人数据宝”中发现个人数据相比于真实证照存在缺失或错误的情况，可在线提交纠错申请，经审核后，温州市大数据发展管理局会将问题数据及时送达数源部门进行核验修正，其间用户可在“纠错进度”中查看问题数据处理进度和处理结果。

5.6 数字孪生与城市生命体

数字孪生的概念由密歇根大学的Michael Grieves首次提出，具体指的是物理产品或资产的虚拟复制，此复制实时更新（或尽可能定期更新），以尽可能地匹配真实世界。2012年，美国国家航空航天局发布了技术路线图，指出“数字孪生”是一种综合多物理、多尺度模拟的载体或系统，以反映其对应实体的真实状态。Gartner在《2017年十大战略科技发展趋势》中指出，数以万计的物件很快将以数字孪生的方式来呈现，数字孪生的概念受到广泛关注并进入公众视野。数字孪生是仿真模拟的升级与深化，源于仿真技术但又不同于仿真技术，更体现出实时写真、虚实互动的特征。数字孪生以实时数据洞察、自主学习与感知调节、全生命周期管理与运行三大特征区别于仿真技术的静态模拟、简单执行及局部感知。

数字孪生城市有四大典型特征：精准映射、虚实交互、软件定义、智能干预，其关系如图5-9所示。精准映射指通过传感器布设实现对城市道路、桥梁、井盖、灯盖、建筑等基础设施的全面数字化建模，以及对城市运行状态的充分感知、动态监测，形成虚拟城市在信息维度上对实体城市的精准表达和映射。虚实交互指的是在未来数字孪生城市中，人们在城市实体空间可观察各类痕迹，在城市虚拟空间可搜索各类信息，城市规划、建设及民众的各类活动不仅存在于实体空间，而且在虚拟空间也得到极大扩充，虚实融合、虚实协同将定义城市未来发展新模式。软件定义是指孪生城市针对物理城市建立相对应的虚拟模型，并以软件的方式模拟城市中人、事、物在真实环境下的动态，通过云端和边缘计算，软性指引和操控城市的交通信号控制、电热能源调度、重大项目周期管理、基础设施选址建设等。智能干预指通过在数字孪生城市上进行规划设计、模拟仿真等，对城市可能产生的不良影响、矛盾冲突、潜在危险进行智能预警，并提供合理可行的对策建议，以未来视角智能干预城市原有发展和运行轨迹，进而指引和优化实体城市的规划管理，改善市民服务供给，赋予城市生活智慧。

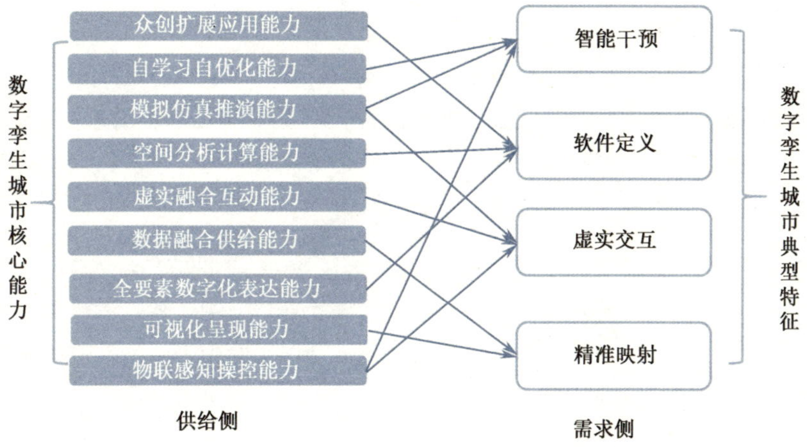

图5-9　数字孪生城市核心能力与典型特征关系图[1]

数字孪生城市的本质就是城市建设的CGB模式，即采用三维地理信

1　资料来源：中国信息通信研究院，《数字孪生城市白皮书（2020年）》，2020年12月。

息系统、建筑信息模型与城市信息模型创建一个虚拟的智慧城市，使各类城市规划、解决方案及应用系统效果在虚拟模型中进行测试和验证，并且从中获取“城市历史发展和文化形成的智慧，解决城市生活宜居、便捷、安全的智慧，以及城市可持续发展与提升核心竞争力的智慧”，最终用于指导城市的规划、建设、运营和管理。数字孪生城市的构建将引发城市智能化管理和服务的颠覆性创新。每个物理城市都对应着一个数字孪生城市，物理城市中所有的人、物、事都在数字世界有虚拟映像。数字孪生城市的核心是将城市通过数字技术搭建的神经系统，打造成一个可感知、可判断、快速反应、会学习的生命体，表现为信息可见、轨迹可循、状态可查；虚实同步运转，情景交融；过去可追溯，未来可预期；当下知冷暖，见微知著，睹始知终；全市一盘棋，一切可管可控；管理扁平化，服务一站式，信息多跑路、群众少跑腿；虚拟服务现实，模拟仿真决策；实现精细化管理、人性化服务，城市智慧不再是空谈。

数字孪生应用是从制造业逐步拓展至城市空间的，数字孪生科技赋予了城市新的基因，使城市治理不再是“盲人摸象”，可以通过信息技术的深度应用，实现人们对城市复杂适应系统特性的认识、提取和应用，发现和顺应城市自身具有的自适应、自组织智慧，使不可见的城市隐形秩序显性化，达到城市问题防患于未然、城市管理协同高效智能、城市发展动力持续强劲、城市安全韧性增强的效果。

数字孪生因感知控制技术而起，因综合技术集成创新而兴。数字孪生城市是在城市累积数据从量变到质变，在感知建模、人工智能等信息技术取得重大突破的背景下，建设新型智慧城市的一条新兴技术路径，是城市智能化、运营可持续化的前沿先进模式，也是一个吸引高端智力资源共同参与，从局部应用到全局优化、持续迭代更新的城市级创新平台。

从技术角度看，数字孪生城市涵盖“云—网—端”3个层次，成为数据驱动决策、技术综合集成的智慧城市综合技术支撑体系。云侧实现随需调度、迭代学习；网侧实现泛在高速、天地一体；端侧实现群智感知、可视可控。其本质是通过数据全域标识、状态精准感知、数据实时分析、模型科学决策、智能精准执行，构建城市级数据闭环赋能体系，实现城市的模拟、监控、诊断、预测和控制，解决城市规划、建设、运行、管理、服务的复杂性和不确定性问题。

从城市发展看，数字孪生城市是未来实体城市的虚拟映射对象和智能操控体，形成虚实对应、相互映射、协同交互的复杂巨系统，实现孪生城市的“六化发展”，即支撑城市全要素数字化和虚拟化，城市全状态实时化和可视化，城市管理决策协同化和智能化；打造3类应用场景，即城市规划建设一张蓝图管到底、城市治理虚实融合一盘棋、城市服务情景交融个性主动“一站式”，从而驱动城市智能运行、迭代创新。

从建设重点看，基于多源数据融合的城市信息模型是核心，城市全域部署的智能设施和感知体系是前提，支撑孪生城市高效运行的智能专网是保障，实现智能操控的城市大脑是重点。

从城市治理看，数字城市与物理城市两个主体虚实互动、孪生并行，以虚控实。通过物联感知和泛在网络实现由实入虚，再通过科学决策和智能控制由虚入实，实现对物理城市的最优管理；优化后的物理城市再通过物联感知和泛在网络实现由实入虚，数字城市仿真决策后再次由虚入实，这样在虚拟世界仿真，在现实世界执行，虚实迭代，持续优化，逐步形成深度学习、自我优化的内生发展模式，大大提升城市的治理能力和水平[1]。

在数据驱动的城市发展进程中，数字孪生城市已逐步应用于市政、水务、交通等领域，如在市政建设过程中，许多城市的雨水排水管道经常会出现堵塞现象，严重影响排水，致使道路频繁积水，给人们的生活和出行带来严重不便。另外，井盖被盗、损坏的现象也时有发生，造成行人跌落下水道的情况出现。基于数字孪生城市的全域感知技术赋予井盖智能化感知功能，可为市政和交通管理者打造一款能够远程监测车流量、管道堵塞情况等信息，同时能够在出现问题时及时报警并提出高效处理方案的智能井盖管理平台。该平台可同时完成城市水流状态监测、井盖状态检测、地

1 资料来源：中国信息通信研究院，《数字孪生城市研究报告（2018）》，2018年12月。

表环境监控、温湿度监测、车流量监测等功能。

基于城市数字孪生体和物联网技术等，人们通过智能感知设备、无线网络、污水处理设施、给排水管理设备、智能井盖、水质水压表等在线监测设备，实时感知城市供排水系统的运行状态，并采用可视化方式整合城市水务管理部门与供排水设施，形成“城市智慧水务孪生体”，及时分析处理海量水务信息，并提出相应辅助决策建议，以更加精细和动态的方式管理城市水务系统的全流程，保障居民用水安全，实现数字化智能应用的状态。例如，环境监测数字孪生体结合城市工业排废、城市固废处理、环境卫生污染监测等大数据进行模拟仿真分析，预测未来水质污染发生的时间和状况，促使城市环保部门和水务部门及时做出调整，避免发生城市居民用水安全事故。

未来，基于城市建筑信息模型，结合区域光照时间、智能建筑能耗等大数据，市政数字孪生体还可以为城市市政及建筑规划提出辅助决策，如与精细建筑模型相结合的建设用地拆迁分析，以及控高分析、光照分析、视域分析、天际线分析、规划方案同步对比等。同时，基于市政数字孪生体的地下管网数据还可以与周边城市市政数字孪生体的地下管网数据融合应用，有助于实现涉及城市间居民能源和互联应用需求的油气、电缆、通信光缆等地下管网的三维可视化、数据分析、安全隐患识别，为管网选线、改线提供支持性决策方案，为城市协同应急预案提供支持。

数字孪生体可对车流量数据和道路设施实时传递数据进行分析预判，同时可对交通信号灯进行实时优化控制。基于城市交通历史数据，数字孪生体可预判某个区域未来10分钟至1小时的交通态势，如根据赛事演出活动、天气数据预判特定时间段的交通状况，帮助交通管理部门在交通堵点出现前制定应急预案，提前实施交通疏导措施。当发生交通事故需要紧急医疗救援时，数字孪生体可进行区域路况的全景识别与优化，为救护车规划最优路径，对车辆到达下一个路口的时间实现秒级精准预测，“零时差”自动调控红绿灯，大幅缩短救护车通行时间，并减少对城市交通的影响。

#【第6章】

政务流程创新

城市政务流程创新的本质是技术创新与制度创新。在数字技术支撑和驱动城市治理与服务发展的初期，城市政务流程创新以技术创新为主，通过数字化、网络化与智能化方式，不断优化和改善传统政务服务流程，实现在服务体验与交付层面的创新。2015年首次出现在政务创新领域的“互联网+政务服务”就代表着数字时代政务服务发展的本质特征与方向。随着国内行政审批改革发展的深入，单独依靠数字技术与平台的驱动已不足以满足市民获取城市服务的深层次需求，来自制度、法律及规范层面的设计、立法与规制则显得越来越必要。因此，通过上海、杭州、广州、贵阳等领先城市的发展轨迹也可看出，在政务服务创新的深水区，面向政务数据开放、城市数字化转型及城市数字治理推出专门的规范性文件及相关规划与方案，成为这些城市持续引领与深度推动政务流程创新的关键。2018年5月23日，中共中央办公厅、国务院办公厅印发《关于深入推进审批服务便民化的指导意见》，对推进“马上办、网上办、就近办、一次办”、审批服务标准化、“减证便民”、审批服务集中办理、创新便民利企审批服务方式、深化行政审批中介服务改革、切实加强事中事后监管等均做出了详细要求与安排。

公众关于政务流程创新的感性认知多来自“数据多跑路、群众少跑腿”“减时间、减流程、减材料”“政府端菜、群众点菜”等形象的描述与比喻。从价值与通道层面看，政务流程的创新主要可以概括为4个方面：一是从审批速度视角，城市政府将“规定审批时间”压缩为“承诺审批时间”，从而提升政务办事效率、节省公众时间；二是从数字公共产品的视角，城市政府将原来政府视角的“审批事项”通过数据规则、办事流程及审批逻辑进行关联与体系化，形成“一件事”模式——围绕群众的核心办事需求进行综合服务，而非从政府审批权力视角进行断点式审批；三是从市民与企业的体验视角，城市政府通过数字技术与制度变革的结合，实现一网通办、一窗通办、一窗综办等模式，并结合电子证照、身份认证、电子签章、电子签名等技术，构建更便捷的办事服务模式；四是整合社会资源以实现政务服务的社会化供给，如城市政府将邮政、电商、快递、银行、移动支付等社会基础设施及商业资源纳入政务服务的版图，在一些具体环节对办事流程进行融合，从而为市民和企业提供一体化的优质公共服务产品。

6.1 政务创新的速度视角

政务服务改革的核心在于通过制度创新与技术变革，清除传统模式下“脸难看”“门难进”“事难办”的行政积弊，综合运用互联网技术、互联网思维、互联网平台，缩短办事时间，直观地改进政务服务体验。从政务服务的速度视角来看，减少市民线下跑动次数、缩短市民和企业办事时间与创新行政审批模式始终都是各个城市和区域政府的追求。从中国各地城市实践来看，其中主要包括浙江省贯穿辖区内市县镇村的“最多跑一次”改革（见图6-1）、深圳的“秒批”政务服务改革与江阴的“2440”城市营商服务改革，这些改革通过共同的城市治理与服务改革愿景，以不同的创新路径与方法思路，呈现各具特色的政务服务创新范式。

图6-1 浙江省的“最多跑一次”改革

2016年年底，“最多跑一次”改革在浙江省首次被提出，即让市民和企业办事最多只需要在线下跑动一次，标志着政务服务创新已经由技术创新阶段进入制度创新阶段。围绕“最多跑一次”改革，浙江省形成了省市县镇村五级联动的推进模式。一是通过推行“一窗受理、集成服务”，将各个部门在行政服务中心分散设置的服务窗口整合为综合受理窗口，建立“前台综合受理、后台分类审批、综合窗口出件”的全新工作模式，实现受理与办理相分离、办理与监督评价相分离。二是梳理公布“最多跑一次”事项，以为人民群众办好“一件事”为标准，以权力清单、公共服务事项清单为基础，全面梳理群众和企业需要办理的事项，按照事项名称、申请材料、办事流程和办理时限等“八统一”的要求，制定全省统一规范的办事指南，建立动态调整机制。三是推进便民服务、投资审批、市场准入等重点领域改革：推进不动产交易登记全流程“最多跑一次”；实行居民身份证、驾驶证、出入境证件等异地可办；以身份证为唯一标识推进便民服务类事项“一证通办”；推行全省社保信息和参保证明在线查询、全省就医一卡通和诊间结算；建设投资项目在线审批监管平台2.0版，推动投资项目100%应用平台、100%系统打通、100%网上审批、100%网上申报；推行外贸、餐饮、住宿等20个领域“证照联办”和12个事项“多证合一、一照一码”改革。四是建立“12345”统一政务咨询投诉举报平台，以设区的市为单位，整合除110、120、119等紧急类热线外的非紧急类政务热线及网上信箱等网络渠道，将各部门非紧急类政务纳入“12345”统一政务咨询投诉举报平台，实行统一管理，建立“统一接收、及时分流、按责转办、限时办结、统一督办、评价反馈、行政问责”的运行机制。五是推进“最多跑一次”改革向事中事后监管延伸，建立综合行政执法局，综合行政执法局集中行使基层专业技术要求不高的行政执法权，构建“部门专业执法+综合行政执法”的行政执法体系；构建覆盖企业、自然人、社会组织、事业单位和政府机构这5类主体的公共信用评价、信用综合监管、信用联合奖惩三大信用监管体系。六是打破信息孤岛，实现数据共享。加强“互联网+政务服务”顶层设计，运用系统工程方法论建设全省统一的政务服务网；按照“受办分离”要求，各地各部门在受理群众办事申请时，无论是在网上办，还是在政务大厅办，这些申请都要先进入一窗受理系统，再转到各部门业务系统。浙江省内的杭州市、宁波市、金华市、台州市等均围绕“最多跑一次”推出具有自身城市特色的服务。

2018年5月16日，深圳市人民政府办公厅印发了《深圳市普通高校应届毕业生引进和落户“秒批”（无人干预自动审批）工作方案》，申请人可通过系统提交学历学位信息和身份信息，由系统自动核查材料完整性并比对学历信息，本阶段不查验报到证。如申请人提交的材料完整并通过学历信息比对，系统将自动审批，无须人工审核；如材料不完整，未通过信息比对或遇到申请人只办理报到但不落户的情况，深圳市人力资源保障部门另行制定审核规则和流程。自该方案实施以来，已有11万申请人通过“秒批”办理业务。截至2020年2月，深圳市已在人才引进、高龄津贴申请、企业投资项目备案（见图6-2）、网约车/出租车驾驶员证申办、商事登记、民政、残联等158个堵点痛点较多的事务上实现“秒批”，真正做到了城市政府24小时不关门，取得了良好的社会效益和经济效益，大幅减少了窗口工作人员的重复性工作，有效满足了民众对于快速办理、多种渠道办理的需求。

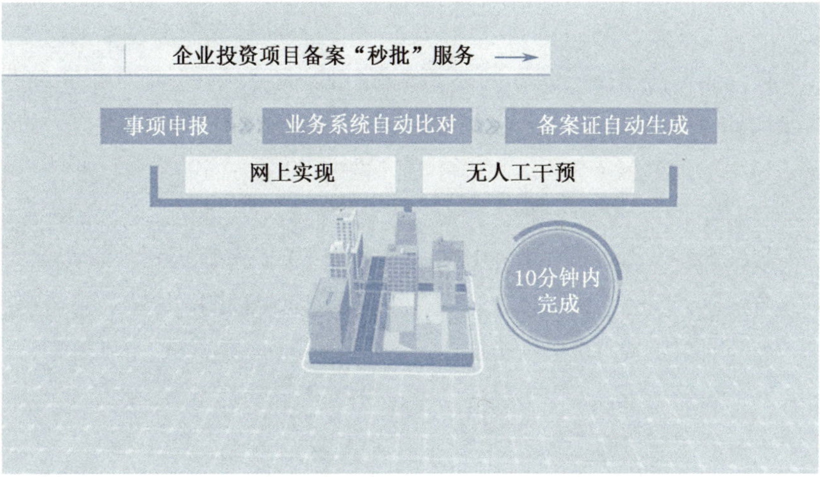

图6-2 企业投资项目备案"秒批"服务[1]

作为一种政务服务领域的创新模式，"秒批"是一个来自电商、金融领域的舶来词汇。如果说"秒抢""秒杀"是更关注用户侧的在线购物概念，"秒批"则是一个定义政务服务机构办事效率与服务质量的词汇。深圳市作为一座具有改革精神与开放传统的年轻城市，以人才落户为切入点，率先在全国试点启动"秒批"服务，不仅在全国树立了一种新的城市竞争范式，同时也体现了城市政府面向城市新鲜血液的服务诚意，更是一种在政府数字化转型时期的数据平权运动——让每个进入深圳市的普通高校应届毕业生都享有相对同等的生活权利，至少在身份审批环节中不会像在其他一些一线城市一样被诸多附加条件所限制。深圳市是一座年轻、繁荣且在改革历程中被长期期待的移民城市，在通过机器认知和数据匹配的系统面前，每个希望在深圳站稳脚跟的年轻人都不希望再像无头苍蝇一样去面对纷繁复杂的表格，不希望再去应对各种脸色或刁难，所有人在一套落户标准面前一律平等，数据机器没有失去城市服务的人性温度，而是通过数据公平为城市的未来主人翁们传递了一种信任。

1 资料来源：深圳卫视深视新闻。

江阴市作为江苏省的一个县级市，自2017年起就承担了江苏省县级政务服务改革试点任务，并以“2440”作为行政审批制度改革的关键点和突破口，即实现企业注册开业2个工作日以内完成、不动产权证审批4个工作日以内完成、工业项目施工许可审批40个工作日以内完成。为构建“2440”政务服务体系，江阴市主要推进了3个方面的工作。第一是整合部门职能、优化办事流程，实现“一章审批、一站办结”。江阴市成立了行政审批局，将原来分散在教育、公安、民政等16个部门的事项划转至行政审批局，实现了集中审批，从“办一件事跑多部门”变为“办各项事进一扇门”，压减办事时限近80%，办结率达99.95%；优化审批流程，如在不动产登记领域，江阴市将不动产首次登记、转移登记、变更登记、预告登记、转正登记的办理时间由8个工作日缩短至4个工作日，将抵押登记的办理时限由5个工作日缩短至3个工作日。第二是延伸服务半径、拓展网络功能，实现“一窗受理、一城通办”。针对往返跑、多窗办、重复交等问题，江阴市实现“让数据多跑路，让群众少跑腿”。例如，建立联办窗口，实现部门协同、信息共享；建立容缺预审，对全市重点重大项目开通“绿色通道”，非主要材料存在缺陷或瑕疵的，一次性告知须补正的材料、时限和超期处理办法，先受理申请事项，大大减少了企业等待时间。第三是明晰审批权责、强化规范透明，实现“一套目录、一份标准”。聚焦权责不清、标准不明、监督不力等问题，江阴市编制目录清单，强化监督评价，实现规范透明审批和标准化服务。江阴市已经编制完成并向社会公开了行政审批事项目录、行政服务事项目录、行政事业性收费目录、取消的行政审批事项目录“四张清单”，以及政府部门权力清单，梳理办事指南7 515项、公共服务事项317项、中介服务事项63项，规范了政府部门的权力和职责，做到目录之外无审批、清单之外不收费、服务事项必须为。

浙江省的“最多跑一次”是覆盖市民和企业全部政务服务场景的流程变革愿景，需要制度、技术与社会资源的深度配合，本质是省市县镇村五级联动下的政府权力流程变革与创新。深圳市的“秒批”虽然一开始只是面向普通高校应届毕业生落户的在线政务应用，但其反映出了改革开放前沿城市对数字政务服务的思路及认识。江阴市的“2440”改革则是在体制机制、规范标准、模式流程等层面的系统性改造，围绕“减时间、减材料、减流程”推进城市政务服务创新。

政策与实践专栏6-1

北京“接诉即办”[1]

对市民的操心事、烦心事、揪心事实行“接诉即办”，把市民反映的问题作为特大型城市治理的突破口和着力点，推动北京基层工作方式发生重大转变。

2018年12月15日，北京合并了68个服务窗口热线，推出了“12345”市民热线。接到市民诉求后，北京市政务服务管理局直接向333个街道乡镇派单，街道、社区完成对接服务；每天生成大数据民情分析，并于早上送到市、区领导案头。截至2019年12月15日，“12345”市民热线受理来电661.7万件，办理实事239.8万件，件件有记录、有答复、有派单、有服务、有回访、有督办、有考核。政府服务在互联网时代提速，一个“快”字凸显新时代、新气象。

马上办，要办好。通过一个热线，研究一类问题，化解一片矛盾。因档案、户籍、社保不在同一地，郑晓弟两年办不了退休手续。他拨打“12345”市民热线求助，第二个月就领到了养老金。人力资源和社会保障局由此出台了补充规定，从政策层面解决了用人单位超龄人员办理养老金问题。举一反三解民忧，北京市委、市政府对热线反映集中的领房产证难、停车难等11个方面的共性问题，或调整流程，或完善政策，或出台新规，或调整决策，全力推进“啃硬骨头”。

难点问题，创新思路“吹哨”办。安定镇距大兴国际机场18

1 资料来源：北京晚报。

千米，当地村民200多次拨打“12345”市民热线，反映垃圾填埋场问题。如何回应群众诉求，破解这个积年难题？安定镇党委运用北京特有的“街乡吹哨、部门报到”机制，“吹”动区、市两级10多个部门一起“沉”到镇里联动解题，最后形成了“镇域迁建、村民入股建垃圾焚烧厂”的可行方案，犯愁多年的村民终于笑了。

重点问题，集中力量挂账办。据半年大数据显示，北京有29个乡镇的热线诉求居高不下。通过综合分析发现，它们均位于五环和六环之间的城乡接合部，矛盾集中，问题高发，涉及人口近500万人。北京市委、市政府专题决策，由北京市发改委牵头组成工作专班，一镇一策、一村一策，进行精细化治理，调动全市资源支持帮扶。

历史问题，源头治理立法办。“12345”市民热线推出3个月后，有关物业的投诉占到了1/3。通过全市摸底调查，一大批原来负责小区管理的部门、企业消失，老旧小区失管弃管现象浮出水面。北京综合施治，出台《北京市物业管理条例》，推进物业综合治理工作。

精治、共治、法治，群众的事，发动群众一起办。朝阳区望京街道有30多万常住人口，只有110名街道干部，平均每月接到“12345”派单590件。街道通过党建引领，充分发动社区党员干部、回社区报到的党员、志愿者和各类社会组织共同解决群众反映的问题，实际参与社会治理的人数近万人。

把群众的小事当成政府的大事，“12345”市民热线成为干群连心线。干部走起来、社会单位带起来、党员群众动起来。通过“12345”市民热线倒逼全员参与社会治理，从源头化解矛盾，正成为北京全新的治理模式。

6.2 政务服务产品的数字化设计

从公共管理角度来看，数字驱动的政务服务需要完成从政府视角向公众视角的转变，从“以政府为中心”转变为“以市民为中心”。对数字时代的治理工具与手段而言，政务服务产品的策划与设计需要推进从管理语言向用户语言的转变，实现“官方语言”向“群众语言”的转译，以便公众和企业有效参与。政务服务产品的数字化设计逐渐被重视的原因在于，平台、数据、设备、界面等多重要素影响了市民对政务服务的获取、应用与体验，并直接影响了市民和企业对数字时代城市政府服务的质量、能力与水平的评价。政务服务产品的数字化设计逻辑主要基于3个方面的要求：一是政务服务平台的服务事项规模化及由此带来的网络效应，使政务服务产品在策划、设计、测试、上线、运行等各个环节均须保持谨慎，并需要依托用户数据和行为去调试，而非像传统模式下仅依靠线下用户的反馈来改变服务设计；二是数字时代的政务服务的使用时间、空间、场景均具有巨大的不确定性，24小时随时随地的政务服务已成为常态，因此，政务服务产品设计需要最大限度地确保政务服务的稳定性与可靠性；三是相比于传统模式下的政务服务模式，电子证照、电子签章、电子签名、扫码、刷脸等工具、模式和技术的应用，使政务服务与办事公众之间的交互方式也发生了改变，随着无人化、自助化的政务服务逐渐流行，需要进一步提升数字政务服务的温度。

在PC互联网时代，人们习惯将整合了信息、搜索、互动、服务的政府门户网站称为“一站式”在线服务平台，该平台服务范围广、内容丰富、体验优质。移动互联网时代的到来使用户对服务体验的要求与期待越来越高，随着智能手机的拍照、定位、扫码、指纹、语音、刷脸等技术的广泛应用，政务服务从平台时代进入产品时代，基于政务服务流程创新的“一件事”于2018年开始出现在各级城市改善治理与服务能力的行动计划中。城市服务“一件事”的核心在于公众的办事需求与目标，通过整合不同部门、不同系统、不同层级的数据，城市政府将分属不同部门科室的事项与权力链条进行梳理和衔接，重塑政务办事的逻辑与关系，通过复杂的后台整合与对接，向前台的公众和企业提供高效便捷的服务。

2020年1月，北京市人民政府门户网站——首都之窗开设了“办好一件事”专栏（见图6-3），将群众和企业在办理“一件事”时涉及的多个审批事项，按照受理条件、时限、流程、要件材料等进行集成优化，整合事项、再造流程、共享信息，采取“集成套餐、政务专员”的服务形式，实现办事“上一网、填一表、进一窗、找一人、办一次”。“办好一件事”专栏首批推出了58个主题，提供主题办事指南查询、线上线下申报等功能，通过填报“一张表单”，完成信息一次采集，办事人自行选择“政务专员”帮办、代办。58个事项中既有个人办理事项，也有企业办理

图6-3　北京市人民政府门户网站——首都之窗（“办好一件事”专栏）

事项，包括E窗通企业开办、工程建设项目审批、不动产登记、积分落户服务、开理发店、开美容店、开药店、开饭店、开饮品店、重要大街外立面装修或改造、领养流浪犬等。在推出“办好一件事”主题的同时，北京市政府将相关事项的办理材料、时限大幅压缩。以“我要开中西医诊所”为例，需要提交的表格从9个变为1个，需要提交的材料从58项减到36项，办理时限从120个工作日压缩至31个工作日，实现群众办事只跑一次。

《上海市人民政府办公厅关于以企业和群众高效办成“一件事”为目标全面推进业务流程革命性再造的指导意见》于2020年1月发布，要求政府部门以企业和群众高效办成“一件事”为目标，集成“一件事”所涉及的政务服务事项，围绕申请条件、申报方式、受理模式、审核程序、发证方式、管理架构等进行整体性再造，实施一体化办理。各区、各市级部门滚动推出一批“一件事”事项，开展流程优化再造工作。上海市要求，政府部门要立足企业群众视角，推动“一件事”服务集成，将企业发展周期和公民生命周期某一阶段中，企业群众需要到政府部门、公用企事业单位和服务机构办理的多个相关联政务服务事项，特别是跨部门、跨层级、跨区域的多个事项，整合成企业和群众视角的“一件事”，实现“一件事、一次办”。同时，围绕“六个再造”，实施业务流程革命性再造，包括再造申请条件，实施“一次告知”；再造申报方式，实施“一表申请”；再造受理模式，实施“一口受理”；再造审核程序，实施“一网办理”；再造发证方式，实施“统一发证”；再造管理架构，实施“一体管理”。

相比北京市、上海市在“一件事”方面通过制度、技术与数据综合驱动创新改革的方式，深圳市南山区则通过开展“企业设立一站式”服务专区，直观、感性地将政务服务创新呈现在公众和企业面前。2019年，深圳市南山区政务服务数据管理局瞄准企业开办的难点、痛点，秉承“简流程、压时限、减材料、少跑路”的城市政务服务改革理念，通过“线上线下”相结合的方式，实现企业设立“一网申报、限时办结、一次配齐、拎包入驻”：线上，依托广东省政务服务网，设置南山区“企业设立一站式服务专栏”，实现多部门业务一网申请、数据共享、限时办结的“线上并联审批”，新开办的企业业务最快一天办结；线下，在南山区行政服务大厅建立“企业设立一站式服务专区”，推出商事登记、税务申报、印章刻制、社保开户、银行办理、结果领取、资金扶持、政策解读等“线下套餐服务”，原本需要跑5次的企业开办流程，现在只需要到现场一次即可全部办理完成。同时，创新结果领取方式，推出包含营业执照、印章、税控盘、银行卡、社保账户和企业扶持政策等的“南山创业包”，增强企业设立的仪式感和使命感，让公众和企业更为真切地感受到政务服务的温度。

深圳市南山区已成为中国高新科技企业创业的代表性地标，作为上市公司、金融资本、创业者云集的城区，南山区推出“创业包”的背后即是政府对“一件事”的具象化、产品化理解，是一种针对营商环境优化的可体验感知的政务服务能力与质量展示。“南山创业包”的核心，首先是通过对城市政务及企业办事的结果集中交付，重新定义“一件事”与“拎包入驻”这种抽象化服务承诺的服务标准；其次是真正使“获得感”变得显性化，从宣传标语、推广词、口号等到具体政务服务产品内容，政务服务变得可触摸；最后是通过符号化的设计，形成一种可传递、可感知的政务服务品牌，并实现从服务理念到服务内容的产品化交付，实现新设立企业“一网申报、限时办结、一次配齐”。

2020年3月，广州市移动政务服务平台——“穗好办”App上线（见图6-4），首批推出了超500项个人和企业服务事项。该平台坚持系统全集成、数据全互通、服务全聚合，努力实现政务服务好办、公共服务好找、政民互动便捷。市民可以通过刷脸实名认证的方式，随时调用身份证、户口簿、电子健康码等电子证照，办理社保、医保、公积金等各类服务事项；企业可办理融资贷款、公共资源交易、工程建设审批等业务。“穗好办”App运用大数据分析，结合区块链应用技术，对生活场景和事项进行归类关联，形成“我”的关系链，打造个人专属数据中心，成为市民智慧生活管家。

在数字公共服务方面，“穗好办”App将全市政务服务大厅、自助服务机、街道办事处、社保网点、公厕、母婴室、充电桩、停车场等便民服务点汇聚在一张地图上展示，实现一图查找、一键导航，市民可随时随地查找身边服务。例如，如果人们需要查找附近的公厕，只要点击首页“公厕查找”，便可查看周围所有公厕的位置，选择最近的公厕，点击

2:38
湘...
--°C
搜索服务
立拍
"穗好办"上线"双报到"专区
助力党群服务零距离
亮证
我的参保信息
公积金卡
微心愿征集
交罚处理
在线教育
健康通
更多
特色专区
民生服务一站式办理
让办事更方便
区块链专区
政策兑现
补贴
党组织、党员
"双报到"
上新服务
疫苗接种预约
可预约新冠疫苗
微心愿征集
双微行动
来穗服务专题
新增居住证业务
首页
资讯
办事
生活
个人

图6-4 "穗好办"App

"到这去"，即可找到最近路线。在城市治理的数字化支持方面，"穗好办"App融合广州"12345"政府服务热线，打造高效的政民互动交流平台。市民进入"12345"专题服务，点击"立拍"，即可随时随地抓拍城市管理问题，参与社会治理；也可点击"我要投诉"，在线投诉举报消费维权等多方面的问题，政府部门会及时跟踪处理，第一时间将办理结果推送至市民的"穗好办"App用户中心。此外，"穗好办"App推出的"企业开办一网通"服务，也充分展示了"一件事"产品设计精神，将企业开办过程中涉及的企业登记、刻制印章、申领发票、银行开户、就业和参保登记、公积金缴存登记6个环节整合为一个流程，为创业者提供全流程、一体化的企业开办服务。为应对城市老龄化趋势，"穗好办"App还上线了"养老轮候"服务功能，符合申请入住公办养老机构要求的老人可在线申请轮候入住，轮候平台发布同意接收的信息后，公办养老机构按申请的先后顺序通知申请人入住。

6.3 数据重塑政务服务体验

数据在政府治理、城市运行、产业发展领域被视为一种战略资源，对城市的政府机构而言，数据的意义和价值在城市决策、治理、服务、监管过程中逐步显露，并在城市数据开放与大数据治理的过程中被广泛关注。传统政府在既定的组织业务流程下探索技术应用的可能性和效用，以管理者为中心，服务于组织目标；但数字政府建设以服务对象为中心，围绕数据生命周期进行价值挖掘，以数据的流动"串联"业务流程，进而更好地履行政府职能[1]。数据重塑政务服务体验主要侧重于3个维度：一是基于现有政务服务流程的优化，将原本服务过程中需要花费的时间、经历的环节

1 资料来源：鲍静、范梓腾、贾开，《数字政府治理形态研究：概念辨析与层次框架》，电子政务，2020年第11期。

及提交的资料，通过大数据分析，进行减少、简化甚至重组；二是围绕办事对象的数据画像，将政务服务内容进行精准化推送，实现自动服务；三是依托已有的数据沉淀，通过人工智能与机器学习，不断理解和优化用户体验，创新政务服务产品设计。数据视角的政务服务体验主要围绕用户需求形成全生命周期服务闭环模式，通过移动平台、支付工具、电子证照、社会信用体系等综合应用，颠覆传统政务服务的体验效果。

杭州市政府推出的“亲清在线”数字平台（见图6-5）充分地展示了数据重塑政务服务体验的价值。自2020年3月2日推出以来，该平台以疫情期间杭州的惠企政策为切入点，通过为市内企业和员工在线发放政策补贴，在不到一个月的时间内，累计为14.5万家企业、58.4万员工线上兑付补贴7.43亿元（见图6-6）。“亲清在线”数字平台通过对政府部门“轻量化”资源整合、数据协同，形成政商“直通车式”的在线服务系统，转变政府服务理念和方式，更精准、更直接地为企业主动提供服务，如在疫情期间，通过主动推送、一键领取的方式将企业员工租房补贴、商贸服务企业补贴等直接打入员工和企业的账户。更值得注意的是，“亲清在线”数字平台主要依托政府内部的系统和数据，不需要企业提供任何数据，只是为企业开放一个服务互动的端口。以互联网平台为手段，以政府内部数据共享为前提，通过创新各部门协同的工作机制与数据流动规则，杭州最终打造了“亲清在线”这样的城市数字治理样本。

图6-5 “亲清在线”数字平台

图6-6　“亲清在线”数字平台——惠企政策

作为一款诞生于数字经济领先城市的城市数字政务应用，“亲清在线”数字平台主要具有企业诉求在线直达、政府政策在线兑付、政府服务在线落地、服务绩效在线评价、审批“许可”在线实现等从信息触达到审批监管全流程的应用功能。同时，“亲清在线”数字平台围绕政府服务的流程再造、数据协同、在线互动，在传统的政企互动与政务公开方面实现五大转变，即政企交流从“上门收集”转变为“在线呼应”，政务服务从“坐店等客”转变为“互动平等”，政策制定从“大水漫灌”转变为“精准滴灌”，政策兑现从“层层拨付”转变为“瞬间兑付”，政策效果从“绩效后评”转变为“实时可测”。通过对政务服务机构的数据价值挖掘、应用服务创新与机制流程再造，打造了一条数据驱动城市治理与服务革命的快车道。

“亲清在线”数字平台成功的核心在于通过推动杭州市财政局、人力资源和社会保障局、住房保障和房产管理局、规划和自然资源局、税务局、数据资源管理局，以及各区县、各街道实现数据联动的大协同，使传统模式下需要通过多个环节的申请、多份材料的提交及多次来回跑动办理的“政策服务”简化为一次点击动作，真正实现了政策服务供给的便捷化。“亲清在线”数字平台将政府审批“工作流”“信息流”“数据流”的搭建通过跨部门协同，设计成为一种“资金流”，形成“企业点击确认、支付宝补贴到账”的政务服务体验高级形态。

珠海市推行的“免证办”则是面向城市政务服务、优化营商环境的另一种政务数据创新服务体验。传统城市政务的办事过程需要市民和企业提交的纸质证照原件或复印件名目繁多，但是证照提交本身又存在着明显的悖论：所有公民和企业的证照都是由政府生成和签发的，办事需要的证照本身就存在于政府的数据库中。因此，如要减少和简化证照提交环节，则需要确认公众和企业与证照之间的可信关系。在数字政务服务应用过程中，在线身份认证、人脸识别、公安部可信认证系统等技术和基础设施的支撑，以及国家和省级层面的电子证照库，都推动了电子证照在政务办事过程中的应用与价值呈现。珠海市则通过电子证照共享互认，实现了企业和群众免交纸质证明也可办理政务服务事项，实现了33个部门、520项政务服务事项“免证办”，可应用的电子证照包括工商营业执照、居民身份证、户口簿、结婚证、完税证、出生证、残疾人证、食品经营许可证等154种证照，市民和企业在办理业务时可免交部分证照材料，用手机展示电子证照二维码即可完成资料查验。在珠海市人力资源和社会保障局网上服务平台，企业可在线使用电子营业执照来替代到现场提交纸质证件。截至2020年1月15日，此项业务累计免提交营业执照4 289次。

厦门市通过应用社会信用数据创新了城市政务服务容缺审批模式。所谓容缺受理，是指当申请人在城市政务服务中心办事时，如果基本条件具备，但缺少一些必要但非最重要的材料时，申请人如做出相应承诺，政务审批机构可以先受理办事需求，待材料补齐之后一并做出审批决定。截至2020年10月，厦门市共梳理市级部门实行告知承诺审批和容缺受理审批服务事项多达1 900多项。容缺审批的背后涉及城市政务服务的风险控制问题，即申请人承诺了、审批机构受理了，但后续须补充的材料却没有按承诺要求提交，在这种情况下，政务服务机构可以利用社会信用体系对申请人的行为进行惩戒，将其不良行为记入个人信用档案，以约束申请人的办事行为，规范城市政务服务秩序。

当然，“数据重塑”不仅指政府内部的数据共享、开放及应用，还包括面向社会的数据融合与创新。以城市为平台，基于数据的城市资源创新互动已成为重塑城市竞争力与创新活力的关键。例如，有的城市通过美团外卖数据洞察城市商业与消费趋势；有的城市将交通规划与高德地图的数据结合，以优化城市出行管控与交通发展；有的城市的公安部门通过滴滴出行提供的数据对违法犯罪行为进行追踪和打击。因此，在未来城市治理与服务发展过程中，政务数据、商业数据、社会数据等不同维度数据的融合，将更为精准高效地驱动城市运行发展，有利于城市的决策部门更好地发现城市的机会与风险。

政策与实践专栏6-2

上海市青浦区：数据赋能“政策体检”服务

2020年8月，上海市青浦区政务办会同青浦区经济委员会立足疫情形势，紧密结合区域自身发展需求，充分应用大数据分析计算技术，深度融合上海市级“一网通办”企业专属网页，有效叠加青浦区属地化特色应用，设计开发面向企业的智能“政策体检”功能模块（见图6-7），积极深化企业服务，使企业无须咨询工作人员或查阅文档资料即可随时自行了解并掌握相关政策项目匹配情况，探索建立“全自助式”新型企业服务模式，有力地提升了企业服务的个性化、精准化、智能化水平。

梳理项目要素，形成信息基础支撑库。青浦区对照相关企业政策项目标准，扎实开展最小粒度梳理，分别从政策项目的申报条件、申报材料两方面着手，依据各种实际申报情况，实施申报要素精细化拆解工作，形成政策项目要素信息基础支撑库。

大数据技术赋能，实现智能政策体检。青浦区依托市级“一网通办”企业专属网页，积极利用大数据为企业服务赋能，立足政策项目要素信息基础支撑库，运用大数据分析计算技术，匹配相应的核验业务规则，构建数据模型，形成并完善符合度判别知识库，自动核对企业相关信息中的各种审查要点，有效实现企业智能政策体检服务功能（见图6-8）。

图6-7 “政策体检”入口

图6-8 大数据技术赋能，实现智能政策体检服务功能

整合申报入口，自动引导项目申报。青浦区认真梳理相关政策项目申报服务信息系统，并按照“数据同源、多元服务”原则，将面向企业的政策项目申报入口统一整合并纳入“一网通办”企业专属网页的“政策体检”栏目，自动引导“政策体检”、符合条件的企业进行政策项目申报，有力提升企业办理事项的便捷度。

6.4 城市治理与服务的社会化

在以数字化、网络化、智能化为特征的政务服务供给模式下，原来依靠政府自身的单向度服务供给方式正在发生改变，越来越多的社会化资源与力量进入政务服务领域。从平台角度来看，除了政务服务App，政务微博、政务微信及政务服务小程序也成为公众和企业获取服务的重要入口，承载了城市公共服务与治理机构的各类服务内容及职能。从服务角度来看，以美团、饿了么等为代表的本地生活服务平台，通过将城市治理与服务诉求和自身的业务及用户特点结合，探索“政务服务+”创新内容。从服务场域和能力角度来看，通过将银行柜台、24小时自助机、邮政快递柜等纳入政务服务创新流程，并将社会化力量与政务服务流程充分结合，能够在企业开办一体化、证照快递、自助政务服务等方面提升办事体验。

随着5G、物联网、人工智能等数字技术的发展，移动城市服务已经逐步进入开放市场和应用生态的模式，越来越多的城市治理与政务应用不仅依靠政府的技术部门或合作企业来开发，具有创新力的中小企业、极客组织等也逐步加入为解决城市发展问题的数字化创新当中，而将城市的公共数据开放作为创新数字产品的资源和基础，打造满足城市运行需求的数字化应用，正在成为全球城市数字化转型的潮流。例如，在面对城市内涝、交通事故、垃圾处理、卫生疫情等问题时，一些社会组织或公益组织利用城市数据开放平台已经开放的相关数据，共同研发可供社会使用的App或小程序，从而打造全员参与的城市共治平台。

随着城市政务服务改革的深入，通过与社会资源的连接和合作，充分利用智能技术支撑，从公众侧和企业侧优化服务体验，减少线下跑动次数，成为各城市寻求政务创新的重要方式。例如，在城市政务服务中心的自助政务服务大厅逐步普及的邮政快递柜，通过引入邮政物流的快递服务与基础设施，解决了办事时间和空间“错配”的问题，申办人将自己的资料放入快递柜后，相关部门的办事人员会收到取件密码，办事人员将审批结果放入快递柜后，申办人即可收到取件通知。通过这种“不见面”的服务方式，申办人和办事人员均可在自己可控的时间及空间内完成服务的申办和审批，并不影响最终结果的送达。

从钱庄、票号到银行，以金融零售为主的银行网点、24小时自助银行及银行App等正在成为城市治理与服务领域的重要角色。银行网点与24小时自助银行被视为天然的城市政务服务基础设施。在金融科技快速发展的当下，移动支付、网络理财等模式和业务的兴起，对银行线下业务与金融零售业务的蚕食加剧，进入城市政务服务领域不仅是数字时代银行实现数字化转型的重要方向，同时也是银行触达终端用户与感知用户需求的全新方式。城市政务服务向银行网点延伸，解决的是基层的“边缘服务”能力问题，对于静态的、物理的政务服务大厅而言，这是一种服务能力的溢出效应。银行在网点上线的城市政务服务主要围绕企业开办的业务展开，通过打通银行线上申办、对公开户、Ukey申领、营业执照打印等环节，实现“一站式”全流程服务，实现政府—银行—企业—公众的服务链条，构建一种全新的服务场景。

从城市政务服务机构依托银行线上线下设施和平台来开展服务的趋势看，“银行+政务服务”大致可分为3个阶段（见图6-9）。第一阶段是物理延伸，是基础设施的支撑与覆盖。政务服务窗口延伸到银行网点，几千、上万平方米的政务服务中心在2～3平方米的ATM自助设备中被“肢解”，相关功能被置入银行网点，这也符合未来城市空间的颗粒化、比特化与镶嵌化特征。本阶段主要解决的是空间与物理距离的便捷性问题。第二阶段是场景嵌入，是政务服务内容的场景化设计。将政务服务与银行业务围绕用户需求进行封装和关联服务输出，通过多个政务服务模块的灵活组合，使用户在办理业务时实现业务随需获取、自由切换。例如，中国建设银行徐汇支行根据银行用户常见的咨询事项梳理出网点自助机上的“热门办事”排序，并将其与政务服务中心的业务排序进行区分；当在银行开户的企业要办理经营变更、办理贷款的个人需要办理婚姻证明时，办理人只需要点击“热门办事”模块就能直接进入办理页面。第三阶段是文化移植。从技术转型、业务转型到组织文化转型，这是推动政府数字化转型、打造服务型政府的必然条件。美国研究机构ForeSee发布的*Government CX Insights*（2019）报告曾指出，政府需要向商业机构学习如何提升客户体验，在政务服务内容、流程、体验等方面倡导更为职业化的服务文化，将成为推动政务服务可持续创新与稳定用户体验的必要支撑。

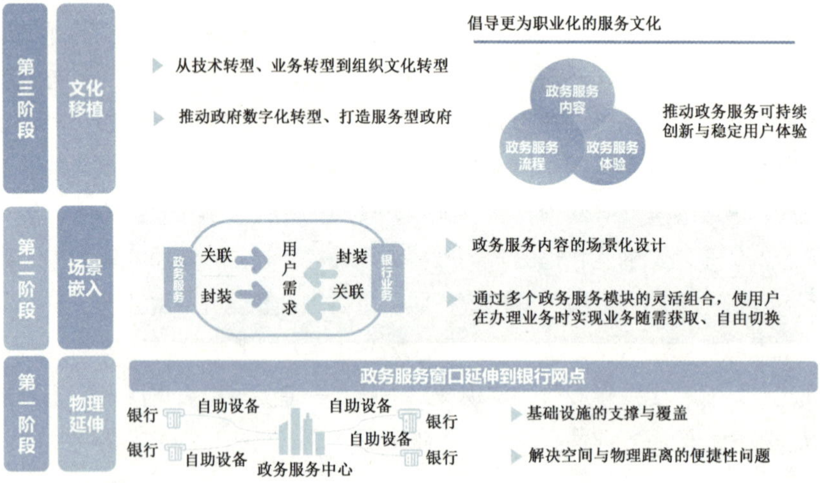

图6-9 “银行+政务服务”的3个阶段

要实现“银行+政务服务”的深度办理模式，“网络通”不只是政务服务网络平台触达用户的通畅，而且是政务服务与银行业务之间的网络通畅；“数据通”也不再只是部门间的数据共享，而且是政务服务的办事行为数据、证照数据与银行的企业征信数据、消费及经营数据的打通；“业务通”在这里更多指的是匹配与关联，在政务服务内容与银行服务内容之间找到服务逻辑的相关性，实现高效办成“一件事”的目标。

“银行+政务服务”的本质是政府与银行在数字化转型历程中的“同频共振”。政务服务随着平台、算法、数据的驱动越来越呈现出外向型特征，从保守走向自觉创新；而银行在互联网的冲击下在消费金融市场节节失利，其数字化转型中心开始转向深度的企业服务、金融科技等领域。因此，政府与银行在政务服务层面的合作目前只是初步尝试，未来必将诞生新型政务服务产品与模式，以及新的普惠金融服务场景。从组织协同的推进方式来看，政务服务场景在银行网点渗透与嵌入映射的是一网通办“湿”的特征。克莱·舍基在其著作《未来是湿的》一书中将“湿”描述为“没有组织的方式，却有组织的行动”。“无组织的组织力”更多指向个体，个体通过人与人的在线设置议程与去中心的自组织方式进行自主行动。而我们如今看到数字政府领域正在出现的“湿”的特征，体现出的是组织与组织之间的协同，如政府机构与银行、运营商、邮政、电商机构之间的协同。政务服务内容通过数据沉淀，在安全的前提下开放共享，不只是服务层面的协同，在市场监管、科技创新、营商环境优化等领域应有更大的能量被释放。

越过政务服务中心的“围墙”，政务服务内容会以更丰富的存在形式、表现形态与体验方式出现在城市场景中，银行网点、邮政网点、运营商等都只是当前能想象到的“有形部分”，更多的“无形部分”将存在于在线平台的数字化场域内，与移动App、微信、支付宝、美团、京东、拼多多关联，通过不同平台、端口，不分界别、界限地为数字平台提供普适性公共服务。

2019年7月25日，深圳市龙岗区推出“免费证照帮办服务”，携手美团、饿了么为商户办理证照提供面对面指导（见图6-10）。从政务服务在平台的数字化演进路径来看，政务服务从社交平台蔓延到生活服务平台成为基本趋势，从基于社交平台的流量和用户获取，转向基于单项服务与办事需求的流程整合和优化。微信、支付宝等更多的是具备基于平台的基础性能力与海量用户红利的特征，而美团、饿了么则具有“O2O”的特征，并在新零售的光环下具有强烈的线下溢出效应。外卖平台上有数以万计每天、每时、每秒穿行于街道小巷的骑手与地推军团，将他们与商家属性匹配起来，去指导个体户办理营业执照，其成本远远要比政务服务机构派一个人上门服务或到现场办公的成本低得多。

图6-10 深圳市龙岗区推出“免费证照帮办服务”

商业平台介入政务服务是数字治理驱动平台治理发展的必然。数字时代的公共治理显然已不是政府机构能独立履行的责任，前有外卖平台的食品安全问题，后有网约车平台的安全事故，如无法在治理层面和监管层面建立数据共享机制与沟通机制，一旦发生风险事件，最后只能以相互推责和浪费时间收场。美团、饿了么作为生活服务平台，其介入政务服务环节，一方面是一种免费的增值服务；另一方面，前期介入商家的营业规范化运作，可以为后期的规范管理提供支撑，而不至于催生“黑店”。最重要的是，商业平台参与政务服务的行为，以及与政务服务机构的互动，是在数据采集、共享与监管联动上实现预先沟通的背景和条件。垂直性行业平台结合自身业务属性参与政务服务，其本身也为审慎、包容监管提供了新的基础。对于平台而言，这也是推动平台治理迈向新阶段的关键一步，城市治理与服务的公共属性和平台的商业属性在具体的城市场景中得到了深度融合。

在具体的城市服务参与过程中，美团、饿了么的工作人员在工作中经常走街串巷，对商铺的经营情况较为熟悉，在得知有商家需要办理相关证照后，工作人员便主动上门，为商家提供资料包，详细介绍证照办理需要提供的资料，同时指导商家进行资料准备、场地装修等，避免因各种原因导致证照审核不通过的现象。从美团、饿了么等平台支撑城市治理与服务的背后可以看出，城市政务机构引入社会资源、提升服务质量，以“社会化众包”的方式降低成本和优化服务，其本质是一次公共服务的权力让渡与责任再分工——基于社会化力量和资源的业务属性与特征，对其进行政务服务的定向授权，授予其在特定场景的协助职能，从而达到支撑城市有序高效运行的目的。美团、饿了么能够代替政务服务机构对需要办理证照的商铺进行前期指导的原因是开展外卖业务的商家与政务服务的对象是统一的，双方目标也是一致的：政务机构希望打造更好的营商环境，平台希望更多的商铺加入。

#【第7章】

体制机制创新

城市在发展过程中会由于面对不同的形势、机会和风险，而不断调整自身的运行逻辑与组织体系，以组织化、系统化的方式应对未来的不确定性。从数字化、智能化到智慧化的城市治理现代化发展演进来看，城市数字治理的体制机制创新主要通过3种模式完成：第一种是设立由市长或主要负责人牵头的虚拟机构，通常以“领导小组办公室”的名义存在，如智慧城市领导小组办公室、数字城市领导小组办公室等；第二种是通过加挂部门牌匾形成“一套人马、两块牌子”，主要为了在不改变原有人事和管理格局的情况下，通过增加城市治理职能和扩大工作范围完成，如厦门市将大数据管理局与工业和信息化局合并，组成一个二级机构；第三种是成立实体管理机构，由编制办、组织部、财政局等对部门人员、职能、经费等进行核定，如杭州市数据资源管理局。由于前两种模式在中国当前的城市治理体系下具有一定的临时性及局限性，本章主要讨论第三种模式对中国城市治理与服务的价值和影响。

7.1 数据治理与城市发展新坐标

移动设备与智能应用的不断丰富，以及城市基础设施与公共服务资源的智能化升级加速，对城市治理与服务也产生了重要影响，城市政府的数据采集、分析和应用能力不断提升，数据管理部门与城管、公安、水利、交通等部门的地位开始同等重要地出现在政府部门的序列中。数据管理部门一方面是城市政府推动城市治理政策落地的执行机构；另一方面是向其他部门职能进行数据赋能的支撑与协调机构。数据管理部门有两大重要职责仍处在早期探索中：一是“对数据治理”，即通过对城市不同系统、平台、源头的数据进行梳理、清洗和管理，建立城市数据档案与目录体系，对所有数据进行规范化、标准化、资产化管理；二是“用数据治理”，即利用已有的数据平台、数据资源及算法，针对城市治理和服务的具体场景，如交通、安防、洪水等进行有针对性的数据优化与城市运行模式设计，实现数据驱动城市创新有序发展。

地方城市的大数据管理部门出现在历史舞台，一方面由于“数字中国”“智慧社会”及城市治理现代化的宏观政策要求；另一方面由于此前的城市数据管理职能分散于发展和改革委员会、经济和信息化委员会等多个部门，为构建统一高效的地方政府数据治理体系，“大数据局”的出现在一定范围内解决了政府大数据治理政出多门、责任不明、推诿扯皮等问题，有效地提升了数据资源开发利用效率和“互联网+”政务服务水平。截至2018年，全国副省级及以下市县建立了近百个名称各异的大数据管理部门，如大数据管理局、大数据发展局、大数据中心等机构，省级层面已有广东省、浙江省、山东省等16个省份设立了省级大数据管理机构[1]。

根据机构隶属关系，大数据管理机构可以分为政府组成部门、政府直属机构、政府部门管理机构3类，其中，政府组成部门较多出现在省级以下城市，如杭州市数据资源管理局、佛山市数字政府建设管理局等；政府直属机构在副省级和地级城市中多属于政府直属事业单位，如大连市大数据中心、湖州市大数据管理中心等；对于政府部门管理机构，大数据管理机构的隶属部门比较多样化，包括经信委（局）、工信委（局）、政府办公室（厅）、发改委、网信办、政府信息化办公室、智慧办等，在副省级和地级城市中，有不少城市的大数据管理机构由经信委（局）、发改委、网信办、政府信息化办公室等机构管理。

根据新一轮机构改革中大数据和政务服务的关系，当前地方政府大数据管理机构的组建模式分为4种："纯数据"组建模式、"大数据+电子政务"组建模式、"大数据+政务服务"组建模式及沿用传统组织体系资源。"纯数据"组建模式即单纯将工业和信息化委员会或经济和信息化委员会承担的有关数据资源管理、大数据应用和产业发展（除电子信息制造业外）、信息化（除"两化融合"外）等职责"剥离"，成立政府数据治理机构，铜仁市、黔南州等地政府数据机构的组建模式属于该模式。"大数据+电子政务"组建模式即对原有机构承担的大数据、电子政务等职能进行重组，其中一种是将政府办公室（厅）承担的组织、协调政府系统信息化建设，组织、指导、协调各地政府和各部门电子政务建设，以及政府门户网站建设等相关职责，整合划入数据管理机构，浙江省、山东省的下属各城市即在大数据与电子政务管理职责基础上组建城市大数据管理机构；另一种是将信息中心的工作职责全部划入大数据管理机构，大数据管理机构负责区域内大数据资源的统筹管理工作。"大数据+政务服务"组建模式则是将大数据管理机构和政务服务管理机构合二为一，强化大数据和政务服务融合发展，如广东省下属各城市组建"政务服务数据管理局"，其背后的基本逻辑是技术与数据最终为政务服务的质量提升服务。

1 资料来源：黄璜、孙学智，《中国地方政府数据治理机构的初步研究：现状与模式》，中国行政管理，2018年第12期。

各个城市大数据管理机构的职责均有不同，可以划分为顶层设计、资源整合、技术保障三大类，或进一步划分为制定战略（包括大数据战略、信息化规划、政策、智慧城市等）、促进数据产业（行业）发展、拟定标准规范和考核体系、政府数据归集及开发利用、政府数据资源共享与开放、电子政务建设、信息安全保障七小类。

首先，在顶层设计方面，大多数地方的大数据管理机构均负责拟定全区域大数据相关政策、法规和标准，起草相关地方性法规、规章草案，拟定大数据、信息化行业技术规范和标准并组织实施；负责制定全区域大数据和信息化发展规划，提出大数据和信息化项目投资规模及方向、具体项目的审批备案核准等方面的建议。

其次，在资源整合方面，虽然很多城市的大数据管理机构承担了数据共享与开放的职责，但是承担推动数据归集及开发利用方面职责的较少。例如，天津市大数据管理中心负责数据资源的采集、存储、登记、开发利用和共享；上海市大数据中心承担政务数据的归集和应用融合工作，负责全市统一政务数据共享交换平台的建设；杭州、宁波、合肥、青岛等地的大数据管理机构职责包括统筹管理政务数据资源的收集、挖掘、共享、开放等。随着数据对于城市发展的价值与影响逐步提升，数据成为一种城市创新发展资源，数据归集、清洗、挖掘、应用等方面的工作将进一步得到重视和加强。

最后，在技术保障方面，部分地方政府将外网、云计算、电子政务建设或信息安全等政府信息化建设纳入大数据管理机构的职责中。承担政府信息化建设的机构多是政府组成部门或隶属办公厅、发改委等的机构，而未承担政府信息化建设职责的机构则多为政府直属机构或隶属工信厅、经信委的机构。此外，一些城市将大数据管理机构与政务服务管理机构合二为一，此类机构一般隶属于办公厅系统，这与政务服务网通常由办公厅负责有关。例如，上海市大数据中心承担了上海政务“一网通办”总门户的建设与管理；成都市大数据和电子政务管理办公室加挂市政府政务服务中心；青岛市电子政务和信息资源管理办公室加挂大数据发展促进局，将政务公开、政府网站建设等职责都归口于此。

总而言之，城市大数据管理机构在不同城市的权力范围、工作职能及行政地位决定了其对城市当下与未来的影响力，而其背后则是城市领导者的远见与魄力。城市大数据管理机构的出现是数字时代城市治理的必然要求。一方面，部分机构与公安、税务、交通等传统强势的垂直机构在政府行政序列中处于同一级别，属于同级部门；另一方面，城市大数据管理部门却具有围绕城市数据进行顶层设计推进、项目预算评审及横向协调的职能，在现行的城市政府运行体系下，当面对具体的工作与应用场景时，政府内部数据共享的障碍依然存在。因此，“年轻化”的城市大数据管理机构在短时间内仍然无法摆脱“条”与“线”之间的纠缠。为了解决这种部门权力与部门职责尚无法形成实质上对等的现状，个别城市通过“迂回策略”解决城市大数据管理机构的执行力问题，如广东省政务服务数据管理局局长兼任广东省政府副秘书长，杭州市数据资源管理局局长兼任杭州市政府副秘书长，由此，大数据管理机构被赋予了更大的工作策动空间和更强的资源协调能力。

7.2 “一枚印章管审批”与城市权力重构

早在2003年，我国颁布的《中华人民共和国行政许可法》就已提出“相对集中行政许可权”的概念。《中华人民共和国行政许可法》第26条规定，行政许可需要行政机关内设的多个机构办理的，该行政机关应当确定一个机构统一受理行政许可申请，统一送达行政许可决定。由此带来的城市行政审批部门的组织形式变革，通常有两种实现形式：一是物理集中，即具有审批职责的部门在政务服务中心直接设立窗口，集中受理审批事项，在部门间实行并联审批和联合办理的模式；二是权力集中，设立行政审批局，行政审批局负责接收并集中原审批部门划转的审批权，实行

“一枚印章管审批”。两者的目的都是建立统一审批平台，推动行政审批改革朝着精简、规范、协调、效能的方向发展，消除审批环节多、流程简化有限等弊病，从而达到行政审批方便、有序、高效的良性状态。

2008年12月24日，我国首个行政审批局——四川省成都市武侯区行政审批局成立，在成立时就划转了22个部门的79项审批事项。随着“互联网+政务服务”的发展，以设立行政审批局为代表的“相对集中行政许可权试点”在逐步扩大范围。目前，单独设立行政审批局的试点已经遍布16个省、160个市（含银川、西宁、南宁、沈阳4个省会城市）、县、区。

从发展历程来看，我国行政审批局模式的发展经历了3个阶段：地方政府自主创新阶段、中央层面推动阶段和地方政府试点推广阶段，具体内容见表7-1。

表7-1　我国行政审批局模式的3个发展阶段

阶　段	主要标志	主要进展
地方政府自主创新阶段	2008年12月24日，成都市武侯区在全国率先成立了行政审批局，开创了“一局一章管审批”的行政审批模式	天津市滨海新区、宁夏银川市、河北威县等地纷纷组建行政审批局，开始地方行政审批制度改革的相关实践探索
中央层面推动阶段	中央编办、国务院法制办于2015年、2016年连续两年就组建行政审批局相关事宜联合印发了相关文件，明确了试点省份、试点层级、试点报批主体和程序等[1]	根据文件要求，天津市、河北省、山西省、江苏省、浙江省、广东省、四川省和贵州省进行试点，探索推进相对集中行政许可权试点工作
地方政府试点推广阶段	2018年12月，山西省成立首个省级行政审批服务管理局作为政府工作部门	截至2018年6月，全国共有21个省份（除中央编办和国务院法制办确定的两批共14个省份外，另有山东、江西等7个省份）开展相对集中行政许可权改革试点

1　《中央编办 国务院法制办关于印发<相对集中行政许可权试点工作方案>的通知》（中央编办发〔2015〕16号）和《中央编办 国务院法制办关于进一步做好相对集中行政许可权改革试点的通知》（中央编办发〔2016〕20号）。

第1阶段：地方政府自主创新阶段。2008年12月24日，成都市武侯区在全国率先成立了行政审批局，开创了“一局一章管审批”的行政审批模式，这也成为行政审批局模式最初的实践样板。2014年5月20日，天津市滨海新区行政审批局挂牌成立，“一枚印章管审批”的行政审批局模式在全国引起了轰动。随后，宁夏回族自治区银川市、河北省威县等地纷纷组建了行政审批局，开始地方行政审批制度改革的相关实践探索。

第2阶段：中央层面推动阶段。为推动此项改革试点，中央编办、国务院法制办于2015年、2016年连续两年就组建行政审批局相关事宜联合印发了《中央编办　国务院关于印发〈相对集中行政许可权试点工作方案〉的通知》和《中央编办　国务院法制办关于进一步做好相对集中行政许可权改革试点工作的通知》，明确了试点省份、试点层级、试点报批主体和程序等。该文件还确定在天津市、河北省、山西省、江苏省、浙江省、广东省、四川省和贵州省进行试点，探索推进相对集中行政许可权试点工作。同时指出，没有确定为试点的其他省份如需要开展试点或适当扩大试点范围，可参照执行。

第3阶段：地方政府试点推广阶段。地方政府按照中央部署积极开展试点改革。2018年12月，山西省成立首个省级行政审批服务管理局作为政府工作部门。相关数据显示，截至2018年6月，全国共有21个省份（除中央编办和国务院法制办确定的两批共14个省份外，另有山东、江西等7个省份）开展相对集中行政许可权改革试点，试点共有368个，其中地市级65个（含天津市辖区16个）、县（市、区、旗）级257个、各类开发区（园区）46个。

从城市行政审批局的模式来看，按照层级和范围划分，行政审批局主要包括3种类型。一是市域范围全面覆盖型，如天津市所辖16个区、江苏省南通市及其所辖8个县（市、区）全部组建了行政审批局；二是省域范围广泛推广型，如河北省在所有市县全部组建了行政审批局；三是积极试点稳步推进型，如贵州省的“一县三区”（黔南州瓮安县、贵安新区、贵阳高新区、义安新区）及浙江省的“一县三区”（天台县、嘉兴市南湖区、绍兴市柯桥区、温州经济技术开发区）。

按照划转行政审批职能范围来划分，行政审批局主要包括两种模式：一是“大审批”模式，如对于银川市行政审批服务局，除垂直管理部门和规划、国土、人社、公安的行政许可处室整建制入驻政务服务中心外，其行政审批局还划转了其余行政许可及关联管理事项；二是“精审批”模式，如南通市行政审批局只划转了市场准入与投资建设相关的两大重点领域的行政许可及其关联事项。

从城市治理与服务的效能层面来看，行政审批局的成立和运行提升了政府行政审批效能，通过“前台受理、后台审批”的方式进行审批，程序上以并联审批为主，代替了过去的串联审批，“多部门审批、多环节流转、多头跑路”的状况明显改善，审批效率大幅度提升。例如，天津市滨海新区行政审批局就实现了行政审批事项平均办理时间由22.85小时降至5.67小时；山东省荣成市则通过“一枚印章管审批、一个窗口集中办”，将原先26个部门、105个审批科室、253名审批人员、29枚审批专用章精简为1个部门（行政审批局）、4个业务审批科室、73名审批人员、1枚审批专用章，大幅度降低了行政审批成本。行政审批局推动了政府职能的转变，再造了政府组织结构和业务流程，实现了由“审批式管理”向“监管式服务”的转变。

面向城市型社会发展需求与打破“强条弱块”固有格局的体制机制创新，行政审批局的成立对推动城市治理现代化发展具有重要意义，但作为一种改革举措与创新探索，仍存在一些问题。一是存在模式本身的合法性问题。行政审批局模式在机构设立和职权设定方面与法治政府建设“职权法定”的要求还存在一定差距。行政审批局由于停留在地方政府试点创新层面，其成立和职能定位一般只是地方政府的行政行为，没有经过国家法律的明确授权。此外，由于缺乏法律约束，一些地方还容易出现部门、人员、编制超标现象。二是存在上下关系不匹配问题。由于国家层面没有出台专门的成立行政审批局的顶层设计和实施意见，目前还只停留在地方市、县的创新试点层面，省级以上政府还没有成立相应部门。这样，根据行政机构“上下对齐、归口管理”的原则，一些市、县成立的行政审批局由于缺乏对应上级部门的业务指导，在协调不同部门关系方面存在困难，影响行政效率。三是存在职权划转问题。职权划转是行政审批局成立的关键一步，决定着行政审批局究竟可以行使哪些权力，以及新旧机构之间如何有效衔接。虽然行政审批权在移交方面问题不大，但是在涉及一些与其密切相关的行政职权事项和处罚类权力上却容易产生分歧。四是存在审批与监管责任划分问题。审批与监管适当分离是决策、执行和监督“三权”分立的内在要求，然而审批权归行政审批局、监管权归原政府部门，给审批权和监督权的运行带来不便。一方面，调查和处罚类权力没有划转给行政审批局，二者间的责任没有明确划分，在这样的情况下要求行政审批局完全承担审批行为的法律责任不太合理；另一方面，审批与监管分离打破了审批监管的责任共同体利益格局，审批的只管审批，监管的不愿承担管理责任，使“谁审批谁监管”的约束失效。五是存在“信息孤岛”问题。当前行政审批局模式下“信息孤岛”现象十分严重。成立行政审批局虽然从体制上打破了各个部门之间的界线，实现了审批事项的物理集中，但是由于大多数部门都在使用国家部委或省级行业主管部门统一建设的审批专网，而且只有在这些专网上操作，才能发放申请人所需要的证书，因此，行政审批局实际上又被这些专网分割成了各个部门，审批信息并不能完全共享。

作为以“省级政府负责、城市及区县试点、国务院备案”模式进行城市治理与服务改革推进的重要载体，行政审批局在数字政府建设的加持下越来越凸显其价值与亮点，其与数字政务服务倡导的一体化、全流程模式高度契合，并受到各城市的欢迎。从行政审批局发展的困境来看，虽然目前由行政审批局主导推动的“一枚印章管审批”模式在某些领域依然存在难以逾越的现实障碍，但是随着数字政府的不断发展及全国一体化在线政务服务平台的建设推进，特别是电子印章、电子材料、电子签名、电子身份等电子证照的互认和共享的加速，以及物联网、人工智能、区块链等新基建的逐步完备，以城市为核心的法律、制度、治理体系将不断完善，行政审批局对于城市治理与服务发展的价值将得到进一步挖掘和放大。

政策与实践专栏7-1

天津市滨海新区“一枚印章管审批”实践

天津市滨海新区围绕“审批服务便利化、权力运行规范化”，不断推动体制机制创新，将分散在各部门的行政审批职能进行整合，全部划入新组建的行政审批局，实行“一枚印章管审批”，在切实提高审批服务效能的同时，倒逼各部门转变职能，将工作重心向强化事中事后监管转移，推动形成宽进严管的工作新格局。

一是整合审批机构和职责。滨海新区政府将18个部门的216项行政审批职能进行整合，全部划入行政审批局，废止了各部门的109枚审批印章，审批人员由600人减至109人。原来需要跑多个部门重复报批的事项，变成了一个主体审批、一个窗口办理的事项，减少了重复的审查环节和申报材料，实现了审批服务由“物理集中”向“化学整合”的转变。

二是优化审批服务流程。滨海新区政府推行“一口受理、接办分离”改革，建立统一的受理中心，集中受理行政审批局办理的全部事项，变多类别分设的单项窗口为全项受理的综合窗口；推行企业设立“一窗登记、一号受理、一网通办”，落实“五证合一”“一照一码一章一票一备案”一天办结，再造建设项目联合审批流程，打破“马路警察、各管一段”的传统审批运行模式，对所有行政审批事项进行要件梳理，简化不必要的审批环节和审批条件，使关联事项紧密连接、协同办理，实现全链条、闭合式、整体性“车间式流水线”审批，大幅提高审批服务效率，办理事项的平均办结时间仅为改革前的1/4。

三是开展标准化审批服务。滨海新区政府以操作规程总则为指导，按照“一事项一标准、一流程一规范”的原则，全面推进行政审批标准化，完善审批事项标准化操作规程，对审批要件和审批流程、审查标准、审批时限进行规范和细化，将审批标准固化在审批流程中，让审批行为留痕在固定轨道上，推进依法依规审批；按照一窗受理、内部流转、限时办结、统一发证的思路，编制工作手册和办事指南；组建帮办服务队伍，通过政府买单、无偿帮办的方式，全程、全面、全时、高效地为企业设立和项目审批提供方便快捷的服务；推行行政审批非主审要件容缺后补制度，方便企业和群众办理审批服务事项。

四是完善审管衔接机制。滨海新区政府研究制定《关于加强行政审批与事后监管协调联动工作的实施意见》，积极探索和构建审批与监管信息互动交流、重点方面专项会商、审查员审核、观察员参与踏勘4项制度，实现审批与监管即时衔接；建立“对应职能、即时推送、短信提醒、定期公告”的行政审批信息及结果推送制度，将办结的审批事项及时发送至相应监管部门，审批结果接受行政主管部门实时监督，同时倒逼主管部门实施同步监督；推行守规承诺制，建立企业信用等级库，实行一张审批表、一份承诺书，让守信者一路畅通、失信者处处受限；建立向社会公告制度，通过审批局门户网站向社会及时公告，实现审批信息双推送的完整化。

五是强化审批服务监督。滨海新区政府依托政府内网建立全过程留痕电子监察系统，开通服务对象外网跟踪查询功能，确保审批行为规范、协调、透明、高效；利用“制度+科技”固化审批流程，确保从受理、审核到办结、发证的全过程公开透明，避免权力寻租，实现信息可追溯，强化后台监督；加强纪检派驻监督，开通24小时服务热线，实行全天候值守，无偿为企业提供业务咨询、项目审批和投诉建议等服务，接受社会监督。

7.3 城市行政服务中心的诞生与“消失”

2000年，浙江省率先进行综合行政服务机构建设试点。随着《国务院批转关于行政审批制度改革工作实施意见的通知》的发布，全国各地陆续开始成立综合行政服务机构。据有关资料统计，全国已有3 300多家不同层级的综合行政服务机构，几乎覆盖了全国所有县市。我国综合行政服务机构的产生，顺应了建设服务型政府的现实要求，是政府公共服务方式和服务程序的一种新的探索。而在“互联网+政务服务”、数字政府建设与政府数字化转型的背景下，城市行政服务中心成为推动线上线下政务服务互动融合发展的重要支点，并以政务服务大厅、行政审批大厅、市民中心等不同名称和形态存在，但核心仍是实现城市政务服务与公共服务的一体化供给。

行政服务中心源于英国的“一站式”服务。国外有学者认为，“一站式”服务指的是政府向公民提供的公共服务是一体化的。“一站式”服务的重要价值在于效率与回应性，即公民能够直接将审批材料交到服务窗口，而无须为了加盖公章在众多部门间游走。

我国各地的政务服务中心、政务中心、行政审批中心、便民服务中心都是行政的典型模式，是在借鉴国外政务超市经验的基础上，结合各地方特点及中央关于行政审批制度改革精神的创新产物。虽然各地对于行政服务中心的命名和具体表述有所区别，但其共同之处在于各地的行政服务中心都整合了政府职能，在一个集中的办公地点为公民、法人或其他组织提供全程式、快捷、公开、透明的服务。这也体现了服务型政府“以服务为本位”的理念，使行政服务中心与传统模式下的审批机构有了本质区别。

综上所述，行政服务中心的概念可以这样定义：在服务型政府理念的指导下，通过政府组织重构、职能整合和流程再造，依靠先进的服务手段，依托集中的办事地点，为公民、法人和其他组织提供一体化服务的新型行政服务机构[1]。

从发展历程来看，作为政务服务的一种创新模式，我国行政服务中心的发展大体经历了3个阶段：初步探索期、快速推进期和创新突破期，如图7-1所示。

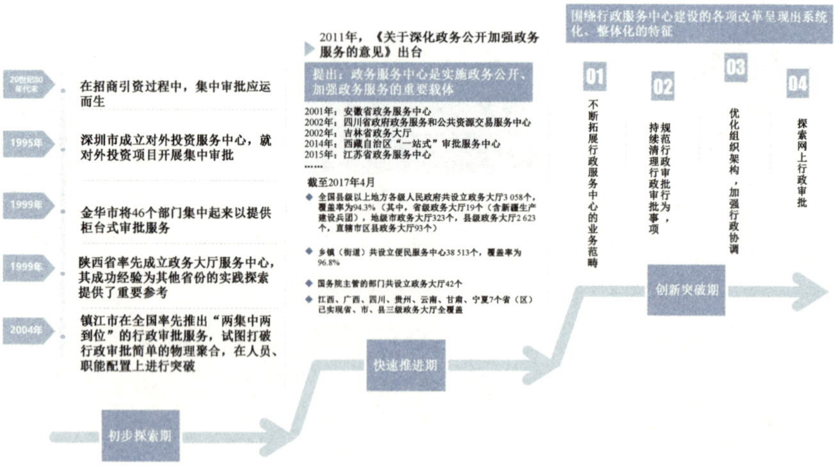

图7-1　我国行政服务中心发展的3个阶段

从运行模式来看，我国行政服务中心可以分为3种：虚体型、协调型和实体型。虚体型模式指行政服务中心不享有直接实施行政审批权，也不享有协调实施行政审批权，虚体型行政服务中心不承担行政职能，只提供集中的办公场所，不对外行使行政管理权也不行使协调监督权，仅作为一个对外收件、发件的窗口，基本呈现“收发室”形态。协调型模式指行政服务中心虽然不享有直接实施行政许可权，但享有协调全部或部分行政许可权。协调型模式是我国当前行政服务中心的基本模式，2011年

1 资料来源：段龙飞，《我国行政服务中心建设》，武汉大学出版社，2007年。

6月，中共中央办公厅、国务院办公厅印发《关于深化政务公开加强政务服务的意见》，对政务服务中心的体制和机制进行了明确规定，政务（行政）服务中心纳入行政机构进行管理，政府各部门派驻窗口人员接受政务服务中心管理机构的组织协调、监督管理和指导服务。行政服务中心作为集中办公、集成职能、集聚服务的综合行政服务机构，其法定职能仍属政府相关部门，行政服务中心按照各部门“后台”的授权和流程整合的授权履行职能。各部门可把行政审批业务集中到一个处（科、室），这个处（科、室）成建制进入行政服务中心，作为部门全权授权的“前台”行使受理权、即办权、协调权（或分办权），使其职、权、责相统一。该模式是行政服务中心向行政审批局过渡的关键阶段。协调型模式仅具有咨询和协调职能，很大程度上只是各部门联络和沟通的渠道，并不能有效地解决行政许可权过度分散的问题，反而有可能由于行政管理环节的增加而使行政审批的效率大大降低。实体型模式指行政服务中心成为政府行政审批执行部门，即行政审批局，承担行政审批职能，其本身就是行政审批实施主体。该模式是我国行政服务中心发展的理想模式。从目前行政审批改革的进度与各地行政审批局的具体操作成效来看，作为一种理想模式，实体型模式无论是在法律制度规范设计层面，还是在具体的行政服务执行层面，均处在一个“混乱与繁荣并存”的过渡期。“混乱”是指以行政审批局为代表的实体型政务服务中心在自身权力和权威的实现上尚缺乏相关法律依据；“繁荣”是指在以城市为单位的范围内，从政务服务改革角度来看，行政审批局确实为城市治理与服务发展带来了新的气象，为市民和企业的办事服务便利化带来了较大的改善。

作为一种城市政务服务模式创新，行政服务中心的最大优势在于它打破了过去政府各职能部门分散式、封闭式的审批格局，通过物理空间，即办公场地的集中，将原来由不同办公室审批转变为由同一个大厅的不同柜台审批，形成了政务服务“一门式”格局。办事人进入行政服务中心这个门即可找到各个部门，且各个部门在统一公开的服务场所提供审批服务，把权力置于公众的监督下，工作的透明度和规范性都大幅度提升。此外，近年来，行政服务中心采取服务流程再造、全程代理、限时办结、两集中两到位等运行模式，突破了原有的审批运行体制，拆除了审批过程中同一部门不同科室、人员之间的壁垒，取消了部分审批环节，一定程度上解决了审批内部环节多、协调难的问题，提高了行政效率。

在“互联网+政务服务”、营商环境优化改革的推动下，以及平台、数据、智能设备对行政服务中心的线上线下能力的不断拓展下，作为城市政务服务的线下核心阵地，行政服务中心越来越能体现巨大的城市服务能量。但作为城市的体制机制创新，其背后依然存在相应的制度隐患。一是缺乏法律依据。目前行政服务中心的定位缺乏法律依据，它既不是审批业务主体，也不是监督主体。法律依据的缺失导致行政服务中心履职困难，也导致其设立缺乏标准规范，具体表现为机构名称不统一、机构性质不明晰、职能范围不一致等。二是监督管理难度大。行政服务中心的成立采取自下而上的探索模式，各省、市、县均成立了行政服务中心，但中央没有这个机构，机构定位职责不明确，其公信力和权威性与承担的职能不匹配。行政服务中心同政府各职能部门属于平级关系，但职能部门掌握大量公共权力，当审批过程中发生意见分歧或矛盾冲突时，让行政服务中心去协调的难度较大。三是授权不充分。受到部门利益的制约，政府各职能部门虽然进驻了行政服务中心，但只是“形式上”进驻，它们将与部门利益紧密相关的审批事项留在本部门，对派驻行政服务中心的工作人员的授权也是形式化的。这在一定程度上导致了行政服务中心沦为职能部门的“收发室”，核心事项的审批权还是在原职能部门，从而形成了部分“前店后厂式”的服务窗口，“体外循环”等问题也随之出现。四是组织内部人事双重管理。从行政服务中心的人事关系来看，当前各级行政服务中心工作人员的人事关系一般仍保留在原单位，行政服务中心对窗口工作人员只拥有监督与检查的权力，而工资发放、职位升迁等权限均在原单位。这种双重人事管理制度导致行政服务中心的统一管理权与人事管理权之间存在矛盾。

在城市数字化转型的背景下，城市行政服务中心正在步入关键的历史时期。一方面，与行政服务中心运行管理相关的制度困境长期未得到改善；另一方面，来自互联网平台、大数据与智能设备的整合效应正在对城市政务服务的模式产生革命性变化，最直接的表现就是在移动城市政务服务普惠化的背景下，线下实体行政服务中心是否还有存在的必要。2020年9月1日，佛山市南海区率先宣布，南海区将逐步实现区行政服务中心受理的事项100%下沉到镇（街道）行政服务中心办理，撤销区行政服务中心实体大厅，并将建设全新的、智能化的办事服务大厅，研发智能受理终端，实现政务服务"不打烊"。未来，不方便前往实体大厅的群众可使用"南海通"App办理此前行政服务中心提供的服务事项。对于必须到现场办理的事项，南海区则采用原件核验的方式：申请人网上申报，审批部门网上审批，审批通过后，申请人到窗口核验原件无误，即可马上领取结果，让整个办事过程实现"最多跑一次"。

中共杭州市委于2020年6月28日通过了《关于做强做优城市大脑打造全国新型智慧城市建设"重要窗口"的决定》，要求推动行政服务中心实时在线，时机成熟时撤销实体化的行政服务中心，提供适当的人工辅助服务。据浙江日报于2020年7月28日的报道显示，杭州市滨江区率先将行政服务中心办事窗口数量整体压减50%，提升数字赋能城市现代化治理水平，探索打造"指尖上的行政服务中心"。根据实际情况，杭州市滨江区确定了3种撤减方式：能够网上办的完全撤减、可以合并办的建立联合专窗、需要审批的投资项目后台响应。例如，在商事登记领域，原先涉及市场监管、商务、税务的17个窗口被减少到7个，因为企业开办业务已经完全可以全程在网上办理。在裁撤窗口的同时，杭州市滨江区行政服务中心将60%被裁撤窗口人员调整为辅助工作人员，他们在自助办理区、群众等候区、前台窗口外侧等区域指导群众网上办事，其余人员则被调整至后台，负责实时审批、在线咨询等，保障在线服务的质量和速度。此外，杭州市滨江区还积极推广"就近办"，将办理事项向基层下放。在行政服务中心窗口撤减前，杭州市滨江区加大力度投放综合自助机，在实现街道、社区全覆盖的基础上，还覆盖了各个产业园区，做到了办事渠道下沉。

从更长的历史周期来看，城市行政服务中心原本就以一种创新探索的改革形象出现，以解决市民和企业办事问题为目标。但随着数字化的渗透不断深入、城市发展的问题越来越多元、市民与企业的需求不断演变，固定的、集中的城市行政服务中心已无法满足市民和企业的办事需求，并逐渐被在线政务服务平台挤压和分流。移动化、智能化、泛在化的城市政务服务平台（如政务服务网、政务服务App、政务服务小程序、自助政务服务设备等）正在成为人们首选的服务界面，它们消解了时间与空间对公众和企业办事的限制，输出更具人性化与温度的服务。因此，从城市行政服务中心的出现，到部分城市或城区的行政服务中心逐步退出历史舞台，未来的城市治理与服务机构的形态、功能及价值也在不断演化和改变，而这一切的背后是科技在干预、调节、改变和重塑一座城市的治理与服务范式。

政策与实践专栏7–2

上海市徐汇区行政服务中心的“一网通办”实践

2018年，围绕上海市全力打响“一网通办”政务服务品牌目标，徐汇区依托国家“互联网+政务服务”示范区建设，率先提出“打响‘一网通办’服务品牌、做优‘一窗办成’服务体验”的思路，聚焦“高效办成一件事”目标，推出一系列改革创新举措，形成“指尖上、家门口、一体化”工作体系，实现“进一网、能通办，来一窗、能办成”，群众满意度高达99.97%。徐汇区推进“一网通办”的核心特色主要体现在3个方面。

一是空间重塑，让政务服务更加便捷。徐汇区紧扣企业、群众感受度，在上海市“一网通办”平台总集成的基础上，推动“一网通办”的线上速度与“一窗办成”的线下温度相结合，完成徐汇区行政服务中心2.0版的升级，98%的区级审批事项、100%的“全市通办”个人事项入驻徐汇区行政服务中心，建成法人事项综合受理大厅、个人事项综合受理大厅、24小时自助服务大厅、城市网格管理服务大厅和大数据治理创新实验室五大政务服务新空间；首创规模化24小时“不打烊”政务服务，自助服务点延伸到徐家汇商圈、漕河泾开发区和银行网点，形成行政服务中心、13个街镇与自助服务点的“1+13+X”政务服务平台体系，网络化分布的政务服务3.0版正在加快形成。

二是职能再造，让业务流程更加优化。徐汇区全力推动审批“两集中”、受理“零差别”改革，推动部门行政审批事项向一个科室集中、部门审批科室向徐汇区行政服务中心办事大厅集中，将83个部门专窗压缩为18个政府综窗，形成前台“零差别”受理、中台一键呼叫专业支撑、后台透明工坊分类审批的工作流程，这已成为徐汇区“一网通办”的硬核能力。目前，当场办结事项占所有办件量的68%，现场排队等候时间减少1/3。徐汇区大力推进“双减半”“双100”，选取14个用户关注度高、获得感强的“一件事”，推进线上线下一体化办理，行政审批事项承诺时限比法定时限平均减少70%，提交材料平均减少56%，82个事项实现零材料提交，“最多跑一次”事项达到政务服务事项的95%以上。

三是技术赋能，让数据应用更加高效。徐汇区推动大数据中心、行政服务中心、网格中心“三位一体”运行，率先落地人口库、法人库等六大基础数据库，建设政务服务知识库及应用平台，推进政务数据的标化、转化、活化，由凭经验办变为凭标准办、依数据办。徐汇区依托电子证照库，实现了100类高频材料的互认共享，96%的涉企审批事项全程网办，办理量最大的50项政务服务的在线办理率达70%；率先试点政务服务“无人干预自动办理”，实现“秒批秒办”；升级“人工智能首席服务官”团队，提供智能咨询、智能引导、智能递送、智能预审等服务，通过人工智能提升服务的温度和速度。

7.4 “一网统管”与城市运行新秩序

在城市运行中，人们对“网”这个词并不陌生，传统城市基础设施涵盖的水网、电网、路网等早已家喻户晓。而互联网对城市运行的影响虽然由来已久，但是随着数字技术的不断演化，城市运行的质量与水平逐渐产生了意料之外的状况。互联网对城市运行的价值与作用可以大致划分为三个阶段：第一阶段为实现城市市民的连接，依托无线网络的覆盖，人的流动与数据的流动产生了交互；第二阶段是实现城市部件与资源的连接，城市基础设施、空间、能源等通过物联网与感知设备连接，此时的网络使城市管理部门具备了“看见”与初步管理的能力；第三阶段则是网络、算法与数据对城市治理和服务行为的连接，由于人工智能、大数据、区块链等数字技术的融合，与城市职能部门、权力机构、基层组织等相关的判断、决策、执行及自我学习与生长的能力开始渗入网络空间，网络空间的数据流动、代码符号及颜色指示都开始代表着城市的生命体征，城市运行新秩序随之来临。“一网统管”可被视为在移动互联网的尾声与人工智能崛起之时，人们对城市未来治理与服务的终极想象与理解。

“一网统管”的理念于2019年最先诞生在上海，上海将政务服务“一网通办”、城市运行“一网统管”视为城市政务服务与城市治理的“一体两翼”。就技术手段而言，“一网统管”更强调中国版的“数字孪生城市”。而就城市治理的组织视角而言，“一网统管”的本质是通过技术与机制创新完成城市运行新秩序的构建。根据上海市城市运行管理中心副主任徐惠丽在第五届（2020）上海静安国际大数据论坛上的发言，“一网统管”的核心内容就是用实时在线数据和各类智能方法，及时、精准地发现问题、对接需求、研判形势、预防风险，在最低层级、最早时间，以相对最小成本，解决最突出的问题，取得最佳综合效应，实现线上线下协同高效处置一件事。“一网统管”的四大特征包括态势全面感知、趋势智能研判、资源统筹调度与行动人机协同。“一网统管”实现了城市治理的三大转变，即由人力密集型向人机交互型转变、由经验判断型向数据分析型转变、由被动处置型向主动发现型转变，最终实现“一屏观天下，一网管全城”[1]。对于城市治理而言，数字技术的价值与能量其实是一种覆盖动员、决策、执行和监督的组织技术[2]。从“一网统管”的技术、手段、路径、组织等角度来看，基于算力、数据、算法的城市治理现代化发展创新正是物理空间、数字空间与权力空间的融合互动。

作为最先面对数字治理进行思考并做出行动的城市之一，上海市从组织架构与顶层设计层面均推出了多项举措，以应对城市的数字化转型。2020年4月，上海市城市运行管理中心正式运行，其指挥大厅如图7-2所示。作为“一网统管”的具象实体，上海市城市运行管理中心主要发挥数据赋能、信息调度、趋势研判、综合指挥、应急处置等作用，依责组织、指导、协调、赋能各相关政府职能部门开展工作，但不替代、不包揽相关部门的日常运行管理职能；重点做好拟订城市运行管理智能化管理战略、编制智能化发展规划和专项规划、城市运行状态监测分析和预警预判，以及应急事件联动处置等工作。从组织职能设计来看，上海市城市运行管理中心主要还是通过数据赋能来协调城市各部门参与城市治理，并从顶层设计入手推动城市数字治理战略发展。

2020年10月，上海市域物联网运营中心成立，其核心工作是围绕城市数字化转型、数字产业及基础设施，建立城市运行数据、设备及业务的运营机制，并建立了三大机制以支撑全市城运体系的高效运行。一是建立城市治理数字化转型与数字孪生感知端建设的双向促进机制。未来的城市治理离不开“人物动态”的全量数字孪生，通过打造市区两级物联网管理

1 资料来源：上海市城市运行管理中心副主任徐惠丽在上海静安国际大数据论坛上的发言。
2 资料来源：李雯佳，《区块链与国家治理的融合重构》，文化纵横，2020年第5期。

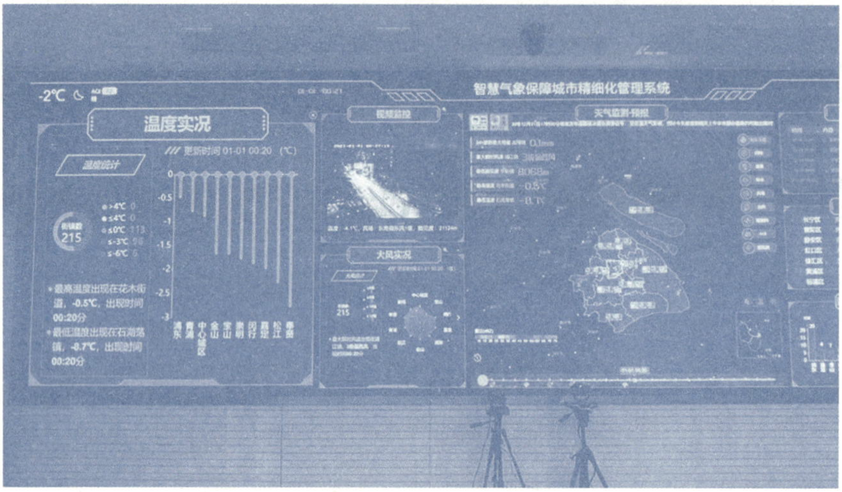

图7-2　上海市城市运行管理中心指挥大厅

平台，实现全市感知端建设统一规划、分步建设、智能管理、多层共享。二是建立城市运行数据集成与产业高效应用的相互带动机制。城市运行数据以实战应用场景需求为导向，涵盖公共安全、市场监管、卫生健康等实时、深度的数据，能够有效带动数据治理、分析、应用等产业的快速发展。三是建立新型基础设施建设与城市公共数字基座的相互融合机制。通过布设千万级社会治理神经元感知节点，在更大范围、更宽领域、更深层次支撑城市治理全方位变革。

除了在组织体系与机构设置上进行调整，2020年4月16日，上海市委常委会会议审议通过了《上海市城市运行“一网统管”建设三年行动计划》（以下简称《计划》）。作为上海市面向城市治理现代化建设的纲领性文件，《计划》对“一网统管”的逻辑架构、主要任务和综合保障进行了翔实、明确的要求。

在逻辑架构上，《计划》指出，“一网统管”是智慧城市建设的基础，通过大数据、云计算、区块链、人工智能、物联网等现代信息技术，对城市生命体进行数字孪生，带动城市治理由数量规模型向质量效能型转变，由人力密集型向人机协同型转变，由传统经验型向大数据支撑型转变，由被动处置型向主动发现型转变，赋予城市更多自我感知、自我判断、自我调整的能力。三级城市运行管理中心（市、区、街道/村镇）是“一网统管”的具象实体。城市运行管理系统是城市运行管理和应急处置的主要载体，各级城市运行管理中心充分发挥数据赋能、系统支撑、信息调度、趋势研判、综合指挥、应急处置等作用，依责组织、指导、协调、赋能各相关政府职能部门和基层。基于“三级平台，五级应用”的架构，“一网统管”打破条块业务系统互不相连的树状结构，形成了横向到边、纵向到底、互联互通的矩阵结构。

“一网统管”的任务主要包括聚焦城运中台建设，打造业务、数据和人工智能三大功能，以推动城运中台成为城运系统的应用枢纽、指挥平台和赋能载体，基于多维、海量、全息数据汇集，实现智能预警研判，构建城市运行“一网统管”综合展示屏（即“一屏”），实时显示城市运行宏观态势，辅助领导决策；完善城市运行管理的治理网（即“一网”），实现城市运行“一网统管”的全域覆盖、智能派单、分层分级、依责承接、高效处置。“一网统管”聚焦城市治理“云”“数”“网”“端”基础设施建设，推动城市基础设施的智能化升级，加快城市空间、城市部件、城市运行动态的数字化，构建治理要素数据“一张图”与城市运行“一张图”；聚焦城市生命体征，培育智慧应用生态的孵化场，围绕城市生命体、有机体特点，着力发现和培育基层可复制、可推广、可联动的智能化创新应用，形成全方位、广覆盖、立体化的智慧治理“风景”；聚焦精准治理体系建设，推动基层流程再造和管理创新，通过技术倒逼方式，推动业务流程优化和管理创新。“一网统管”进一步完善网格划分标准，实现城运网格、警务网格、综治网格的“多格合作”；围绕“管住人、服务人”，推动实有人口信息在基层的融合应用；通过城市运行管理系统，完善公众参与社会治理的渠道和方式，深入收集公众对社会治理的意见和建议，及时反馈和引导群众有序参与社会治理。

以上海市徐汇区为例，上海市徐汇区通过构建“一屏观天下、一网管全城、一云汇数据、一人通全岗”的城市治理体系，实现“一网统管”

的迭代升级。“一网统管”模式在徐汇区的具体应用场景包括“人工+智能”巡街、老年群体护理等。徐汇区“一网统管”实战平台如图7-3所示。徐汇衡复历史文化风貌区占地约4.3平方千米，共有一类风貌保护道路31条，优秀历史建筑231处、1074幢，是上海中心城区历史风貌保存最完整的区域之一，但日常单靠人力巡视耗时耗力。徐汇区利用“一网通办”海量数据赋能“一网统管”事中事后监管，探索“两网融合”治理的可行性。工作人员驾驶一台装有智能图像识别系统的车辆，开启了“人工+智能”巡街的新模式：车辆一“扫”过，沿街建筑的信息都能被动态识别。车载智能摄像头把收集到的数据归集到区城运中台，城运中台初步筛选数据，再通过人工智能算法分类，最终生成时间、门牌号、隐患问题等关键性数据和信息，并将这些信息推送到驾驶员手机中的“汇治理”小程序中。通过对巡街数据与经营主体法人库、历史建筑交易等数据的动态捕捉和比对，管理人员可以第一时间发现建筑装修、业态调整等问题。仅用半年时间，徐汇区就通过“一网统管”处置区内案件6 400余件，通过智能手段发现案件近千件。

图7-3 徐汇区“一网统管”实战平台

此外，为提升区内养老护理资源的利用效率，城运中台通过集中收集需要长护险服务的老人提交的各项需求，运用智能算法模型匹配出每家护理机构所能接纳的服务上限。一旦有机构接纳的服务量超出承受范围，城运中台会自动为其停止“叫号”。针对不同老人的需求，城运中台已把公安、民政、医保、卫健4个部门共3 851万条关联数据进行共享联通，为区域老年群体集中“画像”，提供精准服务。

“一网统管”正在成为智慧城市之后中国城市治理领域备受关注的方向，其背后是推进“互联网+政务服务”、一体化政务服务平台、政府数据开放的成果，城市政务服务的能力与水平已经取得了突破性进展，而在对城市部件、资源和行为的治理方面，城市政务服务仍处于较低水平，这不仅是未来数字政府建设的重点，也是城市治理现代化的必然路径。“一网统管”不只是一种城市治理的技术模式，其本质也是一种面向数据时代城市发展的组织模式与机制创新，是城市实现从服务数字化转型向治理数字化转型演变的重要途径。在实现方式上，“一网统管”倾向于采用“数字孪生城市”的技术逻辑与应用手段，但其目标与愿景则来自城市管理部门对未来城市运行的设计与思考，上海市徐汇区提出的“一屏观天下、一网管全城、一云汇数据、一人通全岗”极具代表意义。

2020年年底，上海市正式发布《关于全面推进上海城市数字化转型的意见》，该文件指出，上海市将从“城市是生命体、有机体”的全局出发，坚持整体性转变、全方位赋能与革命性重塑，统筹推进城市经济、生活、治理全面数字化转型。一是推动经济数字化转型，提高经济发展质量。上海市加快推动数字产业化、产业数字化，放大数字经济的辐射带动作用，做优做强城市核心功能，助力“五型经济”发展。二是推动生活数字化转型，提高城市生活品质。为了满足市民对美好生活的向往，上海市打造了智能便捷的数字化公共服务体系，加强政府、企业、社会等各类信息系统的业务协同、数据联动。三是推动治理数字化转型，提高现代化治理效能。上海市把牢人民城市的生命体征，打造科学化、精细化、智能化的超大城市“数治”新范式。在推动经济、生活、治理三大领域数字化转型的背后，该文件还特别指出“数据驱动城市发展”的重要性，提出要重构数字时代的社会管理规则，塑造数字时代的城市全新功能，重建数字时代的城市运行生态。通过上海的城市数字化转型战略，我们可以窥见一座全球性超大城市在面对数字时代时的“条件反射”与治理创新取向。上海在城市数字化转型推进过程中给予全球城市的启示是：首先，对于城市而言，全面化、系统化、无死角的数字化转型时期已经到来，从经济到政治、从服务到治理、从机构到个人，城市中的每个要素都面临数字化的重构；其次，城市数字化转型没有模板，只有“摸着石头过河”，每座城市的历史条件、发展基础、资源禀赋、人文传统均有所不同，因此，考虑城市的数字化转型必须结合城市的发展实际，才能真正设计出“人民城市”的数字化转型路径。

基于城市数字化转型需求，以及新基建支撑下的超大城市治理形势，2021年6月，上海市推出了国内首个城市运行数字体征系统（见图7-4），主要包括全面监测与主动发现两大模块。全面监测模块对城市

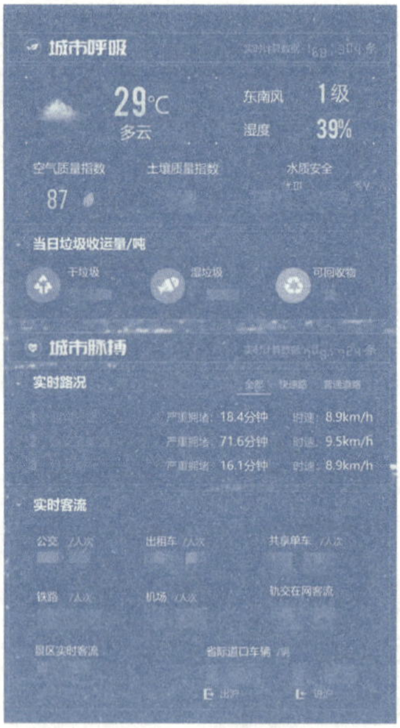

图7-4　上海城市运行数字体征系统[1]

1 资料来源：“话匣子”微信公众号。

“呼吸”（城市生态与环境）、“脉搏”（城市车流、人流、物流、信息数据流、能源流）、“体温”（社会生活与政务、民生服务）等体征进行实时、全面、客观的态势感知；主动发现模块则通过“城市之声”（市民热线、人民建议、热点舆情）、“城市之眼”（公共视频）、“城市之感”（物联网传感器）等途径获取信息，研判城市运行的趋势和规律，及时发现城市潜在的运行风险，助推城市精细化治理。

上海城市运行数字体征系统包括32个类别、1 000多项指标，系统本身就是一个“数字生命体”，它以实时、鲜活的多维（人、物、动）、多源（网络端、市民端、感知端）、多态（战、平、特）数据为基础，以海量智能算法为支撑，对城市的“五官”进行赋能，实现人们对城市的触觉、感觉、听觉、视觉等全方位的感知、预判与处置。“实时鲜活感知、人民共建共享、算法替代经验”是数字体征系统的三大特征与价值。实时鲜活感知指数字体征系统是基于物联感知神经元的规模化部署（物联终端），融合政府、社会、互联网的多元数据（市民端和网络端），从“城市呼吸”“城市体温”“城市脉搏”等体征维度，让每项指标都关联人、物、动、态4种属性，以全面呈现城市运行体征，描绘实时、鲜活的城市画像。人民共建共享指深度加强对社情民意的多元数据采集和主动感知，拓宽了人们参与城市共建共治的方式和渠道，通过强化对各类民生数据的被动挖掘和分析，对社交媒体、线上平台、线下社区等的主动感知和需求捕获，以及人民监督员的角色，构建不同层面群众参与城市治理和政民互动的通道，让人民积极、主动、便捷地参与到城市建设和治理中，高质量地实现“城市让生活更美好”。算法替代经验指借助物联网、人工智能、大数据、协同计算等技术，构建城市运行趋势智能研判模型库，用数据和算法对城市的运行规律、动向和趋势进行智能研判和预警，以替代传统单纯依靠经验处置问题的方式，呈现给城市运行管理者、监督者及法律意义上的责任主体更精确、直观的预警信息和建议，驱动责任主体快速响应、提升处置效率。

城市运行数字体征系统的本质是通过数字化的虚拟空间与现实空间的城市运行要素映射，实现数字空间对现实空间在运行、治理和服务层面的互动反馈与即时干预。但是，城市是一个复杂的巨系统，随着数字体征系统的深入应用，人们需要关注未来城市运行的两大风险。其一，当现实城市反馈的数据对治理决策产生负效应与误判时，如何迅速遏制风险并控制范围。其二，若数字世界出现程序错误、指令失控及非法挟持等情况，对城市运行的基础设施产生致命打击时，现实世界中的城市是否都具有符合自身条件的“B计划”。

第三部分

PART 3

城市治理的多元化参与

【第8章】

数字治理的投资

自政府信息化与城市信息化发展以来，中国在数字治理领域的投资模式就一直处在探索阶段，其原因在于数字治理的投资存在两方面问题：一是作为一种面向数字时代的基础设施投资，其在财政预算与相关投资目录内被习惯性地划入“工程建设”领域，与“铁公基”一样的传统基础设施进行类比投资与考评；二是数字治理涉及的工程、项目等在建设模式、投资周期、收益回报率及效果评价上，与传统基础设施存在天壤之别。例如，传统基础设施一般在投资结束后即可按周期回收投资，但对于政府信息化领域的投资，则需要创造其他收益模式，或其投资效果与价值最终体现在赋能其他公共领域方面，因此现行的投资效果评价尚不成熟，影响了数字治理的长远发展。

从中国的数字政府与智慧城市建设的投资模式来看，数字治理的投资主要可分为5种模式。一是政府主导投资模式，这是我国城市政府在推动城市信息化与数字治理领域投资的主流模式，通过政府投资购买第三方技术与运维服务，推进数字治理领域的建设与运营。据计世资讯调查数据显示，2015年，政府信息化投入达603.1亿元；2016年，受云计算、大数据、智慧城市等新技术、新理念的影响，政府信息化建设朝着数字化、智能化、人性化的方向发展，但由于受信息化建设周期和政府压缩开支的影响，政府信息化建设投入增长幅度较小。2016年政府在信息技术领域的投资较2015年的增长保持在5.2%左右，投资规模达634.5亿元[1]。但随着地方税收政策、财政投资模式发生变化，以及地方债务风险累积，在经济欠发达地区，单纯的政府主导投资模式逐渐被质疑和抛弃，而在经济较发达地区，地方政府也通过数字治理的投资绩效与评价效果倒逼投资建设与运营模式的创新。二是PPP模式，即公私合作模式，是公共基础设施中的一种项目融资模式，在我国智慧城市的建设早期被广泛推崇。该模式鼓励私营企业、民营资本与政府进行合作，参与智慧城市的基础设施建设。三是管运分离模式，这种模式主要应用于广东省的城市，通过互联网公司、电信运营商、信息与通信技术厂商进行联合投资，以政府指导、市场主导、社会参与的方式进行数字治理领域的投资建设与运营，政府负责规划、审批和评审项目，企业负责建设、运营和维护项目。四是智慧城市运营商模式，这种模式主要应用于以厦门市为代表的城市，通过一家国资企业与民营企业联合投资的数据服务公司，共同服务城市的数字治理与智慧化建设，深度对接城市数字服务需求。五是城市大脑模式，这种模式主要通过成立一家由国有资本、社会资本和员工持股共同组成的混合所有制公司进行城市数字治理建设与运营，这家公司负责本市市级层面的数字治理项目平台和生态建设，并参与城市数字治理发展的规划与战略设计。

此外，在智慧城市投资领域还曾出现过一种新的模式，即由国家部委牵头试点、国家政策性银行投资、地方城市政府匹配财政投资的联合投资模式。2013年1月29日，住房和城乡建设部划定了首批90个国家智慧城市试点，涉及28个省区市，包含5个省会城市、30个地级城市、18个县级市（县）、34个区和3个镇，覆盖华东、华南、华中、华北、东北、西北和西南地区。2013年8月5日，住房和城乡建设部对外公布了2013年度第二批国家智慧城市试点名单，共确定了103个城市（区、县、镇），其中市区级83个、县镇级20个。2015年4月7日，住房和城乡建设部和科技部联合公布了第三批国家智慧城市试点名单，确定北京市门头沟区等84个城市（区、县、镇）为国家智慧城市2014年度新增试点。国家开发银行表示，

1 资料来源：计世资讯数据。

在“十二五”时期后的三年，与住房和城乡建设部合作投资800亿元用于建设智慧城市。除了来自政策性银行的投资，地方城市在申报试点的过程中也需要对自身的建设基础、条件资质，以及财政资金配套进行一定的考量。

时任住房和城乡建设部副部长仇保兴表示，每座城市基于互联网形成综合公共信息平台，从而实现部门间信息无偿共享，当务之急是把智慧城市的基础系统——信息公共平台作为现代城市一种必要的公共设施去统一规划、分期建设和定期升级（就像城市的道路网、供排水系统、园林绿化等公共设施那样），从而让政府、人民、企业都能够受益。正因如此，住房和城乡建设部将智慧城市试点投资模式定位为数字时代的城市公共服务基础设施的投资，需要强调公共性与普惠性。因此，虽然智慧城市的市场想象力巨大，但由于受发展阶段与商业模式的影响，多数民营企业追求的短期盈利模式与收益压力不足以支撑其作为公共服务基础设施取得投资回报，因此，国家政策性银行的参与更有利于地方政府智慧城市项目的开展。

2014年，发展改革委等8部门联合印发的《关于促进智慧城市健康发展的指导意见》指出，在国务院批准发行的地方政府债券额度内，各省级人民政府要统筹安排部分资金用于智慧城市建设。城市人民政府要建立规范的投融资机制，通过特许经营、购买服务等多种形式，引导社会资金参与智慧城市建设，鼓励符合条件的企业发行企业债募集资金开展智慧城市建设，严禁以建设智慧城市名义变相推行土地财政和不切实际的举债融资。城市有关的财政资金要重点投向基础性、公益性领域，优先支持涉及民生的智慧应用，鼓励市政公用企事业单位对市政设施进行智能化改造。这是国家层面首次对智慧城市建设投融资机制提出的要求，对后续我国城市数字化转型发展及数字治理投资模式也产生了较为深远的影响，多元化的社会资本介入与市场参与逐渐成为数字治理投资模式的新方向。

本章节主要对PPP模式、管运分离模式、智慧城市运营商模式与城市大脑模式进行重点分析。

8.1 PPP模式与智慧城市建设浪潮兴衰

PPP模式是公共基础设施中的一种项目运作模式，指在公共服务领域，政府采取竞争性方式选择具有投资、运营管理能力的社会资本，双方按照平等协商原则订立合同，由社会资本提供公共服务，政府依据公共服务绩效评价结果向社会资本支付对价。PPP模式主要有建设—经营—转让（BOT）、设计—建造—投资—经营（DBFO）、建设—拥有—经营（BOO）3种。BOT模式适用于有现金流收入的准经营性或纯经营性基础设施；在BOT模式不适用的非经营性基础设施建设项目中，DBFO模式的应用价值较大；对于数字治理中的政府和公众互动系统，BOO模式由于其公益性质及服务对象覆盖全国的特性，能够避免重复建设。PPP模式不仅是一种融资手段，而且是一次体制机制变革，涉及行政体制改革、财政体制改革、投融资体制改革。对于部分地方城市政府而言，PPP模式介入智慧城市建设进程后，其核心在于作为融资工具帮助地方政府融资，通过引入社会资本、运营力量、专业团队，带动区域产业生态发展。

由于在我国智慧城市发展早期，投资压力巨大、商业模式不明朗，以及投资建设内容具有公共服务基础设施属性，PPP模式曾在一段时间内成为行业关注的重要投资运营模式。PPP模式之所以被广泛认为是一种促成政企合力、推动智慧城市发展的有效机制，主要是由于其能在3个方面发挥巨大的作用。一是可以减轻地方城市政府的财政负担，破除智慧城市融资困境。当PPP模式被引入智慧城市项目建设后，为换取特许经营权，社会资本方将承担大部分的资金投入，同时，政府承担的债务还能够转移给企业，这既解决了智慧城市项目建设的资金不足问题，又缓解了政府增量债务压力。此外，在逐利动机的驱动下，社会资本方将在尽量短的时间内实现项目盈利，这有利于政府消化存量债务。二是可以打破公共服务“垄断”局面，激活运营生机与活力。以往，我国公共服务的供给主体较为单一，相关项目的设计和实施一般由政府掌控，仅项目建设会外包给社会资本方。这种“独家垄断”状况导致地方政府利用信息化手段提供便民服务的动力严重不足。而通过PPP模式，社会资本方深度参与智慧城市公共项目建设与运营，不仅可以破除互联网公共服务的垄断格局，而且可以激发市场主体的活力和创造力。三是明确参与方的责任与权利，为规避建设运营风险提供新机制。PPP模式以风险共担为理念，以共同目标为纽带，以合同形式明确界定各方的权利和义务，将政府、金融机构、智慧城市服务提供商等参与方聚合在一起，形成强大的伙伴关系，共同抵御未来的不确定风险。

2016年5月23日，温岭市智慧城市一期PPP项目正式签署咨询服务合同。该项目还入选了财政部等20部门联合公布的第三批政府和社会资本合作示范项目名单。该项目工程计划总投资133 369万元（一类工程总投资约68 600万元、二类工程总投资约64 793万元，项目一、二类工程中均有存量投入），其中建筑安装工程费用为124 702万元，占总投资额的93.50%，项目资本金由社会资本自主筹集和财政拨款组成。项目分为两类工程，一类工程以温岭智慧城市一期PPP项目一类工程建设为主，其运营架构如图8-1所示，政府、智慧城市运营公司、智慧城市研究院、社会各机关企事业单位及居民是智慧城市建设的4个主体，其中政府主要通过基层组织与监督机构行使其监督与协同职能；智慧城市运营公司与智慧城市研究院主要为政府提供专业服务和技术支撑，社会各机关企事业单位及居民作为被服务对象，是智慧城市建设的最终受益者。二类工程在温岭智慧城市一期PPP项目一类工程运营架构的基础上，实现基于“互联网+”的智慧应用项目叠加，包括城市停车管理、智慧教育、智慧社区、城市照明、智慧旅游、智慧管网、智慧水务等内容的应用体系建设。在回报收益机制方面，一类工程通过政府购买服务的方式获得收益；二类工程为用户提供服务，收取相应的服务费，项目类型属可行性缺口补助付费机制。

温岭智慧城市一期PPP项目的运作模式，主要按照项目的自身特点，并结合项目收费定价机制、项目投资收益水平、风险分配基本框架、融资需求和期满处置等因素进行综合考量，其运作结构如图8-2所示。该项目合作期限为15年，其中建设期3年、运营期12年。项目公司由社会资本方和政府城投公司共同出资建立，社会资本方——中程科技有限公司出资54 902.40万元，占股80%，温岭市城市建设综合开发有限责任公司代表政府以现金形式出资13 725.60万元，占股20%，且注册资本不低于1 000万元。该项目初始投资主要由商业银行贷款、项目公司母公司注入的注册资本及政府初始投资补贴构成；资本金的到位次数及时间应满足该项目的工程建设要求、融资要求及法律规定。

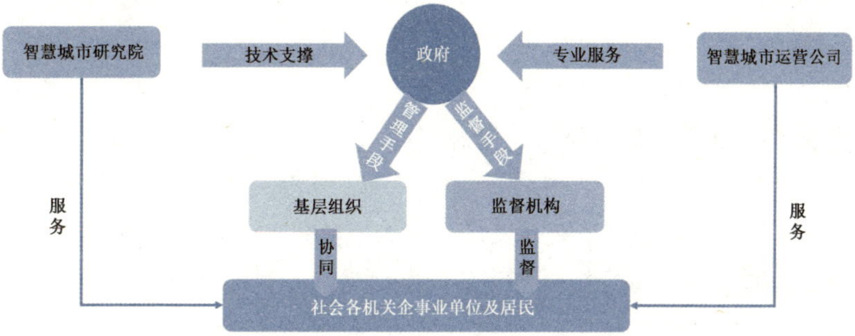

图8-1 温岭智慧城市一期PPP项目一类工程运营架构

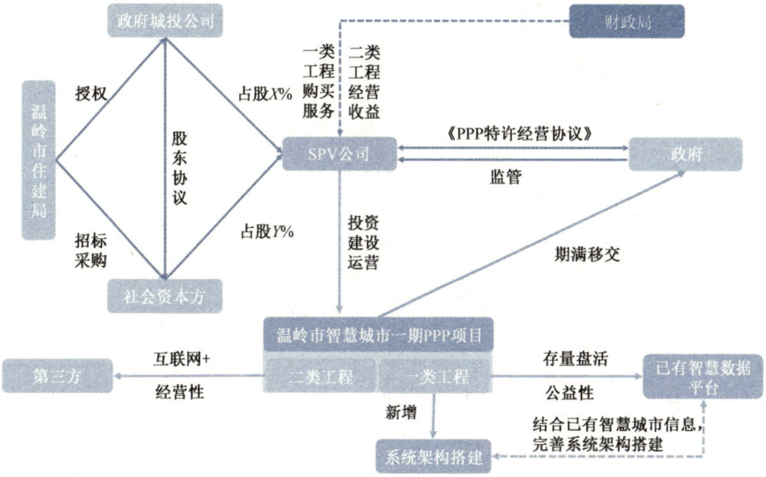

图8-2 温岭智慧城市一期PPP项目运作结构

江苏省淮安市智慧城市项目也采用了PPP模式，通过政府公开招标确定中兴通讯股份有限公司为社会资本合作方。2016年6月，淮安市委、市政府出台了《关于加快推进“智慧淮安”建设的实施意见》，该项目被纳入了市发改委备案文件——《关于中兴（淮安）智慧产业有限公司淮安市智慧城市建设项目备案的通知》；2016年7月，淮安市经济和信息化委员会与中兴（淮安）智慧产业有限公司签署了项目合同、特许经营协议与运营服务协议；2016年9月，淮安市政府办印发了《淮安市“智慧淮安”PPP项目管理暂行办法》。

江苏省淮安市智慧城市项目建设主要围绕政府管理水平提升、惠民便民利民和产业结构转型升级，实施基础设施完善、资源共享交换、产业载体建设与民生服务促进四大任务，重点建设信息安全体系、数据共享交换平台、智慧政务、智慧教育、智慧医疗、智慧交通、平安城市、智慧环保、智慧社区、智慧旅游等18项重点工程，其建设模式如图8-3所示。该项目建成后，项目设施、软件的所有权为项目公司所有，项目数据信息所有权归政府所有。该项目计划总投资8.85亿元，其中注册资本金4亿元，融资4.85亿元。项目资本金由政府和社会资本方按照49%：51%的股权比

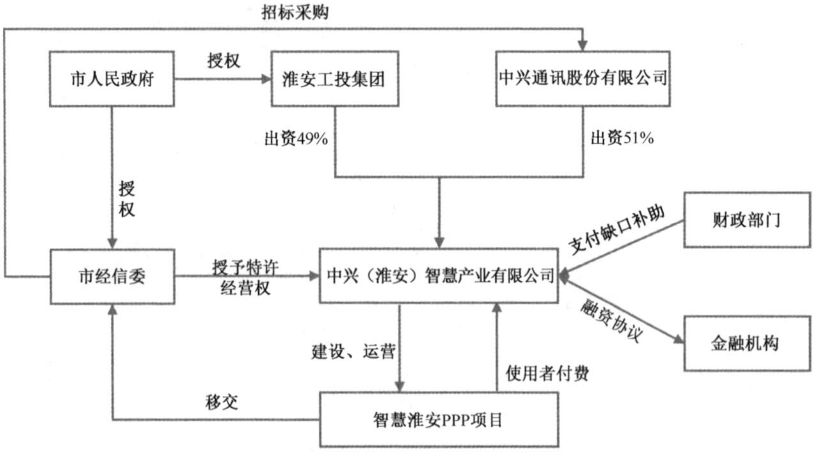

图8-3　江苏省淮安市智慧城市项目建设模式

例共同筹集，其余部分由社会资本方通过其他融资方式筹集。根据项目运作方式的适用性进行分析，在满足国务院关于加强地方政府性债务管理的相关规定与相关部委对PPP项目操作的规范指南等条件下，该项目选择了BOO模式。建成后，该项目可利用大数据技术为淮安市各行业提供数据应用及服务，并通过项目建设，以智慧城市架构为载体，推动淮安市城市信息化发展。在项目实施过程中，根据智慧城市信息化可持续发展的需求，项目特许经营期内增加的支撑载体建设亦可采用BOT模式，新增的载体及服务需求以淮安市经信委与本公司另行签订的协议为准。

考虑到运营成本和收入来源，该项目采用使用者付费与政府可行性缺口补贴相结合的回报机制，项目公司在特许经营期内负责项目设施的设计、融资、投资、建设、拥有、运营、管理、维护服务，并优先通过使用者付费的方式收回投资，由于该项目投资额较大，且属于公益项目，使用者付费收入不足以弥补项目建设投资，在使用者付费不足以覆盖投资和运营成本的情况下，由政府方以支付可行性缺口补贴的方式保障项目公司收回建设投资并取得合理回报。其中，使用者付费来源于最终消费用户直接付费购买公共产品和服务，主要包括在特许经营期内对项目的硬件设备、软件系统等设施进行运营、维护所产生的由政府各部门进行的服务付费和通过广告或其他创收手段产生的市场收入。可行性缺口补贴主要指在本项目使用者付费收入不足以使项目公司收回成本并获得合理回报时，本项目通过由政府方支付可行性缺口补贴的方式使项目达到合理的收益水平。本项目可行性缺口补助的金额按照财政部公式进行计算，由合理利润率、折现率、项目运营成本、项目使用者付费收入确定[1]。

虽然PPP模式在智慧城市发展建设早期一定程度上解决了投融资困难的问题，无论对于城市政府、企业单位还是社会公众均具有共赢价值，但是，由于智慧城市建设周期、建设推进等在政策、金融及社会层面存在

1 合理利润率为中标社会资本报出的合理利润率，中国人民银行公布的最新五年以上长期贷款基准利率上浮20%；折现率，取补贴支付当年淮安市地方政府债券收益率；项目运营成本根据实际发生数据进行审核确认；使用者付费收入包括政府使用者付费收入和非政府使用者付费收入，服务价格由政府进行监督控制。

诸多不确定因素，导致PPP模式虽然被视为一种智慧城市建设发展进程中“最不坏”的选择，但是并非完美的选择。PPP模式之所以未得到大规模推广并获得广泛的社会口碑，主要存在以下3个问题。第一是PPP模式并未突破项目建设运营体制限制。由于智慧城市建设中主要面临的问题是投资、建设、运维、使用、监管的机制尚不健全，以及在投资和建设、运维管理、商业模式创新等方面，政府部门之间的协调难度大、数据不共享、职能模糊化及政府购买服务的规范性制度尚不健全等问题，导致项目收益预期不明朗，影响政企合作的积极性。第二是部分城市政府只是由于自身财政拨付能力与压力的原因而引入PPP模式，但是仅将PPP模式作为一种融资工具，而非一种长期性的产城发展生态模式，只注重短期收益、短期效果，会导致建设动作变形。第三是PPP模式相关法规体系不健全，无法有效约束政府失信行为。在失败案例中，存在因地方政府单方面违约而导致社会资本利益受损的情况。例如，有些地方政府签约后又单方面要求重新谈判，以降低承诺价格；政府废止了当初指定的管理办法，致使实施机构拖欠合作公司经费，最终导致项目失败[1]；甚至还存在通过PPP项目的证券化进行层层打包转卖而开展民间非法融资的情况，当项目失败或无法推进时，会直接导致投资人血本无归，从而引发社会对PPP模式的不良评价。

8.2 管运分离模式与数字治理突围

数字时代的城市治理模式创新带来了两种效应，一种是移动互联网、智能设备对用户体验模式的改变，使社会公众和企业对城市治理效率与体验的期待与日俱增，原有的单独依靠政府投资建设、规划和运营的包办模

1 资料来源：王伟玲，《智慧城市PPP：为何鲜有成功案例》，中国经济导报，2016年3月16日。

式逐渐变得无法适应行业变化；另一种是城市数字化转型发展进程中的新业态、新物种与新动向使城市需要在投资建设的源头上去设计一个面向未来风险和不确定性的敏捷反应机制，以灵活且富有弹性的方式提升城市治理能力与服务水平。由此，管运分离的构想与投资建设方式逐渐浮出水面。“政企合作、管运分离”是广东、贵州等地数字政府的体制创新，而其背后则是数字政府建设投资运营模式的创新，此种模式为数字政府建设带来巨大变化的原因在于以下两点：一是政府在顶层设计、财政投资与资源协调方面的力度与强度加大；二是企业在运营层面的优势和能力得到了充分发挥，如互联网运营模式的介入。

2017年10月，由腾讯、中国联通、中国电信和中国移动共同投资的数字广东网络建设有限公司（以下简称“数字广东公司”）成立，其中，腾讯占股49%、中国联通占股18%、中国电信占股16.5%、中国移动占股16.5%，主要承担运营端从标准制定到需求对接再到数据融合、系统运营等系列工作。数字广东公司充分发挥运营商、互联网企业的技术和服务优势，持续助力数字政府改革建设，提升政府公共服务能力和治理能力现代化水平。截至2020年10月，数字广东公司员工已超过1 700人，并在省内21个地级以上城市设立分公司，对广东省数字政府改革建设工作起到了重要的技术支撑作用。

在数字广东公司的团队构成上，由腾讯和三大运营商稳定派驻各领域专家充实人才队伍，并对广东省信息中心及55个省直部门的587名人员实现部分接管，由数字广东公司统筹政府信息化建设企业，建立广东政务信息化建设的合作开放生态体系。在2018—2020年的建设过程中，数字广东公司承担了助力数字政府顶层设计的工作，提出数字广东“3+3+3”建设模式（见图8-4）：在基础设施方面，为广东省数字政府建设提供政务云平台、政务大数据中心、公共支撑平台三大基础资源平台；在应用平台方面，根据民生、营商、政务等相关业务场景，提供“粤省事”“粤商通”“粤政易”三大应用；在用户方面，为民众、法人、政府公务人员三大群体提供相应服务。

图8-4 数字广东“3+3+3”建设模式

2018年5月，数字广东公司开创性地推出了全国首个政务服务小程序——“粤省事”。“粤省事”积极探索移动在线政务服务的新模式，梳理与群众生活密切相关的政务服务事项，基于微信平台，通过业务流程再造、业务协同和数据共享压缩办理时限，优化办事体验。截至2020年10月，“粤省事”已有实名用户超7 878万人，累计上线社保、公积金、户政等1 326项政务服务和82种电子证照，累计业务量达40亿次，平均每2个广东人就有1个在使用“粤省事”。“粤省事”全方位支撑广东省和大湾区改革发展，满足百姓政务服务需求。

继成功打造“粤省事”品牌之后，2019年8月，在数字广东公司的助力下，广东省推出面向全省1 300万个商事主体的“粤商通”涉企移动政务服务平台，实现企业办事“一站式”“免证办”“营商通”，成为广东省深化“放管服”改革、减轻企业负担、优化营商环境的重要助推器。“粤商通”将分散在政府各主管部门的企业开办、经营许可、清缴税款、出口退税、创业补贴、扶持资金申请等约753项高频服务集成到一个手机应用中，通过对接电子证照库，接入营业执照、税收完税证明、食品经营许可证等146类高频电子证照服务。在政务服务大厅办事时，企业通过“粤商通”即可完成证照查验，实现手机随行、证照随身。

2020年8月，由广东省统一建设、分级管理，由数字广东公司建设运营，供省内公职人员处理公文、信息、事务的“粤政易”移动办公平台正式上线。“粤政易”以满足政府部门内部办文、办事、办会的需求为基础，以提供跨层级、跨地域、跨部门、跨系统、跨业务的数据共享和业务协同为导向，打通政府部门的业务流程，推进部门纵横联动和协同办公，推动“整体政府”建设。“粤政易”累计已有超过100万个用户开通账户，接入应用400多项，公文处理时长比之前缩短超过40%。

从数字广东公司在数字政府领域取得的建设成效可以看出，管运分离模式的实施确实为曾经受困于部门壁垒、系统障碍及条块分割的行政积弊的数字政府建设赢得了更大的发展机遇与空间，另外，从投资角度也可以看出这种模式背后的特殊性与探索意义。例如，从广东省政务服务数据管理局等相关单位在2019—2020年的招标采购公告中可以看出，2019年5月的一则单一来源采购的中标公告显示，在预算金额为1 045 106 100元的“广东省省级政务信息化服务资格项目（2019年第一批）”中，中标供应商为数字广东公司；2020年5月25日的公开招标采购公告显示，在预算金额为125 253.372 3万元的“广东省省级政务信息化项目（2020年第一批）单一来源采购”项目中，拟定中标供应商为数字广东公司。这种政企协同的特殊财政安排，一方面确实推动了广东数字政府建设的飞速发展，广东省数字政府建设绩效在2019年、2020年连续两年位列全国省级网上政府建设水平评价排名第一名；另一方面，从数字广东投资建设模式在各地方城市的渗透与落地来看，该模式的可复制性与可行性也存在一定的障碍与变数，肇庆市、汕尾市、湛江市、珠海市遵循此种投融资模式，与数字广东公司的地方城市分公司深度合作；而深圳市、东莞市、江门市、广州市等分别与平安集团、华为公司、地方金融投资公司及公益事业单位进行投资与合作。

除了腾讯牵头投资并参与广东省数字政府建设，阿里巴巴作为与腾讯同一体量且在数字治理市场存在竞争关系的数字服务商，在浙江省、海南省也不同程度地参与了当地数字政府建设，改变了原来单纯的服务外包商的角色，将自身定位为“深度合作伙伴”，全流程参与当地数字政府的投资、建设、规划、运营、评价。数字浙江技术运营有限公司（以下简称数字浙江公司）是由阿里巴巴与浙江省国有资本、社会资本联合投资成立的数字政府建设主体，阿里巴巴在该公司的占股比例与腾讯在数字广东公司的占股比例相等，均为49%；不同的是，数字浙江公司的其他股东都以金融投资进入，而非像数字广东公司的其他股东一样，带有数字基础设施建设性质。此外，在与当地省级政府和城市政府的合作模式上，数字浙江公司的定位比数字广东公司的要稍低一些，最直接的表现就是尚未出现以“单一来源采购”为主的地方政府合作需求，且其对下属城市的数字政府建设并未以设立分公司的方式直接参与，而是专注于省级层面的数据统筹，从而影响下属城市数字政府发展，这也呈现出我国数字治理建设进程的一种新的府际关系特征。而以类似方式成立数字治理建设运营公司的还包括广西壮族自治区的数字广西公司、江西省的数字江西公司、海南省的数字海南公司等。

大型互联网平台利用云计算、大数据、人工智能等基础设施能力进行战略协同，以国民级流量产品与工具（如微信、支付宝）作为应用突破，推动数字治理从管理侧需求转向用户侧需求，并实现投资建设模式的切换与转型，这无疑是中国数字治理领域的重要趋势与不可忽视的动向。但是，其最大问题在于民营资本与商业平台的投资在优化和改善数字治理与公共服务体验的同时，如何平衡和协调普惠治理理念与商业利益诉求之间的关系，特别是在数据、算法、算力公共赋能城市治理的当下，资本的“颜色”与质量关乎城市治理主体的决策与行动偏好，也必将关乎城市的发展前途与命运。

8.3 智慧城市运营商模式的发展与演变

智慧城市运营商概念的出现主要与中国智慧城市的发展推进特征与阶段有关，由于最开始由信息与通信技术厂商、系统集成商主导的智慧城市建设在发展模式上出现“重建设、轻运营”的现象，采用项目制管理模式，以及缺乏产品运营思维与商业模式导致诸多智慧城市项目出现投资黑洞，建设投入与运营收入无法匹配。随着互联网企业、互联网平台、互联网思维的介入，以及社会与市场需求的凸显，越来越多的地方城市及参与主体开始意识到“运营”才能推动智慧城市可持续发展，“先建设、后收费”的模式只能通过运营服务收费获得投资回报。随着城市数字化转型的不断深入，数据要素在城市治理与服务过程中的价值与影响越来越大，以地方城市国有资本投资主导、社会资本参与的混合所有制主体承担了满足数字时代城市治理与服务需求的职能，代表城市政府数字化转型意志的厂商随之出现，智慧城市运营商概念也随之被提出。

从发展阶段、演变历程来看，智慧城市运营商模式又可以分为3个类型。首先是在智慧城市发展初期，以电信运营商为主导的“管道+流量”模式。由于通信与无线覆盖始终是智慧城市实现连接的信息基础设施，掌握了通信管道与无线流量分配的电信运营商具备天然优势。但是，由于企业文化基因与发展诉求的局限，电信运营商在经历多次移动互联网创新、智能化应用的冲击后，并未掌控智慧城市的“运营”局面。

其次是在智慧城市发展中期，以华为、中兴、神州数码等厂商为主导的“资本+技术”模式。厂商依托自有产品及系统集成优势，通过先期投入与项目打包的方式成立合资运营公司，注入资本、技术和人才，形成本地化运营平台，并将智慧城市建设项目、应用、场景等分批纳入运营平台，逐步实现自我造血、内部循环。该模式在一定时期内成为智慧城市可持续发展的方向，但由于智慧城市的建设项目依然缺乏市民参与的空间与热情，最终在该阶段出现的不少智慧城市“明星项目”逐渐消失在媒体舆论之中。

最后是在新型智慧城市发展的当下，以腾讯、阿里巴巴、中国平安等平台级科技企业为主导的“平台+生态”模式。平台级科技企业依托自身的“超级平台”（如支付宝、微信等）与互联网产品运营经验，从智慧城市的用户场景入手，以数据要素运营为支点，通过策划、设计、建设、运营、管理等系统性参与，逐渐形成稳定、可靠、可持续的智慧城市发展模式，打造出有口皆碑的智慧城市产品，如“浙里办”“粤省事”等。在这个阶段，虽然平台级科技企业的表现更为突出，但本地科技企业也不乏亮眼表现。从具体投资运营案例来看，厦门市民数据服务股份有限公司（见图8-5）则为典型案例之一。

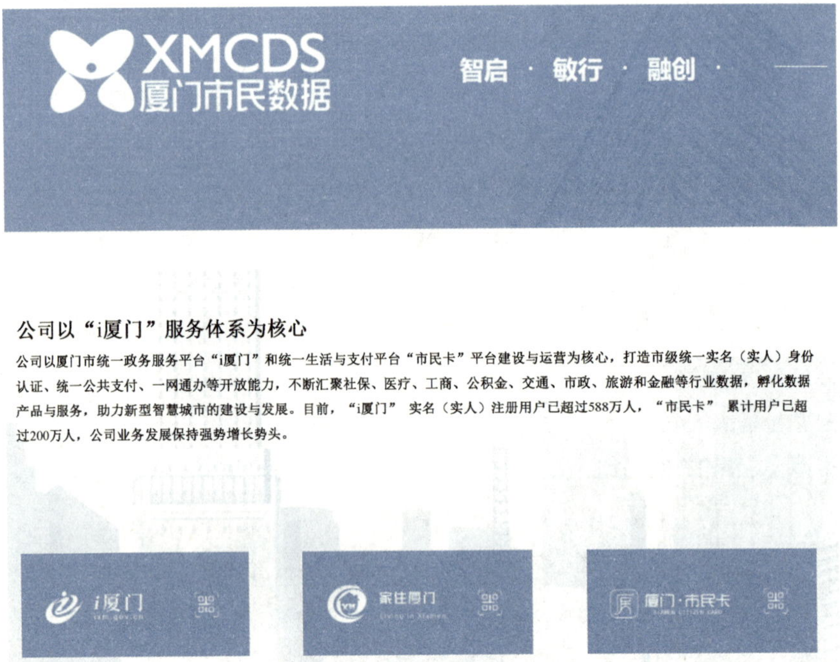

图8-5　厦门市民数据服务股份有限公司简介

厦门市民数据服务股份有限公司由厦门轨道交通集团有限公司、厦门市政集团有限公司、厦门公交集团有限公司与厦门信息集团有限公司4家国有企业与厦门夏商集团有限公司1家民营企业共同投资成立，主要业务包括承接城市政府信息化项目、城市各部门信息项目开发，以及为移动政务服务平台［如“i厦门”App（见图8-6）、“厦门市民卡”App］提供运营开发服务。

9:32
4G
17°
上海市
请输入搜索内容
政务办事
预约大厅
公共服务
走进六区
随手拍一拍 厦门更文明
文明创建"随手拍"活动
厦门民政
中国AI大赛
厦门公积金
预约大厅
厦门人社
厦门医保
厦门税务
添加
权威
资讯
置顶
重磅好消息！常年8折！市民卡Ap...
资讯
动真格！厦门通知！全市严查！持...
厦门广电
厦门日报
上新服务
更多
智慧火炬
一键式快速...
智慧养...
"一站式"养老...
个体工...
个体工商户...
湖里掌...
湖里掌上办
首页
服务
随手拍
发现
我的

图8-6 "i厦门"App

厦门市民数据服务股份有限公司运营的“i厦门”服务体系包括“i厦门”App、“家住厦门”App、“厦门·市民卡”App等。“i厦门”App侧重政务服务，主要为市民、企业提供政务、教育、医疗、社保、交通、住房等多方面便民服务，让企业和群众办事像“网购”一样方便；“家住厦门”App专注住区服务，提供在线投票表决、物业管理、报事报修等功能，构建起“互联网+多元共治”新模式，有力地提升了小区综合治理能力；“厦门·市民卡”App专注生活服务，以“一码多用、多卡合一”为基础，通过“虚卡实用”，满足市民出行、就医、上学、消费等生活服务需求。

截至2020年6月，“i厦门”App注册用户数超过350万人，占厦门市常住人口的85%，服务渠道覆盖“一网四端”，整合了53个部门的服务资源，提供了331项全程网上办理和查询业务。“厦门·市民卡”App用户数已突破100万人，月均用户访问量为500万人次，月均交易量超10万笔，已对接15个部门，上线涉及27类事项的50余种功能，完成11张实体卡虚拟业务接入。“家住厦门”App破解了小区治理难题，目前已覆盖全市50个小区、总认证用户数超4万人。

在新冠肺炎疫情期间，“i厦门”服务体系依托大数据技术，上线个人口罩预约登记、团体单位口罩购买、入厦登记、电子通行证、安心用餐码、“i企宝”、云祭园等系列应用，为抗击疫情、助力复工复产、解决民生问题、维护社会稳定构筑起一整套数字防控体系。

“i厦门”服务体系从需求侧出发，围绕群众和企业的办事全生命周期，对服务资源进行梳理，做让群众和企业有获得感的信息化应用。“i厦门”服务体系在文化教育方面，推出了课后延时、幼儿园登记报名等服务；在医疗方面，推出了挂号预约、诊间结算、家庭共济等服务；在营商环境优化方面，推出了商事登记确认、网上自助刻章等服务；在社会救助方面，推出了红十字专题、红十字人道卡；在为群众办实事方面，推出了租房直通车、自助移车等服务；在小区治理方面，推出了在线投票、电子通行证等服务；在诚信建设方面，推出了信用乘车、信用停车、信用就餐等信用支付产品。

在新冠肺炎疫情期间，“i厦门”服务体系充分发挥“一站式”惠民平台服务能力，顺应民生要求，助推企业复工复产，用信息化手段搭建城市抗疫“防护墙”。“个人口罩预约登记服务系统”为全国首创的口罩预约系统，累计中签人数超过938万人次，累计发放口罩超过5 600万片；“团体口罩预约”已下单企业超过1万家，已发放口罩600多万片；“入厦登记”累计为超244万余名入厦人员提供自主申报和提前登记功能；“i企宝”为企业提供复工备案、员工健康管理、用工数据上报、定点包车/机报名、政策宣传兑现、供应链招商、增资扩产，以及电力优惠等“一站式”线上服务，让企业复工复产轻装上阵，累计为1 300余家企业提供服务；电子通行证对小区业主进行实名认证，确保业主身份信息真实性，并用扫码方式取代手写登记出入信息，既方便快捷，又安全高效，累计通行次数超过10万次；安心用餐码让顾客用手机扫一扫就能自动进行身份识别，完成就餐实名登记，已服务超过4 000人次。

在服务渠道方面，“i厦门”服务体系支持PC端、App、微信公众号、小程序、自助终端访问，为用户提供全方位、多样化的线上政务服务渠道。“i厦门”服务体系还以小程序形式入驻“闽政通”App，与全省一体化掌上便民服务大平台完成数据、资源、技术对接，实现省市一体化互联互通。在功能设计方面，“i厦门”服务体系围绕群众眼中“一件事”，创新数据比对查验方式，再造办理流程，实现业务快速联动办理；改进服务理念，主动为市民推送办事和个人信息查询服务，服务方式从网上办事大厅手动找服务向“网购”转型；聚焦精细化，逐一制定简洁、精准的办事指南，实现事项“最优颗粒度”。

“i厦门”服务体系创新“随手拍”“政企直通车”等政民互动功能，引导市民参与城市共治，不断提高城市精细化治理水平。截至2021年2月底，“随手拍”总受理量达44 315件，日均152件，办结率达98%（未办结件均在办理期限内），用户评价满意率由上线初期的94.8%提升至97.83%。“政企直通车”无缝对接“三高”企业综合服务平台，为“三高”企业提供专门的绿色通道。“i厦门”服务体系开拓“公众评议政府”政民互动板块，推动政务服务不断改善。“家住厦门”App形成社区、街道、区政府、市级四级联动的信息共享、业务协同机制，推进小区基层共治。

在经济社会效益方面，网约车驾驶员从业资格审核服务减少各类无犯罪记录等纸质证明材料8万多份，节约社会综合成本200多万元；积分入学服务为111 302名进城务工人员提供预约登记，81 053人成功派入公民办校，节约社会综合成本3 000多万元；居住证网上申办服务将审核效率提高了至少10倍；课后延时服务为全市500多所普惠性幼儿园及小学提供报名、缴费和分班服务。

从“i厦门”服务体系的运营情况来看，厦门市民数据服务股份有限公司以服务城市政府与公共利益为主，在社会层面获得了良好的口碑与效益，提升了城市治理与服务质量。但从投资的经济效益层面来看，除了通过政府项目获得的财政投资及在线商业运营和项目外包开发收入，可持续的成熟商业模式仍在探索中，且越来越面临来自内外部的挑战。首先，“i厦门”服务体系作为城市混合所有制主体运营的移动城市服务平台，在对接公交、地铁、场馆等场景的数据上，并不具备类似城市公共部门的号召力，在具体项目的推进上缺乏后劲；其次，微信、支付宝等平台在移动支付领域的市场推进与补贴战略，使城市内部的部分公共服务部门因为利益优先选择与它们合作，并培养了大量用户，使用户形成习惯，“i厦门”App等移动城市服务平台将失去海量用户的场景支撑与日常用户的应用黏性，从而使平台陷入恶性循环，并影响预期的投资效果。与大型互联网平台相比，缺乏在大数据、算法、场景层面的丰富积淀及商业模型构建能力，也是“i厦门”App等移动城市服务平台面临的短板与困境。

数据运营能力与数据要素市场构建能力是决定“智慧城市运营商”能否赢在未来的关键。作为城市公共利益的衔接者与整合者，“智慧城市运营商”未来需要在投资模式、商业模式上进行更大的创新，甚至需要突破城市边界与行政管辖范围的限制。在数据确权、数据资产认定、数据价值流通等法律、制度、规则逐步确定之后，“智慧城市运营商”将不仅构筑自身的投资与“运营护城河”，同时也将获得更大的发展空间。

8.4 城市大脑模式的演进与扩张

"城市大脑"被视为智慧城市建设进程中利用数据驱动城市治理与服务发展的创新理念，2016年首次在杭州被提出，自此，城市大脑模式成为中国诸多城市试图通过数据与算法解决城市病与社会问题的重要路径。杭州城市大脑有限公司是由杭州市国有资本投资运营有限公司投资35%、国有企业浙报数字文化集团股份有限公司投资35%、民营企业银杏谷投资有限公司投资20%、杭州泉通企业管理合伙企业投资10%的混合所有制企业，其中桐庐想好企业管理合伙企业作为员工持股平台入股杭州泉通企业管理合伙企业，占股40%。杭州城市大脑有限公司作为一家混合所有制企业，在员工持股方面实现创新突破，通过"建生态、搭平台"的积木式开发方式，以"城市大脑数据中枢平台+数字驾驶舱+N个场景"的模式，为城市提供"自由插花式"便捷化的数字化转型方案。但其在杭州市城市治理发展方面的市场角色与其他企业的并无区别。

杭州城市大脑建设了警务、交通、文旅、健康等11大系统的48个应用场景，日均数据在8 000万条以上；在城市治理逻辑体系架构上提出了"531"模式（见图8-7）。"5"即"五个一"：打通"一张网"，一张确保数据无障碍流动的网，通过统一标准支撑杭州城市大脑的数据资源需求；做大"一朵云"，一朵将各类云资源连接在一起的"逻辑云"；汇聚"一个库"，形成城市级数据仓库，同时做好数据治理，确保数据鲜活、在线；建设"一个中枢"，中枢作为数据、各系统互通互联的核心层，实施系统接入、数据融合、反馈执行；建强"一个大脑"，在全市实施统一架构，彻底打破"各自为政"的传统建设模式，实现市、区两级协同联动，防止重复建设。“3”即“三个通”：第一个“通”是市、区、部门间互联互通，第二个“通”是中枢、系统、平台、场景互联互通，第三个“通”是政府与市场的互联互通。“1”即“一个新的城市基础设施”：杭州城市大脑通过全面打通各类数据，接入各类业务系统，实施融合计算，建设一个会思考、能迭代进化的数字化基础设施。

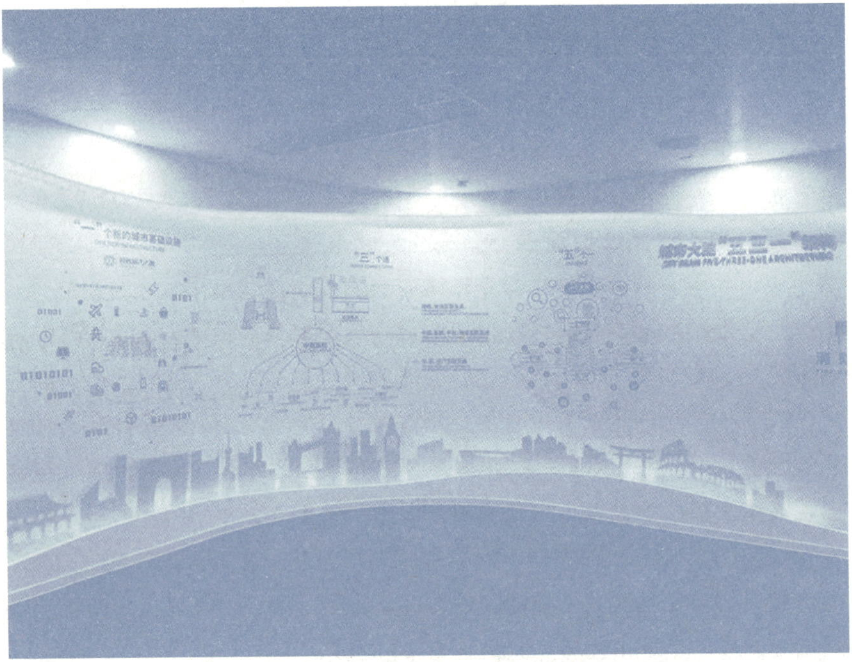

图8-7 杭州城市大脑“531”模式

通过“531”模式的设计与推进，截至2020年9月底，杭州城市大脑建设的“民生直达”平台上线24项市级政策，兑付资金2.5亿元，受益者达32万余人。该平台全面建成后，全市受惠人数超百万人，年发放补贴达数十亿元。“舒心就医”在全市接入医院306家，累计服务用户达4 524万人次，履约金额超过20.9亿元。“便捷泊车”在全市接入停车场库3 443个，具备“先离场后付费”功能的泊位达69.96万个，平均使用率为26.8%，累计服务用户936万车次。“欢快旅游”让全市500家酒店实现“30秒入住”，累计服务用户超357万人次；“20秒入园”覆盖景点（包括场馆）202家，累计服务用户1 234万人次。“畅快出行”实现城市拥堵路口的延误指数从2.23下降到1.92，降幅13.9%。“亲清在线”平台兑付政策上线总量达218条，兑付资金达54亿元，惠及26万家企业、74万名职工。健康码应用累计服务用户604.98万人次，其中电子健康证查询88.65万次、健康档案查阅24.94万次、预约挂号69.74万人次、心理援助8.02万人次。“数字驾驶舱”覆盖全市58个市级单位、8个区级部门、15个地区、31个镇街。“医院周边治理”覆盖10家医院，这些医院取消门口等候通道硬隔离，平均延误指数下降5%以上；全市市属医院院内泊位增加20%，达到3 762个，其中94%提供给患者使用，泊位指数从2.75提升至3.65。

作为一种推进城市治理的创新理念与投资模式，城市大脑模式确实在推进政府数据共享、权力流程再造方面发挥了重要作用，特别是在数据要素推动和主导城市治理取向和偏好的未来，城市公共服务与基础设施运营商的投资结构将深刻影响城市未来发展命运，组建杭州城市大脑有限公司等混合所有制模式下的数字治理公司不失为一种颇具探索性的尝试。

“国企混改”与吸引社会资本、市场力量参与社会治理投资建设是近年来的政策新导向，在具体实践过程中主要以互联网、数字化及信息和通信技术领域的投资为主，越来越多的互联网企业参与了城市政府与数字基础设施领域的投资。城市大脑模式的数字治理理念正在被各级城市接受，“城市超脑”“数字大脑”“城市智脑”等概念也陆续出现在城市推进数字治理的文件中。但从目前来看，城市大脑模式无法绕过以下3个问题。在混合所有制模式下，股权分散或没有绝对控制权的城市数字治理公司，如何更好地选择投资方向、决策公司战略？城市数字治理公司被政府当作推进城市数字治理的先遣军，打上了政府数字治理意志的烙印，但其作为企业属性与投资结构缺乏深度合作基础的企业平台主体，如何发展可持续的商业模式？作为离城市数据最近，但又不具备数据商业化开发权利的城市数字治理公司，如何平衡市民隐私、公共权利与商业利益的关系？

总之，数字治理领域的投资模式设计与构建，不仅是资本来源、属性及商业模式的问题，还是数字时代城市公共利益与商业利益之间的平衡问题。从以往的案例与经验来看，单纯官方主导的政府财政投资方式，或单纯民间自发参与的互联网免费商业模式，在城市治理过程中均未取得成功，而PPP模式、管运分离模式、智慧城市运营商模式与城市大脑模式，作为当前中国数字治理领域的4种典型模式，都在城市政府的运作体系、城市治理需求及市民体验诉求等不同层面做出了创新探索，在创新投资资金来源、提高政府运营效率、优化用户获得感等层面创造了诸多可能性。

如果从更长远的时间周期来看，城市数字治理的投资模式可能决定"未来城市由谁控制"。从网约车公司优步在美国、共享住宿平台爱彼迎在英国的发展形势来看，谁能掌握城市在交通、住宿领域的数据谁就能直接影响市民的生活质量、福利，以及城市政策的制定。优步、爱彼迎都是依靠自身投资发展的独角兽企业，其在数字空间与公共服务部门的话语权争夺问题越来越突出。对于中国而言，城市政府正在陷入两难的境地：完全依托政府主导投资的城市数字治理应用和平台无法走出运营困境，由于体制机制限制成为尾大不掉的亏损黑洞；而通过社会资本合作及依托大型互联网企业投资的城市数字治理服务项目，其政务数据与城市公共数据则时刻被商业利益体觊觎，在某些具体场景创新和可持续模式设计过程中，始终无法清晰回答数据权属及其背后的应用伦理与合法性问题。欧美国家目前已在个人隐私保护、人脸识别应用、算法监管等关键领域不断推进立法，而对于在过去20多年快速成长的中国数字经济而言，数据要素市场的构建无疑是当下和未来的关键所在。

政策与实践专栏8-1

《杭州城市大脑赋能城市治理促进条例》施行

2020年10月27日，杭州市第十三届人民代表大会常务委员会第三十次会议审议通过了《杭州城市大脑赋能城市治理促进条例》。这也意味着，在国内城市大脑领域有了首部地方性法规，城市大脑迎来立法"护航"。

2016年4月，杭州在全国首创城市大脑。经过5年多的发展，已具备一定规模。“随着新模式、新业态的迅速发展，新情况、新问题不断涌现，亟须通过立法进行积极的引导和规范”。杭州市人大常委会法制工作委员会主任陈马多里说。

“城市大脑发源于杭州、实践于杭州，杭州作为数字政府转型和城市大脑建设的先行者，在数字治理方面形成了别具一格的模式，积累了行之有效的经验。”陈马多里说。及时进行立法总结也是固化经验做法，为探索城市治理现代化提供“杭州方案”的需要。

《杭州城市大脑赋能城市治理促进条例》首次明确了杭州城市大脑的范畴、定位和功能，并对主要要素进行了定义。该文件提出，杭州城市大脑是指由中枢、系统与平台、数字驾驶舱和应用场景等要素组成，以数据、算力、算法等为基础和支撑，运用大数据、云计算、区块链等新技术，推动全面、全程、全域实现城市治理体系和治理能力现代化的数字系统和现代城市基础设施。

该文件还确定了城市大脑赋能城市治理工作应当遵循的基本原则。数据是城市大脑的基础要素，数据的采集、质量、安全等，对城市大脑的建设与运行极为重要。其中规定，公共管理和服务机构、企业等应当遵循合法、正当、必要、适度的原则，依法开展数据的采集、利用、销毁和安全管理等工作。

另外，该文件提出公共数据质量管理应遵循“谁提供，谁负责”的原则等；数据权属上，与他人合作开发城市大脑时，应当在开发协议中依法约定数据及其衍生数据等开发成果的权属等；数据安全上，主管部门应建立城市大脑安全保障体系等。

纵观这部法规，“促进”是它的一大亮点。《杭州城市大脑赋能城市治理促进条例》以鼓励促进、鼓励创新为导向，给城市大脑的实践探索留出了更多空间。“不同于以往从上而下单一的治理方式，数据治理有着显著的协同共治和互动性特点。”浙江大学城市学院法学院教授、浙江立法研究院特聘研究员吴红列说。

刚性法规也有柔性色彩。眼下，部分特殊群体在数字设备拥有率和使用能力等方面处于弱势地位，存在“被数字化”困境。对此，该文件规定，公共管理和服务机构应确保决策和公共服务资源配置透明、公平合理，并完善线下服务和救济渠道，保障公民选择传统服务方式的权利。

【第9章】

数字治理的角色与内容

9.1 政府、企业与市民的角色位移

《2020联合国电子政务调查报告》指出，数字政府转型涉及的不只是将技术融入治理，以及开发电子政务发展的多种能力，从根本上改变公务员的思维模式和公共机构的合作方式也至关重要。而这背后则是对数字治理中政府、企业和市民等主体角色身份与能力的重构。毫无疑问，在经历了持续的技术赋权与数据赋能之后，数字治理的参与主体从原来依托政府的单向度治理，逐渐转换为政府、企业和市民多元参与的共同治理。更为关键的是，此时的政府、企业和市民的角色都发生了不同程度的“位移”——政府由传统视野下的监管者变为公共利益与资源的协调者，其自身也成为多元利益结构中的一员，比如在对共享单车进行监管时，城市政府不仅需要协调不同运营主体之间的关系，而且需要协调共享单车作为城市新物种与城市公共交通之间的关系。而企业则由传统城市信息化领域的外包项目开发者与执行者，变为城市治理与服务创新的共同策划与设计者，企业在产品设计、用户体验及模式创新方面的能力与潜力，将直接影响城市政府的竞争力，政府信息化部门的技术能力已不足以支撑爆发式且多变的城市数字治理形势，企业的角色转变将为城市数字治理带来更大的

想象空间，“互联网+”城市服务中的创新应用与场景则是最好的例证。市民作为传统视野下的城市服务消费者变为城市治理参与者，主要原因在于互联网平台的赋权、公民数字素养的提升，以及移动互联网在微博、微信等平台的应用极大地释放了市民的表达能力与欲望，线上参与城市公共决策与治理成为数字时代市民政治生活的一部分。而从国务院“互联网+督查”平台到地方城市的官方微博及官方微信对市民在线表达诉求的回应中也可以看出，市民声音正在成为改善城市治理的重要因素。

在中国现行的政治体制下，传统模式下政府的角色是国家权力和意志的象征，同时也是政策的制定者、执行者、执法者与监督者，而数字治理视角下的政府角色正在由城市议程的设置者与主导者，逐渐转变为城市议程的协调者与整合者。其背后最大的原因在于，技术、平台和数据让城市的发展呈现出不断演进、动态、多向度发展的趋势，单纯的政府视角已不能完全洞察某一发展趋势下的后果。因此，当城市发展出现问题与障碍时，政府的角色不再只是一个“问题解决者”，同时承担了协调各方利益、缝合各方裂痕的责任。例如，当网约车平台出现恶性事件时，城市政府一方面需要承担调查真相与维护社会秩序的责任；另一方面，在网约车平台数据、公众安全、当事人诉求之间，城市政府需要作为一个利益协调者去平衡各方利益，政府的行动与解决方案将不断被互联网放大，其中还涉及与平台企业的博弈及与网络舆论的较量。而从P2P网络贷款平台的治理中同样可以看出，城市政府作为监管者介入，在整个过程中显得极为敏感。一旦某P2P平台的负责人被抓、办公楼有警察进入，这些信息将迅速通过互联网平台蔓延为投资人恐慌、社会谣言及挤兑性兑付，甚至可能爆发群体性安全事件，而如何处置P2P平台、如何稳定投资人情绪、如何减轻社会恐慌，在政府的政策设计与实行上显得尤为重要。因此，数字治理虽然使城市政府在工具、手段与模式上得到迅速升级，可以更为精准和敏锐地进入城市治理现场，但同时，数字技术的裂变效应带来的平台和数据层面的“失控”，也让城市政府在决策、治理、服务与监管等方面进行了多重考量。

不仅是政府，企业的角色也在发生改变。传统城市治理模式下的企业主要担任建设者与执行者，具备市场主体的“经济性”，而不具备城市议程共同制定者的“政治性”。数字治理带来的影响是，城市政府已不具备或欠缺独立面向数字时代制定政策及设计服务的能力，单独依靠政策规划部门或信息技术部门，城市政府已无法及时或前瞻性地掌控未来的城市发展趋势、满足治理服务需求，此时的企业则作为数字治理的“合作伙伴”出现。原来政府主要依靠政府外包、财政投资等模式与企业合作建设城市，在数字时代，政府与企业围绕某一个城市发展议题或治理场景进行共同创新，而资金来源与合作生态也更加多元化。因此，企业在数字治理过程中的角色本质上已经由执行者向创新者的转变，并通过企业家精神与现代企业管理制度推动数字治理、数字政府、数字经济的互动。特别是互联网平台企业，利用长期的商业模式验证、用户数据沉淀及用户体验理解，通过对数字政务服务模式从线下向线上的“转移”，不仅创造了自身的市场空间，同时也推动了城市公共服务的发展，并对提升政府数字化转型效率与质量具有重要意义。

此外，互联网平台服务商还承担了参与数字治理的责任。随着网络平台、大数据与人工智能的发展，从脸书的“剑桥分析”事件可以看出，来自平台内部的商业模式偏好及监管失责能够导致数字空间的情绪、舆论及政治行为对现实国家利益与公共利益造成损伤。在国内，来自电商平台的灰色产业链中的“差评师”直接影响了整个数字商业生态，并对线下实体供应商与制造商产生负面影响，而“大数据杀熟”则是平台利用自身数据模型与利益规则侵害消费者权益的行为。因此，这一切都在表明，企业绝不只是市场的“主体”与监管的“受体”，数字治理语境与视野下的平台企业，需要承担更大的公共治理参与责任，在透明度建设、数据规则设计、商业模式设计上融入城市数字治理。政府应鼓励中小企业为地方电子政务发展提出创新的想法和举措，地方企业有潜力成为政府开发和提供智慧城市举措的关键合作伙伴[1]。

市民逐渐成为城市数字治理的重要角色，由传统视野下单纯的城市服

1 资料来源：《2020联合国电子政务调查报告》。

务消费者与城市治理受众，转变为城市服务创造者与城市治理督察者，在数字技术、平台与数据的综合效应驱动下，市民不再是传统媒介时代的抽象概念或“沉默的大多数”。微博、微信、抖音等新媒体平台使其声音、诉求、需求越来越清晰化与显性化，在重大的城市公共事件面前，由市民声音汇聚而成的民意成为城市治理者不可忽视的存在。例如，在新冠肺炎疫情期间，武汉市民通过微博、朋友圈、直播平台监督医疗物资运输、防控失职人员处理、火神山医院建设进度等，体现出技术赋权下市民对城市公共事务的干预能力与影响深度。

除了微博、微信、抖音等新媒体平台的助力，城市政府在数字治理过程中也在围绕市民力量主动推出相应的平台与应用服务，以支撑市民声音更好地被感知和吸收。例如，在国家推行的政务公开标准化模式下，城市政府门户网站基本都设置了“市长信箱”、留言板等入口，方便市民表达诉求，同时在政务服务App上还开通了“随手拍”等功能，引导市民将手机拍摄的城市违章违建信息上传至城市治理中枢，从而为城市管理部门快速处置提供第一手信息。不仅如此，伴随城市公共数据开放的逐步推进，更广泛的公共数据资源可以被利用，来自市民群体的小微企业、创客团队、极客们均可以利用公共数据进行面向城市问题解决层面的开发，例如，上海市连续多年举办的城市数据开放大赛，吸引了全球数据开放研发团队，这些研发团队面向城市能源、环保、交通、教育等领域的城市问题，提出了具有创新意义的大数据解决方案与创意。作为消费者的市民，正在因为平台、数据的联合成为城市数字治理中不可忽视的创新力量。

9.2 数字治理的内容与边界

2014年发布的《国家新型城镇化规划（2014—2020年）》指出，要“统筹城市发展的物质资源、信息资源和智力资源利用，推动物联网、云计算、大数据等新一代信息技术创新应用，实现与城市经济社会发展深度融合。强化信息网络、数据中心等信息基础设施建设。促进跨部门、跨行业、跨地区的政务信息共享和业务协同，强化信息资源社会化开发利用，推广智慧化信息应用和新型信息服务，促进城市规划管理信息化、基础设施智能化、公共服务便捷化、产业发展现代化、社会治理精细化。增强城市要害信息系统和关键信息资源的安全保障能力。”该文件主要从完善城市治理结构、强化社区基层自治与服务、创新社会综合治理和健全减灾防灾救灾体制等方面，对数字时代的城市治理体系、治理模式、治理手段等进行了设计与要求。

数字治理也称电子治理，是在电子商务和电子政务之后产生的概念，是数字时代一种全新的治理模式。广义上讲，数字治理是指数字技术支持下整个社会运行和组织的形式，包括对经济和社会资源的综合治理；狭义上讲，数字治理指在政府与市民社会、政府与以企业为代表的经济社会的互动中，以及在政府内部运行过程中，政府应用数字技术以易化行政、简化事务，并提高政府的民主化程度。这里的互动包括以提供政府产品和服务为核心的信息交换、交流、审批和系统整合等，以及所有政府办公过程和整个政府内部行政系统间的互动。数字治理是新技术革命推动的结果，也是时代发展的需要，而不只是几个政府网站或是服务网络化供给途径、信息传播数字化途径，它将改变治理的3个主体——政府、市民社会和以企业为代表的经济社会的互动方式，将改变传统社会的价值链，并对城市治理现代化发展产生深远的影响[1]。

数字治理的核心内容包括数字民主、数字政务与数字交付，数字民主主要指市民通过数字化途径参与城市发展的互动与决策过程，如市民通过微博、微信、在线访谈、直播平台对城市发展问题提出建议；数字政务主要包括政府决策、政务服务、城市治理、政府督察等，覆盖政府的内外部职能，如城市政府通过政务服务平台提升数字政务服务供给能力，通过人工智能、物联网等数字技术提升城市治理能力；数字交付主要指公众与企

1 资料来源：徐晓林、周立新，《数字治理在城市政府善治中的体系构建》，管理世界，2004年第11期。

业通过政务服务平台以货币或非货币方式获得实体服务或虚拟服务，如市民通过支付宝、微信或公共支付入口在线支付水电费、报名考试费或缴纳罚款，通过资料填报和提交获得相应的在线反馈或服务应答。

纽约前副市长史蒂芬·戈德史密斯在一次演讲中表示：未来政府应该把自己当作零售商而不是批发商，批发商的工作模式是以任务为导向的，缺乏零售商的服务意识[1]。史蒂芬·戈德史密斯在研究中发现，要提升城市政府作为零售商的服务意识，最有效的服务就是为市民解决问题，提高市民对政府的信任感。政府把工作重心放在了具体、可量化的行政行动上，而不是解决方案上。随着时间的推移，官僚分级、流程死板、资源冗余等弊端愈加明显，但政府对市民的反馈却视而不见。史蒂芬·戈德史密斯将数据驱动型政府的工作人员称为“数字化武装的新型公职人员”。他表示，新型公职人员必须打破传统的官僚主义政府设置的三大障碍：第一，对政府公职人员的狭隘绩效评估方式；第二，一般城市政府的垂直化层级管理阻碍了观念和信息的自由流动，不适合解决非垂直型问题；第三，政府倾向于解决“头疼医头，脚疼医脚”的表面工作，如道路填补、案件处理等，而非寻求解决问题的根本方法[2]。由此可以看出，城市数字治理体系的建立，不仅需要在技术、工具和手段层面进行数字化、智能化升级，同时还需要构建一个能够认同数字治理的愿景、效果的绩效评估体系，使政府更有耐心地从纵向治理走向横向治理，通过大数据手段与智能技术更深入地挖掘和探索城市的本质问题，而非只着眼于浮于表面的显性问题。

2018年5月30日，共青团杭州市委与杭州国际城市学研究中心共同打造了一个城市治理公共参与平台——“西湖金奖进青年·2018”，通过呼吁全市市民参与城市问题的解决过程，从而实现城市共治的目标。该活动围绕七大城市病治理征集“金点子”，包括城市流动人口问题——新时代农民工如何共建共享美好生活；城市交通问题——如何提升交通智慧化，建设畅通城市；城市教育问题——如何推动城市公办民办教育协调发展；

1 资料来源：《智慧城市的政府角色：从“批发商”到“零售商”》，经济观察网，2019年8月23日。

2 资料来源：史蒂芬·戈德史密斯，《数据驱动的智能城市》，浙江人民出版社，2019年2月。

城市医疗卫生问题——如何整合健康服务，推动健康城市建设；城市土地（住房）问题——如何提升城市老旧住宅小区住房品质；城市文化遗产保护问题——如何正视城市发展的需求，落实保护管理的措施，体现遗址的现代价值；城市环境问题——如何关注环境健康，建设美丽城市。其中，在城市流动人口治理方面涌现出“金点子”——“智能门禁加强流动人口管理”。2018年，杭州居住在出租房屋的人口大约为440万，占全市登记在册流动人口总量的72%。2015年，杭州正式上线“流动人口动态信息居所出入智能门禁管控平台”，到2018年5月初，全市13个区县市的284个社区（村）已接入3万多套智能门禁终端，日均产生门禁数记录70多万次，为加强流动人口的服务管理提供了有力抓手。在城市交通治理方面涌现出“金点子”——“斑马线行人监测系统”，杭州市没有信号灯的斑马线数量很多，导致交通事故很多。如果行人和司机在斑马线附近能提前预知对方的出现，自然可以大幅降低交通事故发生率。参与本次活动的选手设计了一种智能装置，该装置利用红外测速技术，在距斑马线50米处对车辆进行测速并将信息及时传递给行人，为行人提供预警。同时，该装置能根据算法检测到是否有行人即将踏上斑马线，并将信息传递给司机，并提醒司机提前减速。“西湖金奖进青年·2018”通过基于数字平台的城市发展问题调查，以公众参与的方式汇集群体智慧、智力优势与创新力量，解决城市治理过程中不断涌现的复杂问题。近年来，此类活动在郑州、广州等城市也在不断开展。

从全国城市问题的媒体舆情与社交媒体热点来看，人与车、人与动物、人与环境、人与人的问题正在城市化与数字化叠加的进程中不断暴露，其中，人与车的问题主要体现在城市车辆出行与停车场资源的非对称性问题上，人与动物的问题主要体现在城市养狗、公共卫生与社会道德问题上，人与环境的问题主要体现在逐步实施的城市垃圾分类问题上，人与人的问题则主要体现在城市服务设施、治理机制与老龄人群之间的平衡问题上。

国家统计局发布的《中华人民共和国2019年国民经济和社会发展统计公报》显示，截至2019年年底，全国民用汽车保有量为26 150万辆，其中包括三轮汽车和低速货车，而私人汽车的保有量则为22 635万辆，其中汽车保有量最多的30个城市如表9-1所示。随着城市机动车数量的不断攀升，城市停车难的问题不断发酵为一种普遍的社会问题，包括环境污染、停车场资源空转浪费及停车收费纠纷等。

表9-1 我国汽车保有量最多的30个城市（截至2019年年底）

序 号	城 市	汽车保有量（辆）	序 号	城 市	汽车保有量（辆）
1	北京	593.4万	16	佛山	273.8万
2	成都	519.5万	17	南京	270.2万
3	重庆	463.3万	18	杭州	267.7万
4	苏州	419.3万	19	临沂	264.6万
5	上海	415.8万	20	长沙	263.8万
6	郑州	381.8万	21	济南	260.2万
7	深圳	343.4万	22	保定	255.3万
8	西安	343.0万	23	昆明	249.9万
9	武汉	336.8万	24	潍坊	249.4万
10	东莞	323.7万	25	沈阳	246.4万
11	天津	309.0万	26	温州	235.2万
12	青岛	293.1万	27	合肥	217.8万
13	石家庄	288.1万	28	唐山	214.0万
14	广州	280.3万	29	无锡	209.0万
15	宁波	277.3万	30	金华	206.4万

2019年7月，首个提供“先离场后付费”便捷泊车服务（见图9-1）的城市大脑停车系统在杭州上线，该系统已覆盖杭州所有区县市，杭州市民可通过市民卡、支付宝等30余种途径开通便捷泊车服务，在全市开放性停车区域享受“先离场后付费”服务，实现“一次开通全城通停”，避免了“多个停车区域、多个系统、多次注册”的困扰，原有付费方式与“先离场后付费”方式对比如图9-2所示。停车场库数据可与政府各部门共享共通：与交通管理部门共享可对交通做出及时合理的调整；与住建部门共

享可促进停车场库建设合理布局；与城管部门共享可进一步优化城市管理。截至2020年10月底，杭州3 300余个停车场（点）的70万个泊位开通了“先离场后付费”功能，基本实现全覆盖。“先离场后付费”便捷泊车服务的用户超百万人，累计使用该服务1 300余万次。同时，围绕“先离场后付费”使用过程中市民关心的停车优惠券使用问题，杭州市城管局不断优化完善系统功能，推出了“暂时关闭”“优惠券后核销”“例外停车场”等功能。停车是城市治理领域的热点问题，杭州围绕“付费”和“离场”两个关键节点，通过系统设计，延伸停车场景，整合相关部门数据，对涉及停车问题链条的规划、服务和管理等进行系统性解决，“先离场后付费”便捷泊车服务也成为解决城市停车难问题的典型案例。

图9-1 “先离场后付费”便捷泊车服务

近年来，中国宠物数量稳步增长，由2010年的9 700万只大幅增加至2018年的1.68亿只。伴随着经济发展，人口老龄化加快，丁克家庭数量增加，宠物逐渐变成人们娱乐休闲、情感寄托的选择。犬只的功能从原来的“看家护院”转变为满足人们高层次的精神追求。2015—2018年，深圳市城市管理和综合执法局受理的涉犬投诉数量分别为169宗、315宗、949宗、1 507宗，平均每年以近100%的速度增加；全市收治的流浪犬数量分别为614只、1 100只、1 023只、1 887只，收治数量不到全市流浪犬总数的15%。为规范城市犬只管理，深圳市依托数字技术建立了市民、宠物医院、监管部门、执法部门、犬主、社会组织与物业共建共治共享的犬只管理生态链（见图9-3），对犬只出生、领养登记、检疫、管养、寻犬、过户、收容、无害化处理等过程进行全生命周期精细化管理。

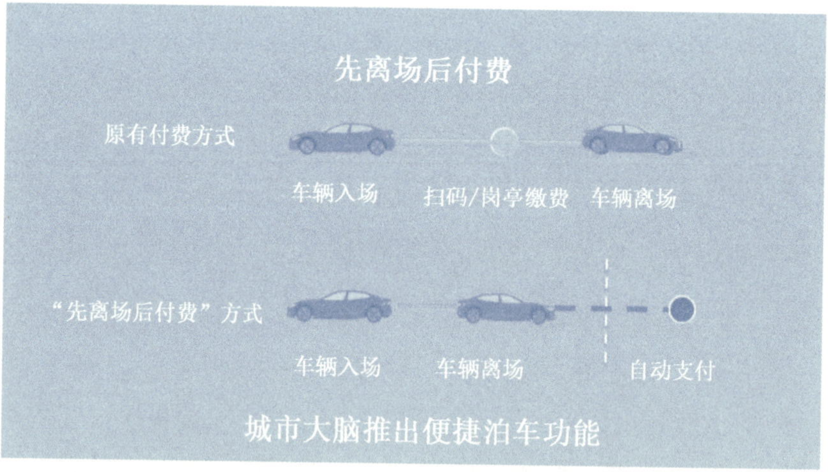

图9-2　原有付费方式与“先离场后付费”方式对比

图9-3　共建共治共享的犬只管理生态链

2019年5月9日，由深圳市城市管理和综合执法局举办的“‘码’上办证——给狗狗一个身份”新闻发布会在福田宠物公园召开，这标志着深圳养犬服务正式走向无纸化。2020年11月，深圳市正式实施了《深圳市养犬管理规定》。该文件明确犬只应当植入电子标签，由执业兽医师实施，犬主可前往主管部门指定机构为犬只植入电子标签，也可自行选择宠物医院为犬只植入电子标签。市民在遛狗时只需要携带手机，执法人员在检查时便可以通过扫描犬主的二维码来获取犬只基本信息、免疫情况、登记情况等。依托数字技术与平台支撑，深圳市上线了统一养犬信息管理平台——深圳养犬服务小程序（见图9-4），面向市民开放使用。该小程序主要包括养犬服务、养犬互动、个人中心等功能。其中，养犬服务主要为犬主提供初始登记、变更登记、注销登记、养犬咨询、地图等服务；养犬互动主要为犬主提供寻犬信息发布、犬只领养、公告查看等服务；个人中心主要为犬主提供犬证领取、我的犬只等服务。通过数字治理模式，深圳市养犬登记率从30%大幅提升至90%，高居全国首位，让犬只精准管理成为可能，遛狗不牵绳、不及时清理犬只粪便等不文明养犬行为大幅减少，涉犬纠纷数量日益减少，主要街区流浪犬流窜现象基本消失，有效保障了市民的健康和安全。深圳市文明养犬管理体系基本覆盖全市各社区，初步形成了全民参与的养犬管理模式。据统计，深圳市犬只数量已达到23.8万只，目前这个数据还在增长。

图9-4 深圳统一养犬信息管理平台

作为国际化程度很高的超大型城市，上海是中国最早推行垃圾分类的城市。垃圾定点分时投放可能会造成小区垃圾随地乱扔的现象，垃圾分类监督耗费的人力物力会造成新的社会成本，后续垃圾处理产业化更是关系到垃圾分类能否进行到底的最后一道关口。如何让垃圾分类持续实行，后续的监督管理、垃圾处理等环节构成的城市治理体系至关重要。以精细化管理著称的上海选择以“监管科技”解决垃圾分类的问题。

2019年5月，上海市闵行区普乐路425弄普乐二村小区设立了上海首个“八分类”智能垃圾箱房门禁系统（见图9-5），该系统集成了身份识别、信息屏幕、端口扫描、监控摄像、移动网络等多项功能，可通过监控装置实时监控垃圾投放现场，有效识别垃圾分类的准确率，还具备红外端口扫描功能，支持绿色账户识别，市民在刷卡投放垃圾后，绿色账户自动完成积分（见图9-6）。徐汇区田林十二村从小区的6个垃圾箱房中选了1个垃圾箱房进行改造，居民只有在指定的投放时间使用指定的智能卡，新

图9-5 “八分类”智能垃圾箱房门禁系统

改造的智能垃圾投放口才会打开。与此同时，每张智能卡都“绑定”了一户居民，在刷卡投放垃圾时，居民的基本信息会传输到居委会的后台，居委会能够通过刷卡信息发现把垃圾扔在箱房外面的居民。此外，上海市还加强了信息化平台建设，初步形成了垃圾分类监督管理系统，基本建成了覆盖分类运输、分类中转、末端处置的全程信息化监管平台。通过对数字科技在具体的垃圾分类投放场景中的运用，有效节约了垃圾分类监管的人力成本和社会成本。

图9-6 刷卡投放垃圾，绿色账户自动完成积分

国家统计局发布的人口数据显示，截至2018年年底，我国60周岁及以上人口24 949万人，占总人口的17.9%；65周岁及以上人口16 658万人，占总人口的11.9%。根据全国老龄工作委员会办公室发布的数据，近年来全中国的老年人口每年增加2%～2.85%，每年实际增长人口约300万人。据预测，2021—2050年中国将进入加速老龄化的阶段，到2050年，中国老年

人口总数会超过4亿人，老龄化水平也将达到30%以上。围绕老龄人群的服务与管理不仅成为普遍性的社会问题，也成为数字时代社会治理创新的切入点。2019年8月，杭州市民政局发布了《杭州市“互联网+养老”服务工作实施方案》，提出提高养老服务质量的目标，以解决养老服务痛点问题为主攻方向，以社保卡（市民卡）为统一载体，运用大数据分析技术，更加精准地为老年人提供个性化服务。尤其在“互联网+助餐服务”“互联网+护理服务”等老年人关注度高、需求强烈的方面开展特色服务，探索培育居家养老服务新型业态。该文件针对高龄津贴发放、养老服务需求评估、养老服务补贴、公办养老机构轮候、安全巡查等提出工作要求，特别要通过移动端、微信公众号、智能技术、数据共享等平台和手段，解决老龄人群问题，满足老年人群需求。

此外，杭州市针对“互联网+养老”服务还特别提出了通过数据赋能的方式实现“数据养老”的模式，例如，建设老人数据仓以掌握全市60周岁以上户籍人口的基本情况，同时与公安、人社、医保、卫健等部门实现数据互通，实现养老数据实时、在线可查；对纳入政府补贴项目的养老服务机构运营情况进行视频监控，实时展现服务场所情况，支持服务机构采用人脸识别、人工智能等技术加强管理；推进智能物联网介入精准养老，通过老年人携带的智能终端（手机、智能穿戴设备等），收集老年人活动、健康、位置等动态信息，实现对重点人群的主动关怀和精准服务，紧急情况下可实现与呼叫中心、社区、老年人亲属的多方联动；通过大数据计算，对老年人情况及养老服务情况进行实时统计、分析、展示，为资金补助及相关考核监管等提供数据支撑，为制定各项涉老政策提供依据。

在中国城市的快速城镇化进程中，在人们生活水平不断提升、生活条件不断改善、城乡流动与融合速度逐渐加快、人口结构快速变化等背景下，停车位、城市养犬、垃圾分类与人口老龄化成为中国城市治理面临的四大热点问题。基于平台、数据与算法的数字治理的介入，不仅创造了全新的解决路径，更重要的是，在现有场景下，技术与制度、公益与商业创新联合，不断延伸和扩展城市治理与服务的边界，在城市物理空间与数字空间之间深挖数据驱动的城市发展潜力，重塑城市文明。例如，“先离场后付费”便捷泊车服务对停车场所周边商业生态的延伸挖掘、犬只智能全周期管理背后的城市秩序优化、垃圾分类智能监管对回收利用效率的提升，以及在数字技术助推下的数字养老产业发展都是典型案例。因此，对于城市发展过程中逐步涌现的各种问题而言，数字治理不只是一种解决问题的手段，更是一种探索城市未来可能性的途径。

【第10章】

数字治理的标准与评价

10.1 世界数字治理评价的维度

自2001年联合国经济和社会事务部启动全球电子政务调查以来，两年一次的《联合国电子政务调查报告》逐渐成为全国政府观察数字政府与数字治理发展的风向标。作为《联合国电子政务调查报告》中全球电子政务排名的主要依据，电子政务发展指数（EGDI）的概念自2001年被提出，至今一直没有发生改变。电子政务发展指数是一种国家电子政务绩效水平的综合衡量尺度，旨在评估电子政务的3个重要方面：在线服务的范围和质量，通信基础设施的地区合作和人力资源的开发，分别由通信基础设施指数（TII）、人力资本指数（HCI）、在线服务指数（OSI）来衡量，权重各占1/3。每个指数都是一个综合衡量标杆，可以对其独立提取和分析。

其中，TII为5个指标的算数平均数，这5个指标分别为每100位居民中互联网用户数、每100位居民中固定电话用户数、每100位居民中移动通信用户数、每100位居民中无线宽带订阅量、每100位居民中固定宽带订阅量。HCI包含4项指标：成人识字率，小学、中学及大学的毛入学率，预计受教育年限，平均受教育年限。OSI的数值是由来自60多个国家的111名研究人员（包括联合国专家和在线联合国志愿人员）用每个国家的本土语言对该国的国内网站进行评估而得到的，评估范围包括国内门户、电子服务门户及电子参与门户，同时还包括教育、劳动、社会服务、健康、金融和环境等有关部门的网站，重点关注基础在线服务供应、电子参与关注度、多渠道服务提供、应用拓展、数据开放推行、整体政府和弥合国家内部与国家间可能存在的数字鸿沟等情况。

从《2020联合国电子政务调查报告》的数据与结果来看，全球平均电子政务发展指数上升，2018年为0.55，而2020年达到0.60。2020年中国的在线政务服务指数排名全球第9位，电子政务发展指数为0.9059。从城市电子政务发展来看，联合国在2018年首次试点评估城市电子政务水平，在2020年评估的86个城市中，地方电子政务发展指数平均值为0.43，有14个城市的本地在线服务指数水平非常高，但大多数城市处于中等水平或较低水平。大多数城市门户网站仍在提供非常基本的功能，几乎所有城市门户网站都可以通过移动设备访问。由于一些地方政府正在创建智慧城市，在城市数字治理方面提供了系列智能服务，包括利用人工智能聊天机器人改善服务，简化内部劳动力管理；利用大数据和分析技术设计和实施有效的地方政策，优化城市公共资源；利用物联网支持医疗、交通、执法和紧急情况下的智能应用；利用增强现实技术和虚拟现实技术增强导航体验，保证驾驶员安全，实施支援行动等。但是，在这些城市中，使用或打算使用新兴技术的不到1/4。

2020年，联合国根据地理位置和人口分布情况选定了全球100个城市，调查发现，其中14个城市没有门户网站，因此，联合国评估了其余86个城市的门户网站，其中亚洲城市27个、非洲城市21个、欧洲城市21个、美洲城市15个、大洋洲城市2个。2020年，在线服务方面的排名情况为马德里第一，纽约第二，塔林第三，巴黎、斯德哥尔摩和莫斯科并列第四，波哥大和布宜诺斯艾利斯并列第七，柏林、首尔和上海并列第九，伦敦、伊斯坦布尔和罗马并列第十二。其中39个城市的在线服务指数高于世界平均水平，城市电子门户网站在线服务指标实施情况如图10-1所示。

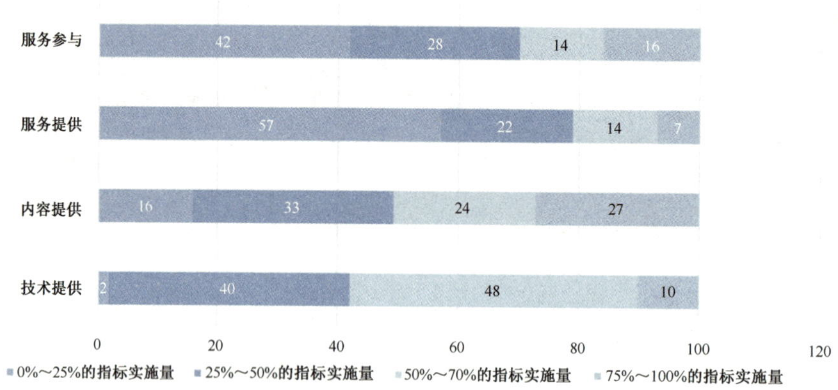

图10-1　城市电子政务门户网站在线服务指标实施情况[1]

城市门户网站技术指标实施情况如图10-2所示。调查显示，几乎所有城市门户网站（96.51%）都可以通过移动设备访问，但大多数城市门户网站都不符合《网页内容获取无障碍指南1.0》的标准，只有10个门户网站（11.63%）符合该标准。可见，全球城市在数字治理过程中对弱势群体的关注还远远不够。数字技术具有改善公共服务的巨大潜力，但归根结底只是一种达到目的的手段。政府需要以人为本，而不是以技术为本。地方电子政务举措，特别是那些融入数字技术的举措，必须旨在造福所有人，不让任何人掉队，特别是妇女、残障人士、难民、游客、低收入群体和其他得不到充分服务的群体。

《2020联合国电子政务调查报告》对迪拜的Rammas聊天机器人（迪拜税务局通过人工智能与客户交流，机器人作为虚拟员工参与服务流程）、安曼的电子投标平台（全流程线上投标申请与公开投标结果，为每个投标者提供平等的竞争机会）、卡萨布兰卡的“卡萨商店”（具有网站纳税、在线数据申请、申请政府空缺职位、获取司法信息等功能，为访问者、用户和开发者提供服务）等不同领域的创新模式与案例进行解读和分析。

1　资料来源：《2020联合国电子政务调查报告》。

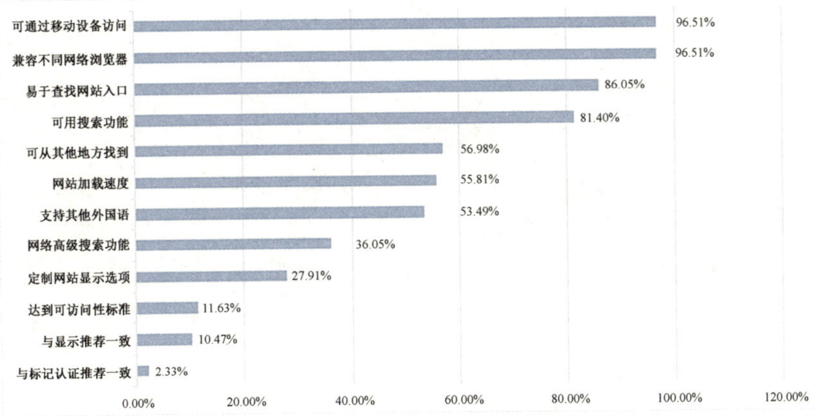

图10-2　城市门户网站技术指标实施情况[1]

本次多数接受评估的城市门户网站在很大程度上都通过脸书、推特、YouTube、雅虎网络相册等社交媒体与公众联系，少数门户网站包含电子民意调查、聊天室、博客、电子请愿书或其他更直接的互动工具，因为这些功能在社交媒体网络中很普遍。本次调查报告指出，地方政府需要了解人们的迫切需求和关注点，并让人们参与治理过程。要做到这一点，政府可以开展提高群众参与意识的宣传活动，并强调群众是政府平等的伙伴，而不是电子服务的消费者。这正是数字治理对政府、企业和市民的关系和地位的转变。

除了联合国电子政务调查，日本早稻田大学数字政府研究中心也于2006年启动了全球数字政府的发展水平排名评价。2020年9月，日本早稻田大学数字政府研究中心发布了《第15届国际数字政府评估排名报告》，本次评估排名覆盖了全球64个国家及地区，排名前10的国家为美国、丹麦、新加坡、英国、爱沙尼亚、澳大利亚、日本、加拿大、韩国、瑞典，中国在本次排名中居第37位。

第15届国际数字政府评估排名指标体系（见表10-1）包括网络基础设

1　资料来源：《2020联合国电子政务调查报告》。

施、管理优化/效率、在线服务/功能应用程序、国家门户/主页、政府首席信息官、政府促进、电子参与/数字融合、开放政府、网络安全，以及新兴信息通信技术的使用十大模块，其中，政府促进模块中的法律机制、赋能机制及支持机制均是契合当下数字政府发展的重要指标及议题。从过去15年的数字政府评估来看，日本早稻田大学数字政府研究中心在指标上并未做任何改动，此外，对具体城市数字政府与数字治理的评估也并未全覆盖。从城市数字化转型的发展进程来看，早稻田大学数字政府研究中心的数字政府评估指标在新技术的影响、市民体验等方面的考量仍有待提升。

表10-1　第15届国际数字政府评估排名指标体系

一级指标	二级指标
1. 网络基础设施（NIP） Network Preparedness/ Infrastructure	1-1互联网用户
	1-2宽带用户
	1-3移动用户
2. 管理优化/效率（MO） Management Optimization/ Efficiency	2-1优化意识
	2-2集成企业架构
	2-3行政和预算制度
3. 在线服务/功能应用程序（OS） Online Services / Functioning	3-1电子采购
	3-2电子税务系统
	3-3电子定制系统
	3-4电子健康系统
	3-5一站式服务
4. 国家门户/主页（NPR） National Portal/Homepage	4-1导航
	4-2互动性
	4-3接口
	4-4技术方面

续表

一级指标	二级指标
5. 政府首席信息官（GCIO） Government CIO	5-1 GCIO存在
	5-2 GCIO授权
	5-3 CIO组织
	5-4 CIO发展计划
6. 政府促进（EPRO） E-Government Promotion	6-1法律机制
	6-2赋能机制
	6-3支持机制
	6-4考核机制
7. 电子参与/数字融合（EPAR） E-Participation/Digital Inclusion	7-1电子信息机制
	7-2在线协商
	7-3数字决策
8. 开放政府（OGD） Open Government	8-1法律框架
	8-2社会
	8-3组织
9. 网络安全（CYB） Cyber Security	9-1法律框架
	9-2网络犯罪对策
	9-3网络安全组织
10. 新兴信息通信技术的使用（EMG） The use of Emerging ICT	10-1云计算的使用
	10-2物联网的使用
	10-3大数据的使用

瑞士洛桑国际管理发展学院（IMD）与新加坡科技设计大学于2019年联合发布的《智慧城市指数》（*Smart City Index Report*）对全球102个被评估的城市进行了排名，根据联合国人类发展指数（HDI）对城市所属经济

的评分，对城市进行分类、分组，然后结合智能城市发展的基础、核心、要素等进行指标设计与评价，并对现有城市基础设施的市民满意度与技术赋予城市建设发展的市民意愿进行综合打分。

IMD的评估体系有两个评价支柱，“结构支柱”指的是居民对现有城市基础设施的看法，“技术支柱”指的是居民对技术供应和服务的看法。每个支柱都针对5个关键领域进行评估：健康和安全、流动性、创新活力、工作与教育机会、社会治理。这些城市被分为4个人类发展指数组，在每个人类发展指数组中，根据感知能力，城市被赋予从AAA到D的“等级”。城市的排名以两种形式呈现：一是整体排名（1～102）；二是每个支柱和整体的评级。

在每个城市120名居民看法的调研中，《智慧城市指数》（2019）对居民对个人信息使用与政府信息公开的看法进行了分析，调研问题包括“你愿意放弃个人信息以改善交通堵塞吗”“你了解通过面部识别技术来降低犯罪率吗”“你觉得在线数据信息的可用性增加了你对政府的信任吗”。由此可以看出，个人隐私数据与公共利益之间的关系、个人信息数据与政府治理之间的关系正在获得全球性关注。就公众态度而言，越是经济发达地区的公众对个人隐私数据的关注度与敏感度越高。

在“技术支柱”的“城市治理”评价指标中，《智慧城市指数》（2019）针对信息、平台和数据使用3个方面进行了评测，评测内容包括“城市财政的在线公共渠道减少了腐败”“网上投票提高了参与度”“市民可以在网上平台提出建议，改善城市生活”“在线应用电子身份证明，减少了办事等候时间”。

从《智慧城市指数》（2019）的评价结果来看，前16名处于A/AA/AAA组的城市包括新加坡、苏黎世、奥斯陆、日内瓦、哥本哈根、奥克兰、台北、赫尔辛基、毕尔巴鄂、杜塞尔多夫、阿姆斯特丹、圣弗兰西斯科、温哥华、悉尼、多伦多、蒙特利尔。位于第40～60名的11个中国城市均处于B/BB/BBB组，包括香港、珠海、天津、重庆、杭州、深圳、南京、广州、成都、上海、北京。中国城市指数情况如表10-2所示。

表10-2 《智慧城市指数》（2019）中国城市指数情况

	城市	台北	香港	珠海	天津	重庆	杭州	深圳	南京	广州	成都	上海	北京
	排名	7	37	40	41	42	44	43	55	57	58	59	60
市民态度	你愿意放弃个人信息以改善交通堵塞吗?	78.90%	65.30%	92.70%	88.60%	90.20%	90.20%	84.60%	89.40%	88.30%	91.10%	84.70%	87%
	你了解通过面部识别技术来降低犯罪率吗?	69.10%	48.40%	96.00%	85.40%	90.20%	80.30%	88.60%	89.40%	85%	91.10%	84.70%	78%
	你觉得在线数据信息的可用性增加了你对政府的信任吗?	73.20%	56.50%	92.70%	89.40%	90.20%	91.00%	87%	87.80%	85%	90.20%	89.50%	87%
城市治理	城市财政的在线公共渠道减少了腐败	70.33%	59.01%	92.47%	80.62%	78.96%	77.73%	73.98%	76.15%	75%	69.51%	74.46%	74.93%
	网上投票提高了参与度	74.12%	50.67%	82.93%	72.76%	79.1%	77.73%	72.36%	71.27%	71.39%	72.09%	71.24%	67.75%
	市民可以在网上平台提出建议，改善城市生活	77.24%	57.66%	88.31%	83.2%	76.37%	81.97%	79.27%	80.08%	80.56%	82.25%	81.05%	80.22%
	在线应用电子身份证明，减少了办事等候时间	73.58%	67.74%	85.62%	83.74%	77.05%	84.84%	87.67%	75.34%	83.61%	72.36%	82.8%	79.27%

从《智慧城市指数》（2019）的评价内容来看，其评估重心侧重于市民对基础设施与城市服务的感受与体验，并对涉及个人隐私、智能技术、电子民主等方面的市民态度进行了较为充分和深度的调研。此外，在针对城市科技是否真正提升市民获得感与生活便利度方面，本次评估对技术、平台和数据在减少腐败、网上投票、在线参政及便捷办事等方面的效率进行了监测。相比于倾向顶层设计、战略规划、基础设施、门户建设等涉及国家的数字治理能力评估，以及对政府数字化供给能力与个人数字化获取能力维度的评价，《智慧城市指数》（2019）面向城市的评价更接近数字治理的愿景与目标，其不足之处在于仍须进一步探索市民态度与感受之外的政府与企业的反馈。

10.2 新型智慧城市发展视角

新型智慧城市的概念最早出现在2016年，主要是相对“智慧城市”的缺憾与不足而言的。在智慧城市发展早期出现了项目工程化、唯技术论及“重建设、轻运营”的弊端后，新型智慧城市主要关注服务能力、市民体验，以及制度规范的完善与设计，并强调政府、企业和市民的共同参与，以推动建设数字中国、智慧社会趋势下城市发展的可持续性。2016年，国家发展改革委、中央网信办等部门共同研究制定了新型智慧城市的评价指标体系，并推动全国性新型智慧城市评价工作开展。《国家新型智慧城市评价指标体系（2016版）》共包含8项一级指标、21项二级指标、54项二级指标分项；在评价方法上，主要采取百分制，总得分为各一级指标得分之和，各级指标得分为其下层指标得分之和。具体评价指标包括惠民服务（含政务服务、交通服务、社保服务、医疗服务、教育服务、就业服务、城市服务、帮扶服务与电商服务）、精准治理（含城市管理、公共安全）、生态宜居（含智慧环保、绿色节能）、智能设施（含宽带网络设施、时空信息平台）、信息资源（含开放共享、开发利用）、网络安全（含网络安全管理、系统与数据安全）、改革创新（含体制机制）与市民体验（含市民体验调查）。

与《国家新型智慧城市评价指标体系（2016版）》相比，《国家新型智慧城市评价指标体系（2018版）》主要在以下方面进行了优化和调整。在指标数量上，《国家新型智慧城市评价指标体系（2018版）》包括8项一级指标、24项二级指标、52项二级指标分项（除市民体验外）。在指标的评价分值上，惠民服务指标的权重由37%下调为26%，精准治理指标的权重由原来的9%上调为11%；生态宜居指标的权重由8%下调为6%；智能设施指标的权重由7%下调为5%；信息资源指标的权重由7%上调为8%；网络安全指标则不占权重，改为扣分指标；改革创新指标调整为创新发展指标，权重为4%；市民体验指标的权重从原来的20%提升至40%。由此可以看出，新型智慧城市评价体系对市民获得感、信息资源的利用能力及网络安全底线等的关注度持续上升。《国家新型智慧城市评价指标体系（2018版）》删除了电商服务，其原因是2016年很多城市反馈该项指标数据无法获得，且城市之间的差距巨大。这也从侧面反映出数字治理领域的评价须构建企业特别是数字经济企业与平台企业的参与入口，推进政务数据与社会数据有效、安全地融合应用。

此外，《国家新型智慧城市评价指标体系（2018版）》还增加了智慧农业指标、智慧社区指标与社会信用指标。这不仅反映出中国城镇化的发展特征，也体现出在"互联网+城市服务"推进过程中社会信用体系的地位逐步上升，而城市治理的精细化将逐步打通城市数字治理的"最后一千米"，智慧社区成为城市数字治理的最终载体与最小单元。

10.3 城市数字政府建设视角

从2015年开始，中央党校（国家行政学院）电子政务研究中心就在联合国电子政务调查评估框架下，连续开展了网上政务服务能力调查评估工作，在2016年启动了中国城市电子政务发展水平调查。此次调查工作借鉴了联合国电子政务调查报告的评估指标体系和欧盟电子政务评估指标体系，同时充分考虑了我国信息化和电子政务的发展实际，制定了适用于中国实际的电子政务评估指标体系。

因为面向公众的在线服务主要集中在市级政府，所以本次电子政务发展水平的评估对象为中国地级以上的338个城市，同时对36个主要城市进行了排名和比较分析。全国36个主要城市包括4个直辖市：北京、上海、天津、重庆；15个副省级城市和计划单列市：哈尔滨、成都、大连、广州、杭州、济南、南京、宁波、青岛、厦门、深圳、沈阳、武汉、西安、长春；以及17个非副省级省会城市：福州、贵阳、海口、合肥、呼和浩特、昆明、拉萨、兰州、南昌、南宁、石家庄、太原、乌鲁木齐、西宁、银川、长沙、郑州。

在遵循科学性、综合性、可行性、导向性和一致性等原则的基础上，本次评估采用AHP层次分析法，通过构造评判矩阵的方式，请权威专家对评估指标进行打分，将分数综合平均后作为权重，进而构建中国电子政务发展水平评估指标体系。2016年，中国电子政务发展水平评估指标体系由3部分组成：在线服务、电子参与和移动政务，分别占60%、20%和20%的权重（见图10-3）。

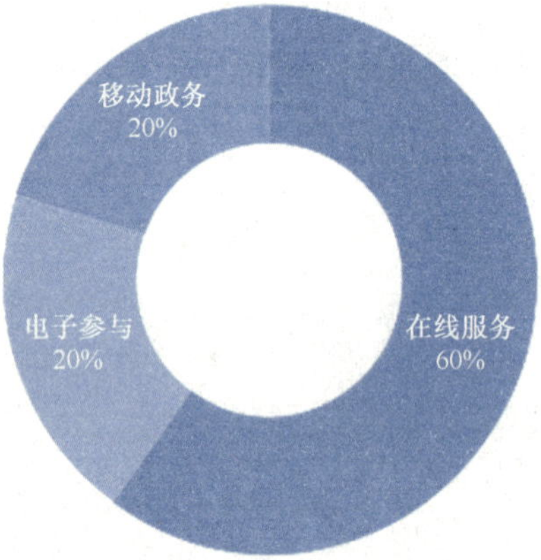

图10-3　中国电子政务发展水平评估指标体系的组成部分及各部分所占权重

2019年，在原有31个省（自治区、直辖市）和新疆生产建设兵团（以下简称32个省级政府）的基础上，中央党校（国家行政学院）电子政务研究中心首次将计划单列市和省会城市共32个重点城市纳入评估范围。评估指标主要包括服务方式完备度（重点从“渠道可达”角度衡量公众和企业是否可以方便、快捷和准确地找到所需服务）、服务事项覆盖度（重点从“事项可见”角度衡量事项清单和办事指南的规范化梳理和标准化发布情况）、办事指南准确度（重点从“指南可用”角度衡量办事指南公布的相关要素信息的准确性、翔实性和易用性）、在线办理成熟度（重点从“业务可办”角度衡量政务服务在线一体化办理程度）、在线服务成效度（重点从“效能可评”角度衡量政务服务平台的用户使用、网办效率、服务质量等方面的实施效果）。

根据评估报告数据显示，2018年度重点城市网上政务服务能力指数平均值为83.03，19个重点城市的指数超过平均值。2019年，7个城市的网上政务服务能力指数为“非常高”（≥90），占比为21.88%；14个城市的网上政务服务能力指数为“高”（80～90），占比为43.75%（见表10-3）。在32个重点城市中，30个城市在政务服务平台发布了市本级公共服务类事项指南，可以提供9 163项市本级公共服务类事项的网上服务，平均提供286项服务。截至2018年12月31日，在32个重点城市市本级部门提供的20 353项行政许可事项中，74.06%的事项通过统一身份认证体系，实现了事项的接入认证和单点登录。

表10-3 重点城市网上政务服务能力水平分布表[1]

非常高（≥90）	高（80～90）	中（65～80）	低（≤65）
深圳	贵阳	郑州	西宁
南京	成都	昆明	
杭州	哈尔滨	呼和浩特	
广州	南昌	兰州	
宁波	武汉	大连	
合肥	长沙	海口	
青岛	福州	太原	
	银川	石家庄	
	厦门	拉萨	
	南宁	乌鲁木齐	
	西安		
	长春		
	沈阳		
	济南		

1 资料来源：《省级政府和重点城市网上政务服务能力调查评估报告（2019）》。

2019年的调查评估在充分吸收以往评估经验的基础上，遵循以用户为中心的理念，采用用户感知的方法，以提升办事对象获得感为标准，建立面向用户的评估指标体系，关注企业和群众在获取政务服务过程中的便捷度和满意度。从评估指标来看，“在线办理成效度”升至首位。由此可见，市民获得感与服务的完成度成为城市数字治理领域关注的重点。其他指标还包括在线服务成熟度、服务方式完备度、服务事项覆盖度与办事指南准确度。《省级政府和重点城市网上政务服务能力（政务服务“好差评”）调查评估报告（2020）》显示，深圳、杭州/南京/广州（并列）、宁波、合肥、青岛、哈尔滨、武汉、南昌、福州和长沙位居前十名。随着国家一体化在线政务服务平台与省级政务服务平台在账号、数据、证照等方面的互通互认，承载了城市数字化转型期许与市民对美好生活愿景的以城市政务服务平台为重心的城市治理平台，将获得越来越多的关注与发展空间，而其评价模式在市民与企业的参与方面也将越来越多元化。

2020年10月，清华大学数据治理研究中心发布了《2020数字政府发展指数报告》，该报告从组织机构、制度体系、治理能力与治理效果4个维度对数字政府进行测评，其中，组织机构维度侧重评估数字政府发展的参与主体现状；制度体系维度侧重评估数字政府发展的相关政策措施；治理能力维度侧重分析政府利用数字化平台提供公共服务、开展政民互动的能力；治理效果维度侧重分析数字政府发展与人民满意度、获得感之间的关系。

《2020数字政府发展指数报告》在城市层面的评估范围在国家统计局公布的70个大中城市基础上，囊括了所有副省级城市、省会城市及2019年GDP排名前80位的城市，共对101个城市进行指数评估。从治理能力指数来看，治理能力因城市类型不同而具有较大差异（见图10-4）。在平台管理、数据开发、政务服务和政民互动4个指标的平均得分中，政民互动类的平均得分高于政务服务类，这表明我国大多数城市在运用各类数字应用平台（如政务微博、政务微信公众号、政务抖音、网络问政平台、网上投诉举报渠道、网上信访大厅、12345政务热线、市长信箱）与市民进行线上互动和民意征集平台建设方面取得了较好成效。相较而言，平台管理类的平均得分最低，其次为数据开放类，这说明省会城市和普通大中城市在数据开放平台的建设方面亟须加强。

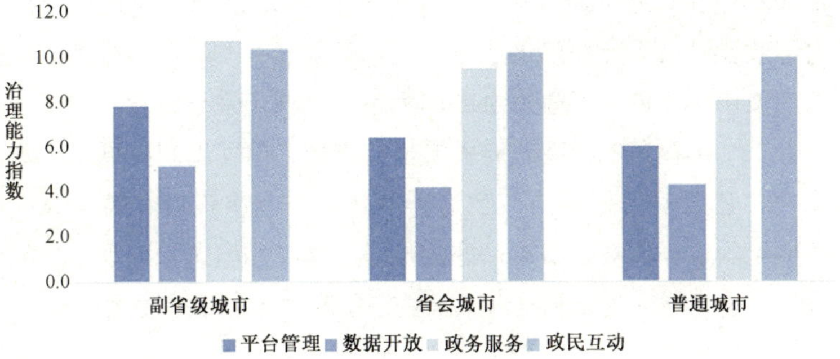

图10-4 不同类型城市治理能力比较[1]

如图10-5所示，从治理效果来看，不同类型城市的治理效果不同。该报告显示，副省级城市在覆盖度、渗透度、回应度方面的得分均高于省会城市和普通城市。在治理效果的覆盖度、渗透度、回应度、满意度4个指标中，各类城市在渗透度方面的得分最高，这表明我国公众对数字化转型的各类技术、平台等的关注度，以及对支付宝和微信等的应用程度相对较高。覆盖度和回应度得分相当，但对标引领城市尚有较大改善空间。满意度得分最低，这表明政府在提高数字政府应用的用户体验便捷性、友好度等方面仍须大力改善。

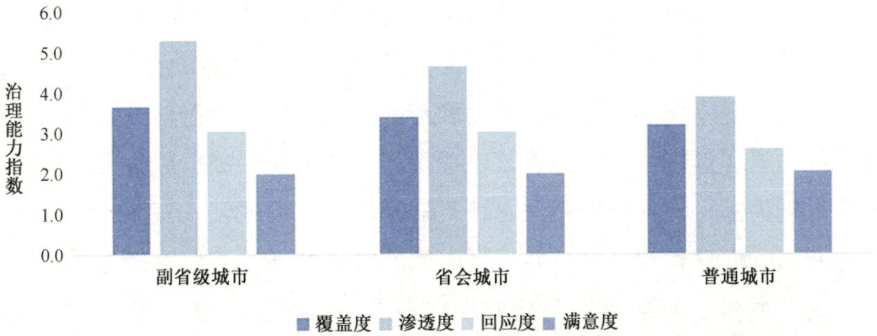

图10-5 不同类型城市治理效果比较[2]

1 资料来源：清华大学数据治理研究中心，《2020年数字政府发展指数报告》。
2 资料来源：清华大学数据治理研究中心，《2020年数字政府发展指数报告》。

《2020数字政府发展指数报告》已充分考虑市民在城市治理能力提升、治理效果彰显等方面的价值与作用，在政民互动、政务服务、数据开放、回应关切等方面做了较为全面的考虑。从城市治理现代化的长远发展来看，基于城市视角的数字政府发展指数构建，除了对目标城市指数水平进行监测，还要对目标城市数字治理的能力与水平设置“警戒线”，将面向数字化的政务服务、城市治理及市场监管作为城市治理现代化的评价“底线”，这将成为支撑和推动未来城市创新发展的重要力量。

10.4 城市治理现代化发展视角

后全球化、后城镇化与后疫情时代积聚的影响要素不断叠加，数字化、智能化与智慧化持续推动城市治理模式不断演进，超大城市、中小城镇等不同主体的发展诉求越来越多元。对中国而言，工业化、信息化、城镇化、农业和农村现代化交织互融的城市型社会正在来临。因此，从建设“人民城市”的核心理念出发，将制度、技术、体验、数据、安全等多要素作为评价考量，成为推进城市治理现代化发展的重要抓手。在城市数字化转型的关键时期，中国存在两大关键问题。一是城镇化加速发展导致城市问题呈现变化快、影响大、问题新的特点，城市政府与上级部门、下级基层的管理边界、职能边界日趋模糊化，“条块纠缠、层级互扰”的矛盾越来越突出，传统政府管理思路下的多方协同治理模式尚未形成，导致城市问题的治理机制失灵，并呈现高度风险化特征。二是以云计算、物联网、人工智能、区块链等为代表的数字基础设施成为新时代打破信息孤岛，填平数字鸿沟，提升城市治理精细化、科学化、智能化水平的全新解决思路。发现、洞察、判断和运用数字技术改善城市治理模式与质量，是推进城市治理现代化发展的必然要求。城市治理现代化作为推进国家治理体系与治理能力现代化的重要内容，其定义、评价与监测则显得十分关键。

中国城市与小城镇改革发展中心围绕城市治理现代化的框架、评估体系提出了中国城市治理现代化的认知体系和发展路径。研究认为，城市治理现代化的核心理念是要坚持“以人为本”，在参与主体方面充分发挥企业、社会组织、城市政府、公众、个体等多元主体的作用。相对于传统城市治理模式，城市治理现代化在城市治理方法与体系方面主要实现三大转变，即由被动治理转为主动治理、由碎片化治理转为整体协同治理、由单级治理转为多元共治。城市治理现代化评估指标体系设计的原则主要包括4个：第一是导向性原则，突出以人为本、智慧化的价值取向，以创新、协调、绿色、开放、共享的新发展理念为引领；第二是科学性原则，评价指标选取、指标权重设计、数据获取渠道、指数计算方法等必须以公认的科学理论为依据；第三是系统性原则，指标体系设计要防止片面性，各指标之间要相互联系、相互配合、各有侧重，形成有机整体；第四是可操作性原则，要尽可能利用现有统计数据指标和大数据可采集指标，口径要一致，核算和综合方法要统一。

城市治理现代化评估指标体系由4个一级指标、11个二级指标与27个三级指标组成（见表10-4）。其设计思路与逻辑主要围绕4组关系展开，即人与环境的关系、人与空间的关系、人与服务的关系、政府与社会的关系。

表10-4　城市治理现代化评估指标体系

一级指标	二级指标	三级指标		单 位
发展质效	经济质量	1	人均地区生产总值	万元
		2	城镇调查失业率	%
		3	全要素生产率	%
	绿色生态	4	空气质量优良天数比例	%
		5	垃圾分类集中处理率	%
		6	单位GDP能耗下降率	吨标煤/万元
	民生福祉	7	民众幸福感获得感体验调查	分值
		8	15分钟社区生活圈覆盖率	%

续表

一级指标	二级指标	三级指标		单位
精细治理	智能感知	9	城市重点公共区域高清视频监控覆盖率	%
		10	时空信息平台在线为政府部门和公众服务情况	%
	智慧管理	11	智能协同管理平台应用水平	%
		12	公共安全视频图像支撑服务社会管理情况	%
		13	社会信用信息部门实时共享率	%
	社会治理	14	公众安全感	分值
		15	社会文明程度测评指数	%
人本服务	政务服务	16	一网通办率	%
		17	“一站式”办理率	%
	公共服务	18	一卡通应用情况	%
		19	创办企业便利度	%
		20	公共卫生事件乡镇医疗机构网络直报率	%
		21	智慧社区信息系统覆盖率	%
多元协同	数据共享	22	信息资源部门间共享率	%
		23	公共信息资源社会开放率	%
	协同共治	24	大数据辅助决策运用水平	分值
		25	市民参与共治程度	%
	多元共建	26	万人社会组织数量	%
		27	社会化市场主体参与度	%

围绕城市治理现代化评估指标体系，以国家智库及高校研究机构权威报告、城市政府部门年度公开数据、权威媒体数据等为评估数据来源，中国城市与小城镇改革发展中心对全国15个副省级城市（广州、武汉、哈尔滨、沈阳、成都、南京、西安、长春、济南、杭州、大连、青岛、深圳、厦门、宁波）进行试评估，并形成初步评估结果及排名。从评估结果看，目前中国副省级城市的治理现代化发展水平还处于初级阶段，整体平均分为64.69分，得分最高的为深圳市，最低的为长春市。在一级指标中，“精

细治理”的平均得分率最高，为74.27分，其次是“人本服务”，为60.62分，“多元协同”得分率最低，为56.75分。由此可以看出，以城市网格化、感知网络设施等为支撑的城市精细化治理确实取得了相应成效，但政府、企业和公众多元参与的治理模式与平台尚未成熟。

15个副省级城市的治理现代化评估结果主要表现出4个方面的特征。一是从评估得分趋势来看，我国副省级城市治理现代化水平总体呈橄榄型分布。深圳、广州、杭州等超大型城市及新近崛起的新兴城市在新一轮科技革命、城市化进程与全球化进程中获得了较为显著的时代红利，在城市问题倒逼城市治理模式改善及数字经济发展助推数字治理能力提升上均有较为突出的表现。以沈阳、大连、长春等为代表的北方城市主要受困于城市治理思路与政府服务意识的落后，在技术投入与制度创新上均无明显亮点。二是副省级城市服务能力整体较高，服务均等化水平有待提升。自2015年，国家层面相继出台了系列政策文件，对推动一网通办、优化城市营商环境等均有积极作用，顶层赋能与基层创新的双向作用，推动了服务能力的整体提高。但城市公共服务均等化水平有待提升，主要表现在城市服务面向不同人群、不同区域及不同层级的均等化供给能力、服务设施普惠化程度有待提升。三是数据赋能的多元共治意识增强，“政府—社会”双主体互动机制尚未形成。数字技术为政府、企业和公众在城市治理的模式、体验、平台和渠道上提供了更为多元的机会与选择，移动城市服务平台的快速发展进一步为推动城市治理的平台共建、问题共治与服务共享提供了基础。但政府简政放权在基层的落地效果与市民口碑尚有待提升，利用市场力量与社会资源解决城市公共问题的机制体系尚未形成。四是新基建逐步提升城市“分辨率”，公众安全感尚有提升空间。智能摄像头、人脸识别技术等在城市治理、服务、交通、安防等领域逐步应用，城市的“分辨率”越来越高。但公众的安全感有待提升，一方面，新型基础设施在重点区域、关键场所及敏感地区的普及尚不够；另一方面，识别数据的开放度与公众参与度不够。

本次评估发现了部分城市在面向治理现代化发展方面的创新动向。例如，深圳市积极利用移动互联网、人工智能等新技术推动城市治理与服务能力的提升，首创“秒批”“无感申办”服务，建立统一的城市运营管理平台；杭州市通过推动和强化数据标准化治理能力，建立一体化“数据语言”（城市数据定义与标准），构建一套包含500多个指标的城市信息数据指标体系，为建立城市信息模型平台奠定标准基础；通过跨部门的数据打通与信息资源共享，实现“亲清在线”“民生直达”等面向市民和企业的服务品牌。宁波市作为国内推动智慧城市建设的“首发城市”，充分利用城市智能化感知基础设施——智慧宁波时空信息云平台，在教育、环保、疫情防控等领域构建数字化运行秩序。

第四部分

PART 4

超越城市治理：新的城市竞争力重塑

伴随要素市场改革、人口结构改变、产业转型升级等影响的加剧，传统意义上基于资本、金融、资源、劳动力等优势的城市竞争力正在受到来自数字空间及数字经济生态的挑战。数字治理能力与城市数字化转型对城市竞争力的重塑影响正在凸显，最突出和直观的表现是城市通过大数据分析技术调节城市交通拥堵带来的经济效益，以及城市通过网红景点的平台化合作运营实现的亿级在线曝光率和此前无法企及的城市文旅发展机会。2017年，中国交通部发布的数据显示，静态交通问题带来的经济损失已占城市人口可支配收入的20%，相当于GDP损失5%～8%，15座大城市的居民每天的通勤时间比欧洲发达国家居民的通勤时间多28.8亿分钟，“时走时停”的交通导致原油消耗占中国总消耗量的20%以上。由停车引发的交通事故、社会安全问题带来的损失更是难以计数。因此，新的城市竞争力已非传统视野下来自政策与资源的“增量杠杆”，而是来自数字治理能力驱动下的城市秩序自我调节和优化的“存量发条”——数字治理的技术、机制与应用的发条拧得越紧，其对城市秩序、能耗及产业的积极影响就越大。

在中国的城镇化发展过程中，一方面，不断出现北京、上海、深圳等以就业、发展、医疗、教育等资源优势著称的超大城市，其背后承载的是“公平城市”带来的发展红利，超大城市的火热竞争氛围与冰冷的商业规则，承载着“外省青年”摆脱乡土世俗束缚、寻找自我生活方式与实现价值的公平期待；另一方面，数据要素对城市群、都市圈发展的影响正在推动城市的资源流动从“线下物流”走向“线上数据流”，长三角、大湾区等地区以“跨省通办”“湾区通办”为目标的城市群治理与服务模式的扩张，通过远程化、视频化、数据共享化的跨城服务，正在改变城市群原有的人员流动与产业变迁轨迹。

此外，中小城市及与其相关联的县域经济、乡村振兴等正在面临新一轮智能化升级的机遇窗口期，无论是国家层面鼓励农村居民到县城安家，还是中小城市自觉承接产业转移，半城市化、伪市民化等在国家社保体系、户籍制度制约下的遗留问题，不仅在数字治理领域为未来中小城市与城市群发展带来了新命题，也带来了机遇和挑战。香港中文大学（深圳）讲席教授郑永年指出，城市是中国整体政治制度的一部分，城市很难完全独立于整体政治体制而运作[1]。的确，在“跨省通办”“湾区通办”及省

---

1 资料来源：《郑永年：中国的城市化和城市治理问题》。

域、市域数据共享机制建设的趋势下，城市在数字化转型进程中一边在打破自己的政治边界，一边也在重新建立城市个体与整个数字政府之间的联系。从人类世进入到城市世，从以国家为中心到以城市为中心，这是中国城市数字化转型的特征。

从人类的连接方式看城市发展，在农业时代，人们主要依靠河流生存，逐水而居，相对于尚不发达的公路网，漕运成为比较主流的运输方式，河流与船只成为连接和发展城市的主要方式；在工业时代，城市的发展主要依靠现代企业制度与铁路交通网络，人们依靠火车与铁路进行连接；在数字时代，城市拥有了越来越智能的新型基础设施，数据采集与分析能力快速提升，人们依靠互联网与数字平台进行快速连接。基于互联网与数字平台的城市数字治理，不只提升了城市治理与服务的效率，也不只优化了城市环境、产业、能源、秩序的效能，更重要的是，从营商环境、创新环境、人才环境等角度重塑了城市发展的竞争力，改变了城市发展的动力机制，城市的发展方向从改变生产力转为改变生产关系，这也推动了城市运行中政府、企业和市民等的协作模式、交互模式的改变。

“超越城市治理”到底超越什么？首先是空间上的超越，城市政府从对城市物理空间的规划、建设与运营，走向对物理空间与数字空间融合互动的设计、规划与运营，其关键是以数字孪生为核心的治理与服务平台的构建；其次是城市治理主体的超越，城市治理模式从政府主导走向政府、企业和市民多元协同共建共治共享，同时推进人机协同在城市治理与服务中的创新应用；再次是城市治理对象的超越，主要指城市政府围绕“市民即用户”的原则，进一步拓展城市治理与服务的边界，从线下向线上无限延伸，挖掘和释放城市数字治理的价值；最后是“人城关系”的超越，市民身份的界定从空间归属（物理居住的权利）、身份归属（社保及户籍）走向数据归属，“市民”的概念需要被重新定义——每个人都可以通过数据要素的流动与每座城市发生关联，从“宇宙公民”变为“宇宙市民”。而爱沙尼亚的“数字公民”倡导的“数字游牧民族”就呈现了一种新的可能性。

【第 11 章】

城市群的治理

城市群是世界城镇化发展的一种高级空间形态，是各国参与全球竞争的主体[1]。随着我国社会经济发展水平的提高，城市群已经成为国家参与全球竞争与国际分工的全新地域单元，也是我国主体功能区划的重点开发区域，并日益在全球城镇体系中占据重要的枢纽地位[2]。依据国家“十三五”规划，我国规划建设的城市群有19个，其等级结构划分如表11-1所示，既包括长三角、粤港澳、京津冀3个世界级城市群，又包括长江中游、成渝、海峡西岸、山东半岛、中原、哈长、辽中南、关中平原、北部湾、呼包鄂榆、宁夏沿黄、天山北坡、晋中、滇中、黔中、兰西16个区域性城市群。在我国进入“十四五”时期到2035年基本实现社会主义现代化的发展阶段，城市群将依然是我国城镇化的主要空间形态，是我国经济发展最具活力和潜力的核心增长极[3]。

---

1 资料来源：姚士谋、张平宇、余成等，《中国新型城镇化理论与实践问题》，地理科学，2014年。

2 资料来源：王婧、方创琳，《中国城市群发育的新型驱动力研究》，地理研究，2011年。

3 资料来源：方创琳，《科学选择与分级培育适应新常态发展的中国城市群》，中国科学院院刊，2015年。

表11-1 中国城市群的等级结构划分表

等级	城市群名称	人口（万人）	城市群GDP（万亿元）	人均GDP（万元）	地均GDP（万元/平方千米）	城市数（个）	特大城市数（个）
特大	长三角	9 062	11.3	12.4	16 187	27	4
	粤港澳	6 114	9.8	16.0	35 197	11	5
	京津冀	5 447	5.8	10.7	12 671	10	2
较大	长江中游	4 751	4.5	9.4	7 563	31	1
	成渝	5 736	3.9	6.8	5 269	16	2
	海峡西岸	3 386	2.5	7.4	5 834	20	1
	山东半岛	2 386	2.9	12.3	10 119	8	2
	中原	2 151	1.3	6.2	9 350	14	1
	哈长	2 200	1.6	7.2	3 923	11	2
	辽中南	1 982	1.5	7.8	7 837	10	1
	关中平原	1 657	1.1	6.7	4 054	11	1
一般	北部湾	1 732	1.1	6.6	3 028	12	0
	呼包鄂榆	508	0.6	12.0	4 155	4	0
	宁夏沿黄	275	0.2	6.7	1 467	4	0
	天山北坡	675	0.5	7.5	366	9	0
	晋中	590	0.4	6.9	6 005	5	0
	滇中	739	0.6	8.1	3 821	5	0
	黔中	875	0.5	5.8	3 207	6	0
	兰西	535	0.4	6.9	2 853	6	0

针对不同规模、体量的城市群进行分类治理的政策工具主要包括“管管理者”“管资源环境”“管生产要素”与“管营商和人居环境”[1]。从数字治理视角来看，“管管理者”已不限于对城市经济GDP的考核，还包括城市数字化转型绩效、政务服务便利化程度及对外部城市融合贡献度

1 资料来源：郭锐、孙勇、樊杰，《“十四五”时期中国城市群分类治理的政策》，中国科学院院刊，2020年第35卷第7期。

等；“管资源环境”则更多地依靠物联网、智能设备等对环境、资源进行充分感知，并进行有效、精准的量化管控；“管生产要素”则体现在对资本、资源、劳动力之外的数据要素流动的管控与协调；“管营商和人居环境”则通过对惠企政策、不动产服务、投融资审批、获得贷款等的流程优化与体验优化，提升营商环境，促进城市文脉的传承。

城市群发展的动力之一就在于破解单个城市无法解决的区域挑战，以集体行动应对跨越行政区划分割带来的现实问题[1]。城市群与区域经济发展正在形成相互呼应、循环互动的局面。京津冀协同发展、长江经济带发展、共建“一带一路”、粤港澳大湾区建设、长三角一体化发展等新的区域发展战略正在逐步推进，但同时也暴露出区域经济发展分化态势明显、发展动力极化现象日益突出、部分区域发展面临较大困难等问题。因此，要通过区域协调发展支撑城市群的发展壮大，不仅需要探索新时代城市发展规律，发挥区域比较优势，完善空间治理和保障民生底线，同时需要构建数字化视角的城市群与区域发展格局，通过要素市场的开放与流动，加大核心要素特别是数据要素对区域发展的驱动作用，在公共服务供给上打破城市与城市之间的门槛、障碍，形成区域服务同城化、城市服务跨域化的公共服务模式。此外，还须在土地管理、生态补偿、财政转移支付等方面进行综合性协调支持。

从城市群治理的未来来看，通过聚合效应共同解决现实问题的能力在数字治理与数字产业方面则体现得更为突出。2020年，腾讯研究院联合腾讯云发布的《数字中国指数报告（2020）》显示，2019年数字中国指数继续保持高速增长，其中，以珠三角地区为代表的11大城市群是推动我国数字化进程的中坚力量。2019年，数字中国总指数增幅继续保持在73.2%的高位，代表中国数字化水平在持续增长，其中，11大城市群虽数量占全国城市的50%左右，但数字化指数占比超70%。整体来看，以广州、深圳为双核带动的珠三角城市群数字化程度最高，远高于其他兄弟城市群，京津冀和长三角2个城市群也在稳步加速发展。从城市群的数字产业、数字

1 资料来源：王佃利，《跨区域治理城市群》，中国社会科学报，2018年3月14日。

文化及数字政务3个方面来看，在数字产业方面，半数以上的城市群增速超过100%，其中珠三角、京津冀和长三角3个城市群发展最为领先，在教育、医疗、生活服务等领域的产业数字化增速迅猛，“在线”已成为拉动经济增长的重要动能。在数字文化方面，长三角城市群总量最大，是中国数字文化发展重点聚集区。以上海为例，上海稳居电竞一线城市，加速建成全球电竞之都，并带动直播、交通、旅游等相关产业的发展，以及城市文化品牌的发展。在数字政务方面，珠三角城市群表现优异，截至2021年1月28日，“粤省事”App实名注册用户数已突破1亿人。

以27个城市为中心、影响2.25亿人的《长江三角洲区域一体化发展规划纲要》于2019年5月13日审议通过，该文件指出，要加快公共服务便利共享，推进公共服务标准化、便利化，以及促进要素市场一体化。而受该文件影响最大、辐射最深的城市互动则来自数字治理领域。2019年5月22日，长三角地区政务服务“一网通办”正式运行。首批跨城覆盖的51个政务服务事项在上海市、苏州市、杭州市、嘉兴市、湖州市、金华市、合肥市、芜湖市、宣城市、安庆市、马鞍山市、滁州市、池州市、铜陵市14个城市实现“一网通办”。长三角区域内的三省一市已建立长三角地区政务服务用户跨省身份认证体系。三省一市省级政务服务平台按照国家政务服务平台有关统一身份认证的要求与国家平台对接，依托国家平台统一身份认证系统进行信任传递，实现个人用户和法人跨省身份认证，确保长三角地区政务服务用户在三省一市实现“一地认证，全网通办”。此外，长三角地区数据共享交换平台的建成，实现了三省一市数据互联互通。三省一市共同制定数据交换规范、数据质检规则等，实现数据对接，完成政务服务事项办件库和事项库建设，数据入库率达100%，提供办件查询、附件下载等9项服务。

长三角一体化在数字治理领域的“蝴蝶效应”正在影响周边省市。2019年12月27日，江西、福建正式签署跨省数据共享应用合作协议，计划为100万名在闽江西人、3.5万家在赣福建企业提供跨省网上办事便利。两省通过电子证照库互联互通，实现办事过程中实时调取对方省份的电子证照，福建省业务系统可通过江西省电子证照库获取电子证照，进行信息核验和材料留档，使江西籍人员无须携带相关纸质证照即可在福建省办理相关事宜。江西、福建两省正在加快推进生育登记、户口迁移、电子身份凭证和新生儿落户4个跨省数据共享应用试点，并将数据共享拓展到其他高频审批服务事项中，为全国跨省数据共享应用提供经验。而此前江西、浙江两省也已签署跨省数据共享应用合作协议，两省以全国一体化在线政务服务平台为基础，推进电子证照共享互认等跨省数据共享应用，先期选择民生领域高频事项作为跨省应用试点，在全国率先实现了身份证、户口簿等11本证照跨省“亮证”，为110万名在浙江西人、4.7万家在赣浙江企业提供跨省网上办事便利。由此可见，数字治理时代的城市群发展，正在摆脱单一化的资源、区位、资本等“有限力量”的影响，通过数据共享流动实现服务能力的输出及跨域服务的覆盖，这不仅能够在已有产业传统与发展风格上优化政务服务资源配置，同时也在不断探索应对未来可能出现的风险的方式。

在中国大陆地区城市群开始数字化转型的同时，沿海地区作为中国改革开放前沿地区也在数字化转型方面做出尝试。2019年2月印发的《粤港澳大湾区发展规划纲要》显示，粤港澳大湾区包括香港特别行政区、澳门特别行政区和广州市、深圳市、珠海市、佛山市、惠州市、东莞市、中山市、江门市、肇庆市。该文件指出，要构建新一代信息基础设施；建成智慧城市群；大力发展智慧交通、智慧能源、智慧市政、智慧社区；推进电子签名证书互认工作，推广电子签名互认证书在公共服务、金融、商贸等领域的应用；积极推动先进技术在香港、澳门、广州、深圳等城市的使用，促进保密通信技术在政府部门、金融机构等的应用。针对城市数字治理与服务领域的系列部署，使中国大陆承接“三来一补”产业转移的发展认识逐渐消退，通过数据流动、数据协作的方式在新的后全球化竞争时期打造湾区城市群竞争力成为粤港澳大湾区城市群共同的发展目标。2019年5月30日，粤港澳大湾区“湾区通办”系统正式上线，一位身在香港的市民郑先生通过佛山市南海区铺设在香港的自助服务终端，成功远程打印了首张南海区营业执照，这是大陆和香港通过自助终端机实现政务服务“跨境通办”的首个成功案例。同日，澳门也与佛山市南海区实现了政务服务通办。粤港澳大湾区在政务服务互联互通、跨境办理方面迈出了重要而坚实的一步。首批开通的办事功能包括商事登记、发票查验、出口退税率查询、气象查询、空气质量查询、企业基本信息查询、南海人才服务、企业红黑名单查询、营业执照打印等18项业务。此后，惠州市、珠海市、肇庆市等陆续实现了“湾区通办”。从香港、澳门在企业商事登记方面，以及大陆实现“湾区通办”可以看出，基于数据要素的政务服务与治理能力延伸，对于香港、澳门这样的特别行政区而言，其意义已不只体现在服务方面的优化，更大的政治意义在于数据流动与数据治理已经突破了两种制度之间的固有价值认知，在“一国”的框架内实现了治理范式的跃升。

除了长三角地区、粤港澳大湾区，从“广佛同城化”“成渝经济区”“甬舟一体化”甚至“长株潭一体化”等可以看出，城市群已成为基本的城市演进趋势，城市群的经济发展质量、治理质量、服务质量将关系到每一个城市的生存状态，城市群中的数字治理规则与数字公共服务的设计至关重要。城市群中的区域公共事务作为一种区域公共产品与服务，具有非竞争性和非排他性两大基本特征，这可能使治理过程中出现负外部性。负外部性意味着在城市群中区域公共事务治理的各个环节上，一些行为主体只承担显性成本，除显性成本外的外部成本由其他行为主体承担，这样可能会出现公共成本外溢的现象，从而造成一些行为主体在城市群中区域公共事务的治理上坐享公共事务治理的收益[1]。由于平台、数据与算法的加持，以及普适性数字基础设施的连接与共享，数字治理与数字公共服务将在城市群的发展演进中放大这种负外部性，这是城市群发展过程中无法回避的事实。

中国国家铁路集团有限公司出台的《新时代交通强国铁路先行规划纲要》显示，2035年，20万人口以上城市实现铁路覆盖，50万人口以上城市高铁通达；全国1、2、3小时高铁出行圈全面形成。2020年9月29日，《国务院办公厅关于加快推进政务服务“跨省通办”的指导意见》发布，该文件要求，紧扣政务服务“跨省通办”全环节，创新工作理念和制度机制，

1 资料来源：陈亮，《推进“城市群”中区域公共事务治理》，中国社会科学网—中国社会科学报，2018年3月15日。

充分运用大数据、人工智能、区块链等新技术手段，优化再造业务流程，强化业务协同，打破地域阻隔和部门壁垒，促进条块联通和上下联动。鼓励区域“跨省通办”先行探索和“省内通办”拓展深化。在全国高频政务服务“跨省通办”事项清单基础上，支持京津冀、粤港澳大湾区、长三角、成渝等地区进一步拓展“跨省通办”范围和深度，为区域协调发展提供支撑保障。支持覆盖劳动力输入输出、东西部协作等的省区市点对点开展“跨省通办”。该文件提出140项涉及教育、就业、社保等领域的政务服务事项要实现“跨省通办”。

无论是通过铁路网的交通方式连接城市群，促进城市资源流动，还是通过数字基础设施与制度创新设计推动城市治理与服务资源的流动，都无法忽视以下3个问题。第一，在这个过程中，是否会出现来自数字化转型的“虹吸效应”，从而导致城市群中不同城市的“强者愈强、弱者愈弱”。第二，通过“跨省通办”或“省内通办”实现的城市数字治理能力辐射与共享是否会加剧“负外部性”的发生，从而导致弱势城市承担了数字化带来的挤压效应，而强势城市继续高歌猛进。第三，如何通过数字平台支撑与数字体验输出的柔性治理、信任治理与协同治理打破传统视野下的刚性治理格局。这些问题都是城市群在数字治理趋势下亟须人们思考的。

除了通过数据要素与数字平台重新定义城市治理的边界，在“市民即用户”的治理理念下，城市群的数字治理推进还将重新定义市民的权利边界，其核心在于，在社保、户籍、教育等制度体系的制约下，城市群治理是否可以通过数字化转型推进实现市民权利边界的突破，更直接地说，城市群的数字治理能否解决城市落户、学区房、社保医保等问题。虽然在现有的城市治理框架下，我们尚未看到可行的解决方案，但在城市群的数据流动、数字经济、产业生态发展加速的趋势下，基于城市群的“数字市民”是否可以获得新的数字赋能，从而摆脱户籍、身份等限制，这一点正是数字治理在未来值得期待的创新方向。

此外，面对电商假货、网络灰产、电信诈骗等跨城跨域的违法犯罪现象，城市群的数字治理发展也须创新监管思路与方向。2020年10月20日，国家市场监管总局就《网络交易监督管理办法（征求意见稿）》公开征求意见。该文件着眼于促进数字经济健康发展，明确网络交易监管坚持鼓励创新、包容审慎、严守底线、线上线下一体化监管的原则。网络交易市场的发展是当下和未来城市群数字治理面临的新现象，如何通过政务服务平台、网络监管平台及跨域数据合作维护网络市场秩序和打击违法犯罪，是传统视野下城市群未曾涉及的课题。因此，跳出经济、产业层面的城市群发展思维，从“大治理”角度来观测城市群的发展显得十分必要。

【第12章】

城市治理现代化之路

《中共中央关于制定国民经济和社会发展第十四个五年规划和二〇三五年远景目标的建议》提出，要推进以人为核心的新型城镇化，要强化历史文化保护、塑造城市风貌，加强城镇老旧小区改造和社区建设，增强城市防洪排涝能力，建设海绵城市、韧性城市。这是韧性城市首次出现在国家战略之中，也意味着在新冠肺炎疫情冲击下，在城市的不断“暂停”与“重启”下，中国对未来城市的发展方向与趋势有了新的思考。

杰弗里·维斯特在其著作《规模》一书中指出，一座城市是一个自然形成的复杂适应系统，是两种流结合的产物，一种是维持并促进自身基础设施和居民发展的能源和资源流，另一种则是连接所有公众的社会网络中的信息流，两种流不仅带来基础设施的规模经济效益，同时也带来社会活动、创新和经济产出的增长[1]。这一点在数字时代的城市运行秩序中体现得淋漓尽致，以至于没有人能够想象一座城市被断电、断水或者被关掉无线网络后会怎样，那样的一座城市将成为一座真正的孤岛。中国城市与小城镇改革发展中心提出面向现代化的城市治理研究框架，其中对城市治理现代化的评估指标包括发展质效、精益治理、人本服务、多元协同4个模

1 资料来源：杰弗里·维特斯著，张培、张江译，《规模》，中信出版社，2018年6月。

块，涉及城市环境、服务、安全、技术、数据、参与、基础设施等多个方面，提出了城市治理现代化的愿景与探索性思考。在平台、数据、算法驱动的数字治理视野下，到底何谓城市治理现代化之路？其核心在于如何建构城市的数字治理领导力体系，如何在以人为核心的新型城镇化发展指引下，建设性地平衡人与城、人与环境、政府与企业、物理空间与数字空间的利益与诉求，从谷歌旗下SideWalk实验室在多伦多滨水区智慧城市项目中的搁浅，到丰田在富士山下“编织城市”的“数据合约”，其背后能够左右发展结局的是城市数字治理的领导力。

城市化进程的本质是政治问题，因此，建构和提升城市数字治理领导力需要关注3个方向。其一是市民的“身份政治”。市民将不再仅仅依靠自我的社会身份在城市中获取权利与服务，更多依靠的是自己的网络身份、数字身份。使用什么品牌的手机与操作系统、下载与使用什么样的App、在什么样的平台开通付费账号、跟哪位网红或大V具有社交连接……这不仅正在构建数字时代原住民与新市民的新“身份政治”，而且正在物理空间与数字空间之间衍生出鄙视链。市民成为城市数字化转型进程中的数据感应点，当他们坐上网约车或骑上共享单车时就成为了名副其实的“城市数据携带者”，那么，一个数据意义上的“新市民”就塑造完成。另外，“新市民”的定义也发生了变化，这里的“新”指的不是户籍意义上的“新”，而是“市民”这个身份的界定范围从现实空间迁移到网络空间甚至“虚拟即现实”的融合空间，体现为人与机器共同进化的“新”。此外，“自动化推动生产到娱乐的社会转变”，当所有的生产活动逐步被关注用户体验的管理机制进行游戏化、娱乐化的重新设计时，工作与生产的意义和价值也将被重新定义，工作即游戏、游戏即工作。对于城市而言，以生产效率、工业产值、就业岗位为城市发展竞争力评价内核的考核标准将被改变，城市需要重新找到自身的发展使命。

其二是城市治理的“数据政治”。随着云计算、5G、物联网、人工智能等数字技术的发展，网络传输速度、连接能力与调度能力逐渐增强，人类社会将从“数字资源的云化”演进为“城市能源的云化”，从而进入“云端社会”。杰弗里·维斯特在其著作《规模》中提到，“每套设备、每台车辆乃至每栋建筑物都将具备输入和输出能源的能力。网络本身就能够通过与人类活动的互动实现削峰填谷的目标。”就像大数据专家涂子沛在其著作《数文明》中提出的“高清社会”一样——城市的每个像素的动向都清晰可见，只是，未来将从对城市治理与服务对象的“高清化”进入对城市资源调节配置能力的“高清化”。对城市数据的运用直接影响城市的空间、行为及竞争力，交通失控导致的道路瘫痪、系统失控导致的大面积停电、社交传播导致的骚乱与暴动都是城市作为系统与市民的互动方式，表现出来的或正或负的社会影响就是基于数据的“数字生理反应”，对城市系统正常运行的能力与城市的弹性与韧性提出了考验。此外，“社交化”正成为城市治理与服务的重要趋势，社交平台与社交场景正成为市民获取服务的重要平台和通道。无论是城市管理机构还是市民，不间断的数据流为他们提供的不仅是一种获得感的满足，更是一种情感上的慰藉——人们一旦离线就可能变得焦躁不安。若一座现代城市决定切断通信信号或社交媒体连接，那么这座城市一定出现了不得不解决的艰难局面。除了社交化，更为引人注目的是未来城市的“生物性”，依托管理者意志的城市治理已经无法适应数字时代的需求，城市的呼吸、节奏、频率都已逐渐被数字技术改变，每个未来城市管理者都需要遵循城市与技术的双重规律。

其三是城市未来的“空间政治”。大量的网络协作工具、共享平台与资源的涌现，对市民形成自主行动能力、创新能力起到了巨大的推动作用，城市的生产力也将变得“颗粒化”。而自媒体、创客、一人公司也大行其道，全球化协作成为潮流。《信息时代三部曲：经济、社会与文化》的作者曼纽尔·卡斯特曾提出过“流空间”的概念。物理空间不再被认为是绝对的，它不能脱离数字维度而独立存在。当下的城市空间已经形成“数据对流”的形态，人在数字空间与物理空间中瞬时切换就可以完成点外卖、打车等事项。假如一个地址在移动手机地图上没有被标注，那么我们就认为它不存在；假如一个城市没有在快手或抖音等短视频平台上流行起来，那么它就有可能丧失向世界展示城市品牌的机会，这被称为“在线能见度”。此外，不仅城市中的市民通过数字技术被进行了能力解构与身份重建，城市空间也一样，其划分从一种执行管理者意志的区域功能划分，转换为一种执行“数据流意志”的人本价值划分。在被数字技术不断赋能、渗透的城市空间中，一些新物种不断出现和进化，如TED、一席、造就Talk等国内外思想品牌，它们以开放场所为基础，通过现场与网络传播思想、标准、观点与生活方式，成为一颗颗寄居在不确定空间的城市“思想蚕蛹”，不断影响未来城市的文化取向。除了来自微博、微信等社交媒体的认知盈余对众创、众包模式的贡献，类似于TED的“思想蚕蛹”也正以不露声色的方式影响着一座城市。空间不再是单纯的物理符号，更是一个城市文明的创新载体。

城市发展到当下阶段，已不再只通过批量吸收农民工来解决市政工程、楼房建设及生活服务问题，城市开始有选择、有目标地对新市民、企业、产业等进行识别、过滤和筛选，通过政策工具对城市发展策略与愿景进行辅助和调节，于是越来越多的工作者开始离开一线城市流向三四线城市，越来越多的企业开始将总部搬离一线城市，不断有新的商业物种或经济形态崛起在一二线城市之外。因此，城市治理现代化的未来之路，本质上是人与城市相互适应的过程，在治理工具、手段与模式上体现出的排斥或迎合、保守或冒险，最终都会体现在城市的新竞争力上，这一点在合肥、贵阳、东莞、厦门等城市体现得尤为明显：合肥着重科技投资领域、贵阳通过撬动全球资源发展大数据产业、东莞在智能手机之后向5G和人工智能互联网转型、厦门开始瞄准新数字经济巨头总部……

城市治理现代化视野下的城市竞争力模型是什么？经济发展体量、创新能力、专利数量、产业政策、人才密度等传统城市竞争力评价指标已不足以概括和满足数字时代的城市发展诉求，城市治理的能力与绩效本身成为城市竞争力内核。因此，未来城市的竞争力模型可以总结为“一性五度”。“一性”即城市的韧性，也就是城市抵御风险、化解问题，以及快速应变、恢复城市运行秩序的能力。“五度”则包括数据开放的“密度”，即城市是否具备源源不断的有效数据开放能量，以释放城市发展潜力，并为创业、创新、创意构建参与城市未来建设的入口与生态；市民参与的“力度”，即城市政府是否具有更强的领导力与凝聚力，并通过便捷的数字平台与创新机制体制，更广泛地汇聚市民的意见与建议，彰显市民作为城市治理主体之一的作用，以启发城市未来创新；数字服务的“温度”，即城市数字服务在信任、情感、交互等体验方面的设计逻辑，真正体现“城市即人”的温度，理解和尊重市民的服务要求与发展诉求；个人隐私的“尺度”，即城市治理过程中不可避免地会触及市民的个人隐私问题，当遭遇非常情况时，城市政府是否能牺牲行政效率，换取对市民隐私的尊重，从而为个体在城市治理进步的过程中赢得尊严；城市创新的“浓度”，即未来的城市创新或将不再以园区、孵化器、共享空间等方式出现，而可能深入渗透到每条街道、每个社区及每个城市场景中，被“划定”的创新空间将逐渐消失，公共化、泛在化、社区化的创新空间将不断涌现。